電子図書館・
電子書籍貸出サービス
調査報告2020

With／Afterコロナの図書館

編著
植村八潮、野口武悟、電子出版制作・流通協議会

JN035289

まえがき

　本書は、一般社団法人電子出版制作・流通協議会（以下、電流協）が 2013 年から行っている「電子図書館・電子書籍貸出サービス調査」をもとに、公共図書館・大学図書館における電子書籍サービスを中心とした電子図書館について、現状と課題、将来展望を取り上げたものである。公共図書館調査は、今回で 8 回目となり、大学図書館調査は 3 回目となった。

　今回の、2020 年調査では、「新型コロナウイルス感染症問題」（以下、新型コロナ問題）についての質問項目を追加し、例年行っている公共図書館調査・大学図書館調査の内容を一部簡略した形で実施した。

　公共図書館については、全国の公共図書館（中央館）1,386 館のうち、メール及び郵送で 997 館を対象にアンケートを依頼し、6 月から 8 月にかけて 486 館からの回答を得たものである（第 2 章及び資料編 A）。

　大学図書館については、学生数 3,000 名以上の大学 245 校を対象に郵送でアンケートを依頼し、6 月から 8 月に 166 校から回答を得たものである（第 3 章及び資料編 B）。

　さらに、電子図書館サービス事業者については、国内の主要な事業者 9 社からの回答を得た（第 4 章）。

　さて、2020 年の年頭から始まった新型コロナ問題は、本書編集時点（2020 年 11 月）でも収束のめどが立たない状態となっている。新型コロナ問題は、我々の社会や経済活動に大きな影響を及ぼし、もはやコロナ以前には戻れないとまで言われるほど、日常生活に激変をもたらした。2020 年 4 月 7 日に発令された「緊急事態宣言」により社会活動が大きく制限され、人の移動や集まる施設の閉鎖・休業が相次いだ。本調査の対象である公共図書館や大学図書館おいても施設の休館を余儀なくされた。

　このような背景があって、非来館型の「電子図書館（電子書籍貸出サービス）」へ注目が集まることとなった。すでに電子図書館サービスが導入されている大学や自治体においては、電子図書館サービスの利用が急増した。さらに電子図書館サービス事業者などの計らいにより、貸出制限を緩和する措置がとられ、それがニュース報道されることで話題の輪が広がった。

　これまでにない電子図書館をめぐる動きのもと、「電子図書館・電子書籍貸出サービス調査報告 2020」では、急遽、新型コロナ問題の調査を中心に据えて行うこととし、関係者の協力により短期間でまとめることができた。

　新型コロナ問題は、電子図書館の特徴を広く知らしめることにもなり、これまで導入が進んでいなかった公共図書館の電子図書館導入に拍車をかけた。「公共図書館の電子書籍貸出サービスの導入館（2020 年 10 月 1 日現在（資料編 D）を見ると、導入館の数は、昨

年の調査（2019 年 10 月 1 日）から 25 自治体、25 電子図書館増加して 114 自治体、111 電子図書館となり、集計を初めて以来最大の増加となった。もちろん、全国の公共図書館をもつ自治体数 1,386 との対比でみると、まだ 8.2%であり、全国的に本格的な導入に至ってはいない。

　今回の報告では、第 1 章 において「コロナ禍における図書館と電子図書館サービス」に関することを集約し、「第 2 章 公共図書館における電子図書館・電子書籍貸出サービス調査の結果と考察」、「第 3 章 大学図書館における電子図書館・電子書籍貸出サービス調査の結果と考察」、「第 4 章 電子図書館・電子書籍貸出サービス事業者への調査の結果と考察」という構成とした。資料編においては、各アンケートの集計を掲載し、各図書館の記載された回答についてもすべて掲載した。

　新型コロナ問題が奇貨となって、期せずして図書館の電子図書館サービスについて、after コロナ時代の社会基盤・知的インフラとして大きな期待が寄せられている。政府も「知的財産推進計画 2020〜新型コロナ後の「ニュー・ノーマル」に向けた知財戦略〜」(令和 2 年 5 月 27 日知的財産戦略本部)や「新型コロナウイルス感染症緊急経済対策〜国民の命と生活を守り抜き、経済再生へ〜」(令和 2 年 4 月 20 日閣議決定)で、「教育 ICT 化」や「社会インフラ」としてのオンラインサービスの進展を政策として掲げ、著作権法改正などの施策を示している。来年度に向けて「デジタル庁」の新設や「デジタル教科書の導入」など、関連する話題も続いている。

　電子図書館においても、導入後の利用定着や役割、電子図書館サービスの提供事業者におけるサービスの向上など、関係者間で本格的に取り組むことが求められている。

　新型コロナ問題等の影響で、発行が例年よりも遅くなったことをお詫びするとともに、本書が図書館はじめ、各関係者の一助になれば幸いである。

　2020 年 12 月

編者一同

目　　次

第**1**章

コロナ禍における図書館と
電子図書館サービス

第**3**章

大学図書館における
電子図書館・電子書籍サービス調査の
結果と考察

コロナ禍における図書館と電子図書館サービス

1.1　コロナ禍における図書館と電子図書館サービスの現状と今後

■ 1.1.1　新型コロナウイルス感染症の影響拡大

　2020年1月16日に新型コロナウイルス感染症（以下、新型コロナウイルス）の感染者が日本で確認されて以降、国内各地で感染者の報告が相次いだ。2020年11月現在においても、感染は収まることなく推移し、むしろ感染者数は三度目の増加傾向にある。

　4月の「緊急事態宣言」においては、人や物の移動や社会活動が大きく制限され、生活に大きな変化をもたらすことになった。当然のことながら、経済活動の一つである出版活動は編集、取次流通、書店の販売などは各分野ごとに大きな影響を受け、現場には混乱がもたらされた。また、図書館の休館や学校の臨時休校措置は、国民の文化活動を制限する一方で、電子図書館やオンライン授業の推進を促すこととなった。

　感染症拡大の始まりを簡単に振り返ってみよう。当初、未知のウイルス感染症であったことや、検査体制が不十分であったこともあって、確認感染者数は少なかった。3月の世界保健機関（WHO）の「パンデミック」宣言以降、新型コロナウイルス感染症の検査体制が進むにつれて、確認感染者数が急速に増加した。また、連日のニュースにより感染確認後急速に病状が悪化することが知られるにつれて、外出の自粛が進んだ。

　政府の要請により3月2日から春休みまで全国の小中高校、特別支援学校が臨時休校となった。4月7日には、7都道府県に対して、「新型インフルエンザ等対策特別措置法」に基づく緊急事態宣言が発令され、さらに16日には対象区域が全国に拡大した。また、人の集まる施設の休業要請により、全国の「図書館、博物館、美術館等」が休館となった。図書館は、これまでになく長期にわたり館内サービスが停止されることとなった。

　1.2に「コロナ禍における、社会・図書館・電子図書館の主な出来事」について表にまとめた。

■ 1.1.2　コロナ禍における図書館・電子図書館の対応

　公共図書館の臨時休館が相次いだ中で注目されたのが、電子図書館サービスである。自宅から借りられることで、電子書籍の利便性が知り渡り、需要が高まることとなった。図書館流通センター（TRC）の図書館向け電子書籍サービスでは、3月の貸出実績が対前年比255%、4月はさらに同423%、5月が同526%と利用が急速に拡大した（1.2 資料1.4、4.2参考）。

　電子出版制作・流通協議会の調査によると、自治体における電子図書館導入館は4月1日現在で、96自治体93電子図書館であった。電子図書館サービスが注目されることで、自治体の導入も促進され、10月1日の電子図書館導入図書館は、114自治体、111電子図書館に増加した（資料D、参考）。

これまで日本の公共図書館は、米国に比較して電子書籍の導入が大きく遅れてきた。米国では 9 割の図書館が導入し、点数も貸出率も高く、有効活用されている。一方、日本では、導入館はこれまで 1 割にも満たず、点数も一館あたり数千点と少なく、さらに貸出率も低いままであった。昨年までの図書館に対する調査によると、電子書籍を導入しない理由の一つとして、「利用者からの要求がない」ことをあげている。さらに導入しても貸出率が低いままでは、限られた図書予算の中で契約点数を増やしていく理由はみつからない。新型コロナウイルスによる苦境が、結果的に図書館での電子書籍利用につながったと考えられる。

　このようなコロナ禍における図書館の対応について、本調査による結果は、1.3 に詳しく述べることとする。

　また、電子図書館事業者は、様々な対応を行っている。丸善雄松堂「Maruzen eBook Library（MeL）」では、電子書籍の同時アクセス数を 4 月 10 日〜7 月 31 日の期間に限り 50 まで拡大し、キャンパスに入構できない学生からのアクセス増加に対応した。これには人文社会学系出版社 6 社を皮切りに 150 社が参加している。日本電子図書館サービス「LibrariE」は、無償提供キャンペーン（3 月 9 日〜4 月 5 日）を行い、参加 89 館で、電子書籍 100 点を配信した。メディアドゥ「OverDrive」は、緊急導入キャンペーン（初期費・初年度費無料など）を行っている。詳しくは、第 4 章の各電子図書館サービス事業者からの報告を読んでいただきたい。

　博物館・美術館（Museum）、図書館（Library）、文書館（Archives）、公民館（K）の被災・救援情報サイト saveMLAK では、コロナ禍における影響調査を行っている。感染拡大に対する緊急事態宣言後における図書館の休業数を参考までに紹介しておく。同調査によると 4 月 16 日時点の集計で、全国の約 1,550 の図書館、公民館図書館のうち 6 割弱の約 890 館が休館した。政府の緊急事態宣言対象の 7 都府県では 95% が休館となる一方、臨時窓口を設け、貸出のみは続けるなど、運営を工夫する図書館もあった。ただし、東京都では休業要請の対象に図書館を含めたこともあり、多くは貸し出しもとりやめる完全休館となった。

　さらに、今年 5 月 6 日の調査によると、休館している図書館数は自治体で 1,508 館（休館率約 92%）、都道府県で 45 館（休館率 96%）となった。休館している図書館でも、郵送貸出・宅配のほか電子リソースの推奨、電話やメールでのレファレンスといった非来館型のサービスを行っていた。

■ 1.1.3　コロナ禍における出版・電子出版の動向

(1) 出版物の販売動向

　出版業界紙『文化通信』4 月 15 日号によると、「緊急事態宣言で書店休業は 800 店以上に、書籍と雑誌の発売延期・中止も相次ぐ」とある。4 月 14 日に東京都が「本屋」を休業要請の対象から除くと発表したことで、営業を再開する書店も一部でみられたが、大型商業

施設のテナントとして入居する書店の多くは休業が続いた。さらに大型書店では、感染拡大防止や従業員の安全確保の観点から休業を続ける例もあるなど、自主的な閉店、短縮営業が行われた。

　出版科学研究所『出版月報』 2020 年 10 月で、「新型コロナウイルス感染拡大と出版界[前編]」を特集している。それによると、全国 1,300 店以上の書店が休業したとある。同特集から、2020 年 1 月から 9 月の書籍・雑誌の推定販売金額前年比推移を資料 1.1 に示す。

　1 月から 9 月の書籍・雑誌の推定販売金額は、前年同期比 2.3％減、コロナ禍で特に売上げの変化が大きかった 3 月から 8 月に限ると同 2.8％減である。2019 年同期が同 4.3％減、2018 年同期が同 7.0％減だったことから決して悪い数字ではない。多くの書店が休業した 4 月に書籍は、21％減と大きく落ち込んでいるが、5 月には同 1.9％とプラスに転じて回復している。

■ **資料 1.1**　書籍・雑誌の推定販売金額 前年比（2020 年 1 月〜9 月）

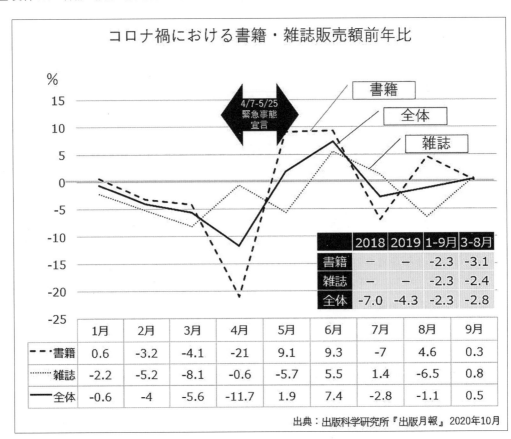

	2018	2019	1-9月	3-8月
書籍	ー	ー	-2.3	-3.1
雑誌	ー	ー	-2.3	-2.4
全体	-7.0	-4.3	-2.3	-2.8

	1月	2月	3月	4月	5月	6月	7月	8月	9月
書籍	0.6	-3.2	-4.1	-21	9.1	9.3	-7	4.6	0.3
雑誌	-2.2	-5.2	-8.1	-0.6	-5.7	5.5	1.4	-6.5	0.8
全体	-0.6	-4	-5.6	-11.7	1.9	7.4	-2.8	-1.1	0.5

出典：出版科学研究所『出版月報』2020年10月

そのほか、同誌によると、一斉休校による学参、児童書、大学教科書の購入増といった「コロナ特需」があったこと、テレワークによるビジネス書の需要が高まったこと、巣籠もりにより読書が見直され文芸書の売上げが好調だったことなどが報告されている。一方、雑誌の動向としては、定期雑誌の発売中止・延期、合併号が続き、中でも雑誌付録の生産・出荷遅れが生じ、雑誌の刊行に影響が出たという。

（2）出版社と作家の対応

　2月27日に、政府が全国の小中学校、高校等に臨時休校を要請したことで、3月2日には、集英社や小学館がマンガ雑誌のバックナンバーを無料公開し、KADOKAWA は、児童書200点余りをウェブで無料公開した。好意的に受け止められたこともあり、その後、相当数の電子書籍が競い合うように無料公開された。出版社とすれば、子どもたちや外出できない人たちへの支援とともに、電子書籍による読書が習慣化する狙いもあったと考えられる。

　また、これまで電子化に慎重だったベストセラー作家が、相次いで名乗りを上げた。その一人である百田尚樹は、4月17日に、自身のツイッターで次のように述べた。

　「私はこれまで書店を応援する意味で、自著の電子書籍はしていませんでした。しかし今、書店は断腸の思いで店を閉じています。本好きの人は本が買えません。そこで、自著を電子書籍化することに決めました」。

　この日は、百田尚樹と同様に、これまで電子化されてこなかった作家の電子書籍が発売・発表が相次いで行われている。

　直木賞作家の森絵都は、受賞作の『風に舞いあがるビニールシート』やベストセラー『カラフル』など8作品が電子化された。発行元である文藝春秋社のホームページによると、森は「紙の本への愛着があり、いつかは……と思いながらも、電子化をぐずぐずと先延ばしにして」きたが、「（新型コロナウイルス感染拡大でも）他者との接触皆無で物語を届けることが出来る。今まで思いもしなかった電子化のメリットを感じました」と電子化に踏み切った理由を述べている。

　さらに、同日、読者と出版社の双方から、長らく電子書籍化が待望されてきた東野圭吾作品について、出版社7社が協力して、各社1点ずつ合計7作品の電子化が発表され、24日より配信を開始した。いずれも累計100万部を超え、映画化またはドラマ化された作品で、販売部数の合計は1,288万部になるという。ただし、今回の電子書籍化は、「最初で最後かもれない」特別解禁であり、新型コロナウイルスが収束した後も販売を継続するかは未定という。

　三人は、電子書籍の普及以前に作家活動を開始した職業作家である。これまで書店への感謝と配慮があって電子化に慎重だったが、電子書籍で読みたいという読者の声は無視できず、外出自粛という機会を得て、電子化に踏み切ることになった。コロナ禍が作家に対して、電子書籍のメリットを認識させ、電子化を促したことになる。

なお、電子書籍販売の機会を逸してきただけでなく、電子化されていない作品は海賊版が多いといわれ、二重の損失を被っていたという見方もできる。

(3) 絵本の読み聞かせ動画のアップロード問題
　このように今回の新型コロナウイルス禍を奇貨として、電子書籍に注目が集まる一方で、気になる動向もあった。
　YouTube には、人気絵本を見せながら読み聞かせしている動画が溢れており、なかには広告収入を得ているものも少なくない。絵本の大半は電子化されておらず、著作権侵害は明らかである。
　絵本出版社として最初に声を上げたのが、人気絵本「だるまさん」シリーズを刊行するブロンズ新社である。4 月 11 日に公式ブログで「おうち時間が増えている今だからお伝えしたいことがあります。動画投稿サイトに#絵本の#読み聞かせ動画を投稿する、フリマサイトで二次創作物を勝手に販売することは#著作権法違反に当たります」として、社員の手によるマンガで説明している。「絵本が大好き」「この絵本を皆さんに知ってもらって共有したい」という善意からであっても、絵本作家の著作権を侵害しているとして、「まずは出版社に問合せをしましょう」としている。
　「ぐりとぐら」シリーズの福音館書店も同様のお願いを公表した。出版社に連絡すれば無料で使えると思い込んだ問合せも多く、対応すること自体が大変な負担になっている。しかし、作家の権利を守るために無視はできず、出版社にとっては、苦渋の選択の「お願い」である。
　これについて日本図書館協会は、4 月 24 日に、「新型コロナウイルス感染症に係る図書館活動について」という声明を発表し、日本書籍出版協会ほか 9 団体宛に次のような要望をした。
　「各図書館で所蔵された資料を用いた読み聞かせやお話し会を録音又は録画し、図書館利用者に対し、インターネットなどにより公衆送信することを、お認めいただきたい」。
　これに対し日本書籍出版協会は、ウェブサイトに「読み聞かせ動画のアップロードは、著作権者の許諾が必要です。（学校教育での一部例外を除く）」と掲載し、「オンラインや有線放送をともなう読み聞かせについては、基本的には著作権者の許諾が必要になりますので、実施をご検討されている場合は、読み聞かせをされたい作品を出している出版社にまずはお尋ねいただくという形になります。」と回答し、包括的許諾や黙認がないことを表明した。

■ 1.1.4　「知的財産推進計画 2020」とデジタル化推進策

(1) 新型コロナ対策　図書館パワーアップ事業

　政府は、4 月 20 日の閣議で令和 2 年度補正予算を決定し、新型コロナウイルス感染症経済対策として、「新型コロナウイルス感染症対応地方創生臨時交付金」を 4 月（第 1 号、計上額 1 兆円）と 6 月（第 2 号、計上額 2 兆円）に行うこととした。この第 2 号補正予算においては、「新型コロナウイルス感染症対応地方創生臨時交付金活用事例」の図書館パワーアップ事業として「電子図書館サービス」が補正事例としてあげられている（資料 1.2）。

　これを受けて各自治体において急遽電子図書館サービスの導入を決定するケースや、すでに電子図書館サービスを導入している図書館においては、契約する電子書籍コンテンツを追加するといった施策がとられることとなった。令和 2 年度内での自治体の電子図書館導入・導入予定が急増した理由の一つと考えられる（資料 D 参照）。

■ **資料 1.2**　新型コロナウイルス感染症対応地方創生臨時交付金の活用事例集　事例 28、内閣府地方創生推進室　令和 2 年 5 月 1 日　23 ページ
https://www.kantei.go.jp/jp/singi/tiiki/rinjikoufukin/pdf/jireisyu.pdf（2020 年 11 月 18 日）

(2) 著作権法改正と図書館送信

4 月 24 日に日本図書館協会は、次の要望も出している。「外出ができない図書館利用者への時限的サービスとして、利用者の求めに応じて行う当該図書館所蔵資料の文献複写サービスにおいて、その複写物を電子メールや FAX などにより、図書館利用者及び病院等の公共施設等に送信することを、お認めいただきたい。」この要望が出された背景として、コロナ禍で図書館の休館が相次いだことに対して、研究者や学生から研究活動や学業に支障が出ているとの声が上がっていることがある。

「図書館休館対策プロジェクト」によると、令和 2 年 4 月に「広義の研究者及び学生」を対象に実施した「図書館休館による研究への影響についての緊急アンケート」において、75.7%が国立国会図書館におけるデジタル化資料の公開範囲拡大を望むと回答している、という。なお、同プロジェクトは、今般の新型コロナウイルス感染拡大に伴う図書館の休館等によって研究活動の実施が困難となっている研究者のために、図書館休館に伴う代替的支援施策を求めることを目的として、社会科学系の若手研究者を中心に設立された有志個人の集まりである（参照 https://closedlibrarycovid.wixsite.com/website）。

これに関連して、政府の知的財産戦略本部は「知的財産推進計画 2020～新型コロナ後の「ニュー・ノーマル」に向けた知財戦略～」を 2020 年 5 月 27 日に決定した。この中で、「絶版等により入手困難な資料をはじめ、図書館等が保有する資料へのアクセスを容易化するため、図書館等に関する権利制限規定をデジタル化・ネットワーク化に対応したものとすることについて、研究目的の権利制限規定の創設と併せて、権利者の利益保護に十分に配慮しつつ、検討を進め、結論を得て、必要な措置を講ずる。」と目標を設定した。

これを受けて、文化庁は文化審議会著作権分科会に「図書館関係の権利制限規定の在り方に関するワーキングチーム」を設置し、短期間で検討して報告書（11 月 13 日）をまとめた。

新型コロナウイルス感染症の流行に伴う図書館の休館等により、図書館資料へのインターネットを通じたアクセスに関するニーズが顕在化したことなどを受けて、図書館の蔵書や資料をデジタル化し、公衆送信できるようにすべきとしている。著作権法第 31 条第 3 項関係で、「入手困難資料へのアクセスの容易化」を提言している。さらに、同法第 31 条第 1 項第 1 号関係で、「図書館資料の送信サービスの実施」を提言し、「新たに図書館等によるメール送信等を可能とすることに伴って権利者が受ける不利益を補償するため、補償金請求権を付与することが適当」とした。

来年度（令和 3 年度）の国会で著作権法改正の決定を予定しているが、早くも出版界から反発と懸念の声が上がっている。

(3) 教育の情報化「GIGA スクール構想」

教育の情報化はこれまで多く提言や推進が言われてきたが、昨年度の教育の情報化の対する大型補正予算や、GIGA スクール構想により本格的に現場導入が始まった。

「知的財産推進計画 2020」では、「多様な学びのニーズへの対応等を可能とするオンライン教育を促進するため、とりわけ授業の過程においてインターネット等により学生等に著作物を送信することについて、改正著作権法（授業目的公衆送信補償金制度）の今年度における緊急的かつ特例的な運用を円滑に進めるとともに、来年度からの本格実施に向けて、関係者と連携しつつ、著作権制度の正しい理解が得られるよう教育現場に対する周知等を行うことに加え、補償金負担の軽減のための必要な支援について検討する。」とある。

昨年度に発表された児童生徒が 1 人 1 台のデジタル端末を使って学ぶ「GIGA スクール構想」は、コロナ禍対策により学校現場での必要性が高まり、追加補正予算とともに実現が早まった。文部科学省は、当初、2023 年度までに全国の小中学校でＩＣＴ活用教育の実現を目指すとしていた。しかし、新型コロナの感染拡大によってオンライン授業のニーズが高まったことを受け、目標を 2020 年度に前倒しすることを決め、ネットワーク環境整備と端末導入のために 2,292 億円の 1 次補正予算を計上した。

また、文部科学省は有識者による「デジタル教科書の今後の在り方等に関する検討会議」を 7 月から開催し、24 年度から改訂版が採用される小学校用検定教科書で、デジタル教科書を本格導入するための検討に入った。会議はほぼ毎月開催し、今年度中に方向性を提示する方向となっている。

■ 1.1.5　After コロナにおける電子書籍・電子図書館

すでに、一般の社会生活では、スマートフォンやタブレットの普及により、多くの情報活動でオンライン化が進みつつある。大手・準大手出版社を中心に「電子書籍」の収益依存が高まり、紙・電子の同時出版から、ボーンデジタルの出版など急速なデジタルシフトが進んでいる。

また、コロナ禍で仕事のオンライン化が進み「テレワーク」が常態化しつつある。大学などの高等教育機関では、急遽オンライン授業が始まったキャンパスで授業や研究を支えたのが「電子図書館」であった（1.7 節参照）。

このように After コロナのライフスタイルが民間で進む一方で、菅新政権では、行政のデジタル化を最重要政策とし、令和 3 年 9 月には新省庁として「デジタル庁」が発足する予定である。行政管轄の問題や人材育成などでなかなか進まなかった行政のデジタル化が急速に進む気配である。

2013 年から行ってきた「電子図書館アンケート調査」では、毎年、電子図書館サービスの導入計画について質問してきた。2014 年から 2018 年までは「導入予定なし」は 7 割を超えており、2019 年に 63％であったが、今年の調査によると 43％と一気に減少した（1.2 項、資料 1.22、1.23 参照）。コロナ禍が電子図書館に対して利用者や自治体の目を向けさ

せたといえよう。しかし、まだアンケートに回答した公共図書館関係者の 43％は「電子図書館の導入の予定はない」という結果にも注意が必要である。

　公共図書館は地方自治体の教育委員会が直接関与し、文部科学省の重要な生涯学習政策の一つであり、自治体や国の情報収集・整理・利用に関して住民や学校教育に対する重要なサービスである。今後、公共図書館は、新しいライフスタイルや、行政の情報化、教育の情報化に対応すべく、電子図書館化に対応することが求められていると考えられる。

1.2　コロナ禍における、社会・図書館・電子図書館の主な出来事

電子出版制作・流通協議会

　本節では、ニュース及び関連各社からのニュースリリースをもとに、新型コロナウィルス感染症の影響拡大（以下、コロナ禍）に関して、社会の動きを資料 1.3 に、図書館・電子図書館・出版の出来事を資料 1.4 にまとめた。

■ **資料 1.3**　コロナ禍における主なニュース（電流協まとめ）

年		新型コロナ問題に関係する主なニュース
1 月 16 日		厚労省、国内初の新型コロナウイルス感染症の確認を発表
1 月 28 日		感染による肺炎を「指定感染症」とすることを閣議決定
1 月 30 日		WHO 新型肺炎の名称を暫定的に「2019 年新型コロナウイルス急性呼吸器症」とし、後日、正式名称を決定すると発表
2 月 3 日		クルーズ船「ダイヤモンド・プリンセス」が横浜に到着、検疫開始
2 月 11 日		WHO、新型コロナウイルス感染症を「COVID-19」と命名
2 月 13 日		新型肺炎で国内初の死者
2 月 24 日		政府専門家会議が「1～2 週間が瀬戸際」との見解公表
2 月 26 日		1 月 18 日に新年会が開かれた東京都の屋形船で集団感染確認 政府、全国的なスポーツや文化イベントを今後 2 週間は中止や延期を要請
3 月 2 日		政府、全国の小中高校、特別支援学校を 3 月 2 日から春休みまで臨時休校するよう要請
3 月 11 日		世界保健機関（WHO）が「パンデミック（世界的大流行）」宣言
3 月 13 日		改正新型インフルエンザ等対策特別措置法成立（翌 14 日施行）
3 月 24 日		東京五輪・パラリンピックの開催をめぐり、首相と IOC 会長が、1 年程度の延期を検討することで合意
3 月 26 日		政府専門家会議「蔓延している恐れが高い」とする報告書
4 月 1 日		政府、全世帯対象にマスクを 1 世帯 2 枚配布すると発表
4 月 7 日		**政府は、新型コロナ感染症拡大を受け、改正新型インフルエンザ等対策特別措置法に基づく初の「緊急事態宣言」を発令 対象地域は東京、埼玉、千葉、神奈川、大阪、兵庫、福岡の 7 都府県で、宣言の期間は 4 月 7 日から 5 月 6 日までの 1 カ月とした 緊急事態宣言につき、休業を要請する施設に「図書館、博物館、美術館等」集会、展示施設も発表**
4 月 9 日	読売	新型コロナウイルスの感染拡大を受けた学校への支援策として、「PC1 人 1 台」前倒しとして文科省が 2763 億円を 2020 年度補正予算に盛り込んだ。自宅でも学習できる体制の整備に向け小中学校のパソコン「1 人 1 台」環境の早期実現や、補習のための学習指導員の増員などをすすめる
4 月 11 日	朝日	東京都、図書館・体育館・パチンコ・バー・カラオケに、11 日から休業要請
4 月 16 日		**政府は、新型コロナウイルス対応の特別措置法に基づき、緊急事態宣言の対象区域を全国に拡大すると表明**
4 月 19 日	産経	新型コロナウイルス感染拡大に対する、緊急事態宣言後の図書館の休業調査（saveMLAK 調査）によると、4 月 16 日時点集計で、全国の約 1,550 の図書館、公民館図書館のうち 6 割ちかい約 890 館が休館中。政府の緊急事態宣言対象の 7 都府県では 95％が休館となる一方、臨時窓口を設け、貸出のみは続けるなど、運営を工夫する図書館もあった。ただ都が休業要請の対象に含めたこともあり、貸し出しもとりやめる「完全休館」が拡大している
4 月 22 日	朝日	休校中の家庭学習、デジタル活用 29％にとどまる、文科省調査 4 月 16 日時点 1,213 自治体、25,223 校対象

4月25日	読売	小中高の9割臨時休校、4月22日時点、文科省24日全国の小中高校などの休校状況を発表
4月27日	読売	オンライン学習、国は開発へ、感染症・災害時に活用、年度内に実証研究
4月30日		政府は4月30日、新型コロナウイルス感染拡大を受けた緊急事態宣言について、5月6日の期限を延長する方針を表明
5月 4日		政府は、新型コロナウイルス感染拡大に伴う緊急事態宣言を5月31日まで延長すると表明した。全都道府県が対象
5月14日		**緊急事態宣言を39県で解除**
5月25日		**緊急事態宣言、全面解除**
6月 1日		新型コロナウイルスの感染拡大に伴う緊急事態宣言の全面解除を受け、首都圏の4都県（東京、神奈川、千葉、埼玉）と北海道で6月1日、学校が再開
6月 2日		感染拡大への警戒を呼び掛ける「東京アラート」を初発動
6月11日		**東京アラートを解除**
6月19日		都道府県境をまたぐ移動が全面解禁
7月22日		「Go To トラベル」が東京を除く46道府県で開始
7月29日		国内感染者、初の1日1千人超え

■ **資料1.4** コロナ禍における、図書館・電子図書館・出版に関する主な（電流協まとめ）

月日		新型コロナ問題に関係する主なニュース（電子図書館・図書館・出版等）
3月5日	新文化	新型コロナ感染拡大で小学校の臨時休校をうけ、コミック誌など無料配信、小学館・集英社・KADOKAWA「コロコロコミック」「少年ジャンプ」など
3月12日	新文化	新型コロナ臨時休校、デジタルコンテンツ無料公開広がる、出版社26社、HPなど通じて、コミック・学参・児童書など、外出できない生徒を支援
3月16日	ICT教育ニュース	紀伊國屋書店、電子図書館サービス「LibrariE」導入の小中学校、高等学校等向けにコンテンツを期間限定で無償提供
3月19日	タウンニュース	八王子市図書館、新型コロナウイルス感染拡大防止のため、市内の学校の臨時休校を受け電子書籍を提供。電子書籍貸出サービスの事業者からの無償提供を受けて実現した。サービスは4月5日（日）まで
3月29日	中日新聞WEB	熱海市立図書館、新型コロナウイルスの感染拡大を懸念して、電子書籍の活用を呼びかけ。新型コロナによる苦境を、好機ととらえて普及を図る
4月7日	政府	令和2年度補正予算（第1号）新型コロナウイルス感染症経済対策、「新型コロナウイルス感染症対応地方創生臨時交付金」閣議決定（4月30日成立、計上額1兆円）
4月17日	神戸新聞NEXT	新型コロナウイルスの感染拡大で兵庫県の東播2市2町の公立図書館が5月上旬まで休館する中、加古川市でインターネットによる電子図書の貸し出しが伸びている。パソコンやタブレット、スマートフォンといった端末で読むことができ、図書館カードが必要だが、カードを持っていても利用していない人は多い、図書館では「この機会にぜひ試してほしい」と話す
	毎日新聞・千葉WEB	新型コロナ、図書館サービス休止、千葉県、千葉市は郵送、宅配継続「パソコンの時間」増えた
4月18日	毎日新聞WEB	新型コロナ、各図書館電子書籍を貸し出す「電子図書館」や、電子化した所蔵資料の活用に力を入れる、約5000タイトルを用意している堺市立図書館は、貸出カードを持っていない人でも、来館して発行手続きをすることなく電子図書館をつけるよう、期間限定のIDをメールで発行する取り組みを4月7日から開始
4月20日	産経	新型コロナ、出版業界にも影、「鬼滅の刃」「ハイキュー!!」…コミックス発売延期
	リリース	**図書館流通センター、TRCの電子図書館サービス、今年3月貸し出し実績が前年対比255%大幅増**
4月27日	文化通信	TRCの電子図書館サービス、3月貸出実績前年比255%と大幅増加、電子図書館サービスを利用している学校から「授業はGoogleを使ってネットで行うことになり、Googleの画面から電子図書館に入れるようにしたところ急に利用が増えた。公共図書館も閉館し、書店も閉店しているので、本を読み

		たい生徒は電子図書館だけが頼り」とのコメント、奈良県大和郡山市立図書館は「市立の小中学校が休校となった今年3月以降、電子図書館の利用がこれまでの1.5倍になった。レシピ本や整理整頓の方法などが書かれた本に人気がある」とも
4月30日	新文化	図書館88%が休館（4月22日・23日調査）、4月16日調査から31%増、saveMLAK調べ
	新文化	コロナ禍、オンライン授業が加速、休校措置、出版活動に影響、専門書電子版拡充の契機、公的資金を投入すべき［寄稿　植村八潮］
5月8日	日本経済新聞	図書館の休館、学生ら9割「研究に影響」サービス拡充望む多数、図書館休館対策プロジェクト調査
5月11日	文化通信	日本図書館協会が時限的な公衆送信要望、書協は「各著作権者へ」と回答
5月15日	日経産業	メディアドゥHD、電子図書館「スクールデジタルライブラリー」の導入費用を無料にするキャンペーン開始、小中高等学校が対象、初期費用と月額運用費を2020年度以内は無料とする、コンテンツの購入費は有料、タブレット端末などから電子書籍を利用できるサービスの導入を拡充し、休校の延長で図書館を利用できないない児童や生徒を支援
	産経	新型コロナ、図書館・公園利用再開へ、予約貸出、注意明示し利用
5月16日	日本経済新聞	「コロナ禍でも本を届けたい」図書館が奮闘、電子や宅配、千代田Web図書館「朗読付き絵本の電子書籍」提供、沖縄県立図書館は有料での宅配サービスを5月3日から開始、最大10冊まで3週間
5月18日	リリース	**図書館流通センター、TRCの電子図書館サービス、今年4月貸し出し実績が前年対比423%大幅増**
	文化通信	紀伊國屋書店が同社提供の「KinoDen」で、7月31日までの期間限定で大学図書館支援、電子図書館の同時アクセス数を拡大と発表
5月19日	朝日	オンライン朗読、著作権の壁超えられるか、出版社に相談続く、一部で認める動き
5月19日	リリース	メディアドゥ、「ポプラ社×NetGalley」図書展示会等中止を受け、図書館向けの無料ゲラ配布拡充
5月21日	日経産業	新型コロナの影響で、聴く書籍浸透、無料提供や音声技術開発、オーディオブックの24年度の国内市場規模は19年度の約5.7倍の260億になる見込み、書籍の代替としての利用が広まる（日本能率協会総合研究所）
	新文化	JPO、「ためし読み」紹介ページ公開、69社72,000コンテンツ
	新文化	東京の図書館をもっとよくする会、「図書館休館、代替サービス要請」各区市の首長などに
5月23日	読売	新型コロナ感染拡大により、電子書籍を貸し出す「電子図書館サービス」が注目、TRCによると4月の電子書籍貸出数は前年比4倍となる6万7000件に伸びた
5月28日	新文化	日本図書館協会、公衆送信権等の時限的制限、出版社への許諾、リスト化、休館中の読み聞かせ動画配信など、30団体へ協力依頼、8団体から回答
6月1日	リリース	京セラコミュケーションシステム、奈良市立図書館と八王子市立図書館が本を耳で聴く「オーディオブック配信サービス」を導入
6月9日	ITMedia	コロナ後見据え図書館も変化　感染症予防の他オーディオブック充実も
6月12日	政府	令和2年度補正予算（第2号）新型コロナウイルス感染症経済対策、「新型コロナウイルス感染症対応地方創生臨時交付金」成立（計上額2兆円）
6月15日	印刷ジャーナル	電流協電子図書館（電子書籍貸出サービス）の4月1日現在の導入数を公表、公共図書館の電子図書館（電子書籍貸出サービス）導入数、94自治体、91電子図書館と発表
6月16日	リリース	**図書館流通センター、TRCの電子図書館サービス、今年5月貸し出し実績が前年対比526%、3ヶ月連続大幅増**
6月18日	新文化	電子図書館サービス「LibraiE」導入館急増、3ヶ月で61館増、200館に
	新文化	メディアドゥ、電子図書館キャンペーン、公共図書館に拡大
6月21日	朝日	［社説］コロナと図書館、「知る権利」守る工夫を
6月25日	日経WEB	新型コロナ、図書館も新常態、電子書籍貸し出しなどで脱「来館」
	新文化	第22回図書館総合展、オンラインで開催

6月30日	朝日	［数字は語る］公立図書館の電子図書館 91 館、本貸す側・借りる側もメリット大
7月1日	デイリー東北	青森県おいらせ町立図書館、7月1日から「電子図書館」開始、青森県初
7月16日	新文化	日本電子図書館サービス、コロナ禍でクローズアップされる電子図書館、「LibrariE」導入館急増
7月19日	読売	［社説］電子図書館、補完的活用で読書機会を保とう
7月20日	リリース	eライブラリー有限責任会社、小中高等学校向け電子書籍サービス school e-Library の有料登録者数が 12,000 名を突破
7月23日	新文化	メディアドゥ、オーディオブック事業に参入、アマゾン「Audible」へ提供
7月24日	日本経済新聞	［経済教室］社史デジタル図書館を作ろう
7月27日	産経	コロナ禍の図書館、電子書籍貸し出し急増、前年の約 5 倍、来館不要で 3 密回避、導入館は 1 割以下
	日経MH	オンライン読書会、若者交え、知の共有、本を起点に新たな発見、読書に付加価値生む
	文化通信	コロナ禍の出版市場を見る、ネット書店・電子図書館利用は大幅伸長、リアルは大型店ほど厳しく
8月14日	リリース	メディアドゥ、「少年画報社・創立 75 周年企画」 OverDrive 電子図書館で、名作コミックなど 250 冊 期間限定読み放題キャンペーン開始
8月23日	共同通信	**電子図書館 100 自治体に、コロナ感染防止で導入加速**
8月26日	大阪日日新聞 WEB	電子書籍の利用急増　大阪市立中央図書館 新型コロナウイルスの影響で思うように外出ができない中、自宅にいながら図書館の本を読むことができる電子書籍のサービスの利用が伸びている。大阪市西区の市立中央図書館では、3〜7 月の同サービスへのアクセス件数が前年同期比の 3〜7 倍に急増
8月27日	千葉日報 WEB	電子図書館、利用急増　外出自粛が普及に一役　八千代・流山　全国では導入 5%
9月3日	朝日・広島 WEB	広島県、コロナ禍で電子図書館の開設広がる、新型コロナウイルスの影響で臨時休館を迫られた広島県内の公立図書館が、電子書籍の貸出に力を入れている。広島県立図書館が 7 月に電子図書館スタート
9月4日	熊本日日新聞 WEB	八代市立図書館、電子書籍、被災者に無料開放　八代市立図書館　市外 4 市町村も
9月6日	茨城新聞 WEB	《新型コロナ》茨城県内公立図書館　電子書籍の貸し出し増　ネット利用　外出自粛にマッチ
9月18日	下野新聞 WEB	電子書籍 貸し出し人気　コロナ禍の中 10 倍超も　栃木県内 5 市町公立図書館 県内の多くの公立図書館で電子書籍の貸出件数が増加している。コロナ禍の中、図書館へ行かずに借りられる便利さなどが要因という。1 カ月間の貸出件数が前年比 10 倍以上に伸びた図書館も。電子書籍を扱う「電子図書館」を持つ自治体は県内で 5 市町だが、導入へ向けた動きも出始めている

1.3 電子図書館における「新型コロナ問題」調査結果

電子出版制作・流通協議会

■ 1.3.1 電子図書館・電子書籍貸出サービス調査 2020

　2020 年の調査においては、「新型コロナ問題」についての質問項目を追加するとともに、従来のアンケート項目を一部簡略化して実施した。

　本節では、主に公共図書館と大学図書館の「新型コロナ問題」に関係する調査結果について報告する。なお、調査結果の詳細については、第 2 章（公共図書館）及び第 3 章（大学図書館）に、記載回答も含めた回答結果については資料編 A（公共図書館）、資料編 B（大学図書館）で報告する。

■ 1.3.2 新型コロナ問題に関する質問

　「新型コロナ問題」に関連する主な調査内容は以下のとおりである。
① 新型コロナ問題で、全国に「緊急事態宣言」が発令された 4 月 7 日以降の図書館施設面での対応
② 図書館施設の閉館期間について
③ 図書館職員の対応について
④ 図書館閉館期間中における資料の貸出について
⑤ 図書館閉館期間中に実施したオンライン（Web サービス）について
⑥ 図書館利用者（登録者・住民）や、自治体（首長、議員等）からの問い合わせについて
⑦ 電子書籍貸出サービスを導入している図書館に対して、電子書籍貸出件数の変化について
⑧ 電子書籍貸出サービスを導入している図書館に対して、電子書籍貸出サービスの変化（貸出件数の変化以外）

　上記、①～⑧については、公共図書館、大学図書館ともに、共通した質問を行った。さらに、大学図書館に対しては、電子ジャーナルの貸出件数の変化及び、データベースの利用件数の変化について質問を追加した。

　ここでは、公共図書と大学図書館のアンケート結果を比較して、それぞれの図書館の対応の違いを報告するとともに、1.3.10、1.3.11 において、公共図書館の「電子書籍サービス」導入意識の経年の変化について説明する。

■ 1.3.3 「緊急事態宣言」発令後の図書館施設面での対応

【質問4-1】［公共・大学質問共通］
新型コロナ感染症対策問題（以下、新型コロナ問題）で、全国に「緊急事態宣言」が発令された4月7日以降、貴館において図書館施設面ではどのような対応をとられましたか、選択肢からご選択ください　（複数選択可）

　　回答によると、公共図書館・大学図書館ともに、約8割の図書館が全面的に休館されており、約4割が一部開館している（資料1.5）。

■ 資料1.5　「緊急事態宣言」発令後の図書館施設での対応について

▼質問（複数回答あり）	公共図書館回答数	公共図書館/486	大学図書館回答数	大学図書館/166
（1）　図書館施設全面休館	397	81.7%	135	81.3%
（2）　図書館施設一部開館	197	40.5%	61	36.7%
（3）　図書館施設通常開館	32	6.6%		
（4）　その他、自由にご記入ください	94	19.3%	31	21.7%
無回答	1	0.2%	1	0.6%
合計	721		228	

■ 1.3.4　「緊急事態宣言」発令後の図書館施設の休館期間

【質問4-2】［公共・大学質問共通］
図書館施設の休館（一部含む）した図書館について、期間はどれくらいでしたか、選択肢からご選択ください（一つ選択）

　　回答によると、公共図書館の場合、1カ月以上2カ月未満が42.6%と最も多いが、大学図書館の場合2カ月以上が87件52.4%が最も多い。公共図書館と大学図書館の対応に大きな差がみられた。

　　公共図書館の場合、利用者からの図書館サービスへの問い合わせがあったため、「緊急事態宣言」が5月25日に解除された後、図書館内に滞在する時間を制限するなどして徐々に図書館サービスが再開された。一方、大学図書館では、多くの大学が前期授業を全面的にオンライン化したことで、図書館の休館期間も長期化している。しかし、大学図書館サービスの電子図書館サービス化が進んでいたこともあって、長期の図書館休館においても、図書館サービスが実施できたことが大きい（資料1.6、1.7）。

■ **資料 1.6**　「緊急事態宣言」発令後の図書館施設の休館期間について

▼質問（複数回答あり）	公共図書館 回答数	公共図書館 /486	大学図書館 回答数	大学図書館 /166
（1）　2週間未満	22	4.5%	5	3.0%
（2）　2週間から1ヶ月	108	22.2%	17	10.2%
（3）　1ヶ月以上2ヶ月未満	207	42.6%	53	31.9%
（4）　2ヶ月以上	133	27.4%	87	52.4%
（5）　その他、自由にご記入ください	34	7.0%	6	3.6%
無回答	8	1.6%	9	5.4%
合計	512		177	

■ **資料 1.7**　「緊急事態宣言」の発令以降の図書館施設の休館期間について

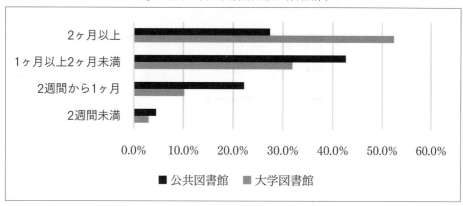

■ 1.3.5 　「緊急事態宣言」発令後の図書館職員について

【質問 4 − 3】［公共・大学質問共通］

新型コロナ問題で、全国に「緊急事態宣言」が発令された 4 月 7 日以降の図書館休館（一部含む）した期間中における図書館職員の対応について、選択肢からご選択ください　（複数選択可）

　回答によると、公共図書館では、「職員の通常出勤」が 58.6％と高く、一方、大学図書館では「交代出勤」が 74.7％と最も多かった。

　大学図書館の場合、大学の建物への入館が厳しく制限された一方で、電子図書館サービスの実施や授業のオンライン化対応ができたことなどが、職員の交代勤務を実現されたものと考えられる（資料 1.8、1.9）。

■ **資料 1.8**　「緊急事態宣言」発令後の職員の勤務状況について（複数回答）

▼質問（複数回答あり）	公共図書館 回答数	公共図書館 /486	大学図書館 回答数	大学図書館 /166
（1）全図書館職員について非出勤	0	0.0%	12	7.2%
（2）図書館職員について交代出勤	160	32.9%	124	74.7%
（3）一部職員以外は非出勤	30	6.2%	27	16.3%
（4）職員通常出勤	285	58.6%	20	12.0%
（5）その他	99	20.4%	37	22.3%
無回答	8	1.7%	2	1.2%
合計	582		222	

■ **資料 1.9**　「緊急事態宣言」発令後の職員の勤務状況について

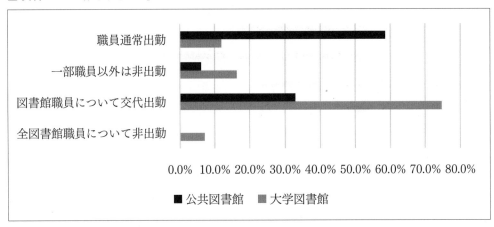

■ 1.3.6　図書館が休館した期間中の図書館での資料の貸出の対応について

【質問4-4】［公共・大学質問共通］
新型コロナ問題で図書館が休館した期間中における、資料の貸出で行ったことについて、選択肢からご選択
ください。　（※電子書籍サービス以外）（複数選択可）

　回答によると、資料の貸出期間の延長が多く行われたことがわかる。

　また、大学図書館の場合、郵送による資料の貸出・返却対応が多く行われ、電話や web
による貸出受付対応も公共・大学ともに約半数の図書館で実施された。

　公共図書館での、窓口での貸出対応については、事前申込が必要が31.5%、事前申し込み
不要が15.4%であった。窓口での「密」をさけるため、事前申し込みの際に来館時間を指定
したケースがあったことが考えられる（資料1.10　1.11）。

■ **資料 1.10**　図書館休館期間中の資料貸出について（※電子書籍貸出サービス以外）（複数選択可）

▼質問（複数回答あり）	公共図書館回答数	公共図書館/486	大学図書館回答数	大学図書館/166
(1) 資料の貸出受付の実施 （電話・Web での受付）	218	44.9%	86	51.8%
(2) 資料の窓口での貸出サービスの実施 （事前申込必要）	153	31.5%	―	―
(3) 資料の窓口での貸出サービスの実施 （事前申込不要）	75	15.4%	22	13.3%
(4) 資料の郵送貸出・返却の実施	54	11.1%	112	67.5%
(5) 資料の貸出期間の延長	342	70.4%	155	93.4%
(6) その他、自由にご記入ください	164	33.7%	25	15.1%
無回答	33	6.8%	3	1.8%
合計	1039		403	

■ **資料 1.11**　図書館休館期間中の資料の貸出について公共図書館と大学図書館の比較

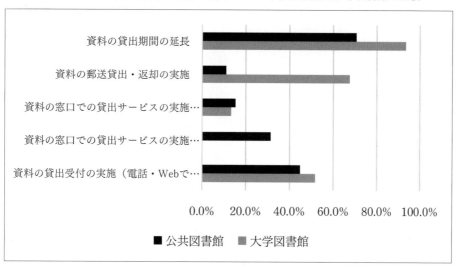

■ 1.3.7　図書館が休館した期間中実施したオンライン（web）サービスについて

【質問 4-5】［公共・大学質問共通］※大学図書館には一部追加
新型コロナ問題で図書館が休館（一部含む）した期間中において、実施したオンライン（Web）サービスについて、選択肢からご選択ください（複数選択可）

　大学図書館では、「データベースサービス」「電子ジャーナルサービス」「学術リポジトリ」「電子書籍サービス」といった、オンライン（web）サービスについて 9 割以上の大学図書館で提供したと回答があった。大学図書館においては、これらの電子図書館サービスが一般化していることがわかる。

　一方、公共図書館では、「電子書籍サービス」が 11.3%、「データベース提供サービス」

が 3.1%と、オンラインサービスの実施は一般化されていないことがわかる（資料 1.12、1.13）。

■ **資料 1.12**　図書館休館期間中に実施したオンライン（web）サービスについて（複数回答）

▼質問（複数回答あり）	公共図書館回答数	公共図書館/486	大学図書館回答数	大学図書館/166
（1）　電子書籍サービス	55	11.3%	151	91.0%
（2）　電子ジャーナルサービス			152	91.6%
（3）　データベース提供サービス	15	3.1%	160	96.4%
（4）　学術機関リポジトリ			151	91.0%
（5）　ディスカバリーサービス			69	41.6%
（6）　デジタルアーカイブ提供サービス	88	18.2%	66	39.8%
（7）　音楽・音声情報配信サービス	25	5.1%	19	11.4%
（8）　オンラインによるレファレンスサービス	91	18.7%	67	40.4%
（9）　図書館関連情報・読書情報の提供	191	39.3%	81	48.8%
（10）　Web セミナーの実施	13	2.7%	41	24.7%
（11）　その他	81	16.7%	33	19.9%
無回答	165	34.0%	3	1.8%
合計	724		993	

■ **資料 1.13**　図書館休館期間中に実施したオンライン（Web）サービスについての比較

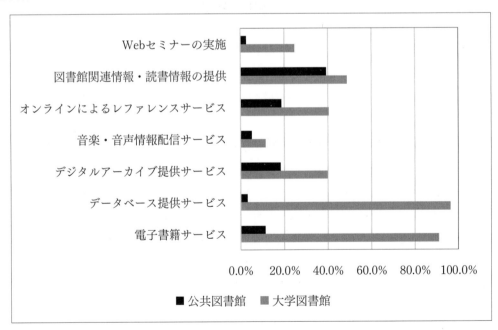

■ 1.3.8 「緊急事態宣言」発令後の関係者からの問い合わせについて

【質問4－6】

［公共図書館］新型コロナ問題で、図書館利用者（登録者・住民）や、自治体（首長、議員等）からどのような問い合わせがありましたか、選択肢からご選択ください　（複数選択可）

［大学図書館］新型コロナ問題で、学生・教員や法人（大学法人・学校法人）からどのような問い合わせがありましたか、選択肢からご選択ください　（複数選択可）

　回答によると、「電子図書館サービス（電子書籍貸出サービス）の実施について」は公共図書館では、22.4%であったが、大学図書館では 66.3%と大きな差があった（資料 1.14、1.15）。

　昨年度（2019 年）の調査では、「電子図書館サービス」の問い合わせは「自治体の長」からが 11.1%、「自治体の議員からの問い合わせ」が 16.7%、「住民からの問い合わせ」が 18.6%である。問合せが増加したといえるが、大きく増加したとまでは言えない（資料 1.16）。

　その他、「資料貸出サービスの実施」「図書館施設の利用について」「図書館サービスの再開について」は公共図書館・大学図書館ともに 8 割を超えている（資料 1.14）。

■ 資料 1.14　図書館利用者や自治体からの問い合わせについて

▼質問（複数回答あり）	公共図書館回答数	公共図書館/486	大学図書館回答数	大学図書館/166
（1）　資料貸出サービスの実施について	407	83.7%	144	86.7%
（2）　図書館施設の利用について	433	89.1%	153	92.2%
（3）　図書館サービスの再開について	449	92.4%	142	85.5%
（4）　電子図書館サービス（電子書籍貸出サービス等）の実施について	109	22.4%	110	66.3%
（5）　特に問い合わせはない	6	1.2%	2	1.2%
（6）　その他、自由にご記入ください	42	8.6%	18	10.8%
無回答	4	0.8%	1	0.6%
合計	1450		570	

■ 資料 1.15　図書館利用者や自治体からの問い合わせについて

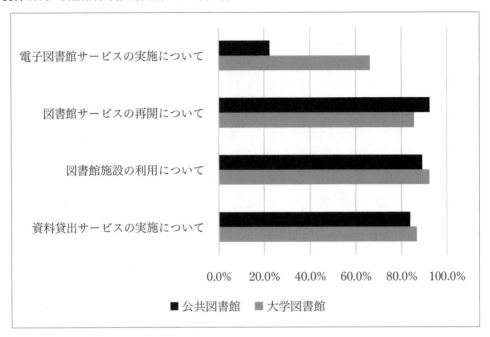

■ 資料 1.16　図書館利用者や自治体からの問い合わせについて（2019 年調査）
『電子図書館・電子書籍貸出サービス調査報告 2019』155 ページ「電子書籍貸出サービス」についての
問い合わせや要望について、選択肢からご選択ください（複数選択可）
※すでに電子図書館導入館の方はこの質問は回答不要

▼質問（複数回答あり）　　　　　　　　▷集計結果（n=377）	回答数	/377
（1）自治体の長（市区町村長、都道府県知事）及び自治体の内部からの問い合わせがある	42	11.1%
（2）自治体の議員からの問い合わせがある	63	16.7%
（3）住民からの問い合わせがある	70	18.6%
（4）現在のところ問い合わせはない	238	63.1%
（5）その他（記載）	13	3.4%
無回答	11	2.9%
合計	437	

■ 1.3.9　電子図書館導入図書館の電子書籍貸出（利用）件数の変化について

【質問4−7】［公共・大学質問共通］
電子書籍サービスを導入している図書館において、新型コロナ問題で図書館が休館（一部含む）した期間中に、昨年の同期間中と比較して電子書籍閲覧件数が変化しましたか、選択肢からご選択ください　（複数選択可）

　回答によると、公共図書館では、80.3%が増加したと回答しており、大学図書館では69.2%が増加したと回答している（資料 1.17）。また、「減少した」は、公共図書館では回

答がなく、大学では 3.8%であり、「変化なし」は公共図書館では 4.9%で、大学図書館では 7.5%であった。

■ 資料 1.17 図書館休館期間中の電子書籍の貸出件数の変化

▼質問（複数回答あり）	公共図書館 回答数	公共図書館 /61	大学図書館 回答数	大学図書館 /159
（1）　電子書籍の貸出件数が増加した	49	80.3%	110	69.2%
（2）　電子書籍の貸出件数が減少した	0	0.0%	6	3.8%
（3）　電子書籍の貸出件数は特に変化しな 　　　かった	3	4.9%	12	7.5%
（4）　その他、自由にご記入下さい	9	14.8%	42	26.4%
無回答	1	1.6%	2	1.3%
合計	61		172	

■ 1.3.10　電子図書館サービスで導入を検討しているサービスの推移

　2020 年のアンケート【質問 2-2】では、電子図書館サービスで、今後導入を検討しているサービスについてきいた（資料 1.18）。

　これは、「電子図書館アンケート」を本格的に実施した 2014 年から継続して設けている質問であることから、あわせて経年推移を調べてみた（資料 1.19）

　今年の調査では、全体の約 34%が導入を検討しているという数値であった。これは前年（2019 年）の 47%と比較すると、13%のマイナスとなった。昨年は「読書バリアフリー法」の施行における「電子図書館サービス」への期待があったことから一昨年（2018 年）の 30%よりも 17%増加した。

　しかし、今回のアンケートはコロナ禍の時期に実施したアンケート結果でありながら、「電子書籍貸出サービス」導入検討の数が比率として減少している。このことは公共図書館においては、図書館休館時の「電子書籍貸出サービス」の有効性がいまだ十分に認知されていいないと考えることができる。

■ 資料 1.18　今後導入を検討している電子図書館サービス

質問（複数回答あり）	2020 年 回答数	/486
（1）　電子書籍貸出サービス	163	33.5%
（2）　国立国会図書館　図書館送信サービス	56	11.5%
（3）　オンラインデータベース提供サービス	23	4.7%
（4）　デジタルアーカイブの提供	51	10.5%
（5）　音楽・音声情報配信サービス	18	3.7%
（6）　その他〔記載〕	40	8.2%
無回答	229	47.1%
合計	580	

■ 資料 1.19　今後導入を検討している電子図書館サービス（2014 年〜2020 年の推移）

年	比率	前年比	全体数（n）	回答数
2014	18%		743	136
2015	17%	-1%	791	134
2016	30%	13%	466	141
2017	30%	0%	451	137
2018	30%	0%	509	155
2019	47%	16%	420	196
2020	34%	-13%	477	163

■ 資料 1.20　「今後導入を検討している電子図書館サービス」2014 年〜2020 年

■ 1.3.11　電子書籍貸出サービスの導入予定なしの減少

　2020 年のアンケート【質問 3−1】では、「電子書籍サービス」についての、今後の予定として「導入の予定」についてたずねた（資料 1.21）。

　このアンケート内容は、2014 年から毎年きいている項目なので、あわせてこの項目についての経年推移を調べてみた（資料 1.22、1.23）

　アンケートを開始した 2014 年から 2018 年をみると、「電子書籍サービス、導入予定なし」の比率は 7 割以上が「予定なし」と回答している。この結果は、「電子図書館アンケートに回答している図書館」の数値であることから、アンケートに回答していない図書館を含めた公共図書館全体で考えると多くの図書館が導入に消極的であったと考えられる。

　今年のアンケートの結果をみると「導入予定なし」が 43% と昨年よりも 20% 減少しており、電子図書館サービスの導入に否定的な意見が少なくなっている。

　このことは、資料 1.21 の推移と合わせて考えてみると、図書館としては「積極的に導

入」する段階ではないが、「電子書籍サービスの導入予定なし」と否定できるものでもない
と考えられる。

■ 資料 1.21　電子書籍貸出サービスの今後の予定について

▼質問（複数回答あり）	2020 年 回答数	/486
（2）　電子書籍貸出サービスを実施する予定が具体的にある	13	2.7%
（3）　電子書籍貸出サービスの実施を検討中（まだ具体的でない）	176	36.2%
（4）　電子書籍貸出サービスを実施する予定はない	205	42.2%
（5）　その他〔記載〕	17	3.5%
無回答	75	15.4%
合計	486	

■ 資料 1.22　電子書籍貸出サービスの導入予定なしの推移（2014 年〜2020 年の推移）

年	導入予定なし比率	前年比	全体数（n）	回答数
2014	73%		743	539
2015	79%	6%	730	575
2016	71%	-8%	466	329
2017	76%	6%	425	325
2018	70%	-6%	509	358
2019	63%	-7%	420	264
2020	43%	-20%	477	205

■ 資料 1.23　電子書籍貸出サービスの導入予定なしの推移（2014 年〜2020 年の推移）

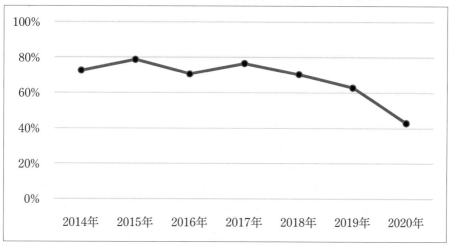

1.4　国立国会図書館の電子図書館事業

福林靖博●国立国会図書館　電子情報企画課
植村要●国立国会図書館　企画課

■ 1.4.1　はじめに

　国立国会図書館（以下、「NDL」という）の電子図書館事業は、爆発的に増加したインターネット上で流通するデジタルコンテンツをどう扱うのか、これまで蓄積してきたアナログの情報資産についてデジタル化・インターネット対応をどう進めてゆくかという課題への取組として行われていると言っても差し支えないだろう。具体的には、「国立国会図書館デジタルコレクション」（以下、「デジタルコレクション」という）を通じた、電子書籍や電子雑誌といったデジタルで収集した資料とデジタル化した所蔵資料を永続的に保存するとともに、広く利用に供することがその柱である。

　本章では、NDL の電子図書館事業について、本報告書シリーズでの前回 2016 年の報告[1]以降の動向を中心に紹介する。1.4.2 ではデジタルコレクションの現状について整理したうえで、1.4.3 では本報告書でアンケート項目に挙げられている図書館向けデジタル化資料送信サービス（以下、「図書館送信」という）の概況を紹介する。1.4.4 では、関連する動向として NDL のアクセシビリティ対応関連の取組を整理する。最後の 1.4.5 では、現在進行中の情報も含め、電子図書館事業の今後の動きについてトピックを絞って述べる。

■ 1.4.2　国立国会図書館デジタルコレクション

　デジタルコレクションは前述したとおり、デジタルで収集した「デジタル収集資料」と紙などのアナログ媒体による蔵書をもとにした「デジタル化資料」という二つの柱から構成されている。

(1)「デジタル収集資料」について

　電子書籍・電子雑誌については、公的機関から出版・公開されるものはインターネット資料収集保存事業（WARP）の枠組みで 2010 年から収集しているが、民間で出版・公開されるものについても 2013 年から発行者に NDL への提供が義務付けられている。ただし、提供物については、当面「無償かつ DRM（技術的制限手段）のないもの」を収集対象とし、「有償または DRM のあるもの」の提供は免除されている。現状、「無償かつ DRM なしの資料」や「事業終了リポジトリからの移管資料」を中心に収集し、NDL 館内で利用可能となっている。

---

[1] 2016 年「電子図書館・電子書籍貸出サービス調査報告 2016」電子出版制作・流通協議会

「有償または DRM のある資料」については、2015 年 12 月から 2020 年 1 月までの間、収集・保存に係る技術的検証と、NDL が閲覧に供することによるビジネスへの影響の検証や納入時の費用の調査分析を目的とした実証実験を日本電子書籍出版社協会に委託して行った。

なお、CD・DVD 等のパッケージ系電子出版物は 2000 年から納本制度により収集している。昨今、その長期保存対策が大きな課題となっており、2018 年度からは、USB メモリや MO といった媒体のマイグレーション[2]の試行にも取り組んでいる。

(2) デジタル化資料について

所蔵資料のデジタル化は、利用と保存の両立を図ることを目的として、2000 年以降、継続的に行われている。著作権法第 31 条第 2 項に基づき、NDL は保存のために資料受入後ただちにデジタル化を行うことが可能であるが、現在は「資料デジタル化基本計画 2016－2020」に基づき、順次デジタル化を行っている。即ち、国内刊行資料を（ただし、外国刊行資料でも日本語資料や希少性の高い資料及び歴史的価値の高い日本関係資料も）対象範囲として、①唯一性・希少性、②資料の劣化状況、保存の緊急性、③資料の利用機会の拡大、④デジタル化への社会的ニーズ、⑤国や世界の体系的なデジタルコレクション構築への貢献が可能な資料、といった評価要素を元に対象資料を選定している[3]。

デジタル化資料のうち、著作権保護期間の満了したものや著作権処理が済んだものはインターネット公開している。原資料が絶版等の理由により一般に入手することが困難なものについては、著作権法の権利制限により NDL からの承認を受けた図書館等に送信することが可能である（図書館向けデジタル化資料送信サービス。詳細は次項で紹介する。）。それら以外は NDL 館内での利用となる。なお、2018 年の著作権法改正による著作権保護期間の延長は、今後のインターネット公開コンテンツ拡大という点では、非常に大きな影響を及ぼすこととなったことは特記しておきたい。

ここ数年、デジタル化予算として年間約 2.3 億円が措置されており、図書や雑誌、博士論文等を中心に、主に外部委託によりデジタル化を進めている。詳細は「資料 1.24　NDL 所蔵資料デジタル化取組状況」を参照してほしい。また、近年は一枚ものの地図やカセットテープ、ソノシートといった録音資料のほか、映像資料（レーザーディスク）のデジタル化にも着手している。レーザーディスクのデジタル化、コスト削減のための内製によるデジタル化等に、試行的に取り組んでいる。目下、次期の資料デジタル化基本計画を策定中であるが、より多様な資料群から、より多くの資料のデジタル化を引き続き進めていきたいと考え

---

[2] パッケージ系電子出版物のデータをデジタルコレクションに移行すること。
[3] 福林靖博「国立国会図書館のデジタルアーカイブ事業―所蔵資料デジタル化を中心に」『中国 21』51, 2019, pp.145-166.

ている。

　この他、近年のトピックを三つ紹介しておきたい。一つ目は、画像共有のための国際的なフレームワーク IIIF（International Image Interoperability Framework）への対応である[4]。2018 年から、「デジタルコレクション」搭載コンテンツのうち古典籍資料及び図書をデジタル化したもののうち著作権保護期間満了によりインターネット公開しているもの（約 34万点）が IIIF に対応している。

■ **資料 1.24**　NDL 所蔵資料デジタル化取組状況

資料種別	年代・取組状況	インターネット公開	図書館送信	NDL館内提供	（計）
図書	明治期以降、1968 年までに受け入れた図書及び震災・災害関係資料（1968 年以降受入分も含む。）の一部。	35 万点	55 万点	7 万点	97 万点
雑誌	明治期以降に刊行された雑誌（刊行後 5年以上経過したもの）。近年は劣化雑誌やマイクロ化済雑誌の他、許諾を得た学協会刊行雑誌を対象にデジタル化。	1 万点	80 万点	53 万点	134 万点
古典籍	貴重書・準貴重書、江戸期以前の和漢書等貴重書・準貴重書を中心に継続的にデジタル化	7 万点	2 万点	-	9 万点
博士論文	1991〜2000 年度に送付を受けたもの2019 年度から 1990 年度以前分のデジタル化に着手。2001 年度以降分については、各大学がデジタル化を担当している。	1 万点	12 万点	2 万点	15 万点
官報	1883 年 7 月 2 日〜1952 年 4 月 30 日に発行されたもの	2 万点	-	-	2 万点
憲政資料	幕末〜昭和の政治家等の旧蔵資料利用頻度の高いものから継続的に実施。	0.5 万点	-	-	0.5 万点
録音・映像資料	録音資料（カセット、ソノシート）、1980 年以前の放送脚本、明治以降の日本人作曲家の手稿譜等の一部。現在はレーザーディスクのデジタル化にも着手。	-	0.3 万点	0.6 万点	0.9 万点
その他	他機関所蔵のアナログ資料をデジタル化したもの[5]。	6 万点	1 万点	9 万点	16 万点
合計		55 万点	150 万点	71 万点	275 万点

---

[4] https://dl.ndl.go.jp/ja/help_iiif.html
[5] 日本占領関係資料（米国の国立公文書館が所蔵する戦後の日本占領に関する公文書のうち、米国戦略爆撃調査団文書、極東軍文書等の一部）、プランゲ文庫（戦後 GHQ が検閲のために集めた日本国内出版物）のうち図書等の一部、歴史的音源（1900 年初めから 1950 年頃までに国内で製造された SP 盤等に収録された音楽・演説等）、他機関デジタル化資料（科学映像、東京大学附属図書館デジタル化資料、愛・地球博、内務省検閲発禁図書など）が含まれる。

二つ目は、デジタル化資料への永続的アクセスの保証を目的とした、デジタルオブジェクト識別子（DOI）の付与である[6]。2018 年度までに「デジタルコレクション」搭載コンテンツのうち NDL がデジタル化した図書、雑誌、博士論文、官報、憲政資料等約 250 万点へのDOI 付与が完了した。

　三つ目は、デジタルコレクションの書誌情報のオープンデータセットの提供である[7]。2014 年に、図書・雑誌・古典籍の原資料の基本的な書誌項目とデジタル画像の書誌項目（URL、公開範囲）ついて提供を開始し、2018 年に件名と分類を追加した。また、NDL がデジタル化した博士論文の基本的な書誌項目とデジタル画像の書誌項目、歴史的音源の基本的な書誌項目と音源の URL も、TSV 等の形式で一括ダウンロード可能となっている。

■ 1.4.3　図書館向けデジタル化資料送信サービス

　「図書館向けデジタル化資料送信サービス」は、著作権法第 31 条第 3 項の規定により、絶版などの理由で入手が困難な資料（絶版等資料）を、参加申請に基づく NDL の承認を受けた全国の公共図書館、大学図書館等の館内で利用できるようにするものである[8]。専用端末の設置や担当司書の管理下での利用といった本サービスの運用ルールについては、簡略化の要望を頂くことも多いが、これらは著作権者・出版者・図書館等の関係団体と当館との間でデジタル化の範囲や具体的な利用提供方法等について協議を行う場である「資料デジタル化及び利用に係る関係者協議会」（2008 年設置）での合意事項[9]（以下「合意事項」という）を踏まえた運用となっている。

　冊子体資料の郵送による従来の図書館間貸出と異なり、貸出対象外となる資料（雑誌や刊行年代の古い図書など）が利用可能であること、返却期限等がないといったことに加え、本報告書のアンケートでも挙げられているとおり、自館のレファレンスツールとしても使えること等が付随的なメリットとして挙げられる。参加館は 2014 年のサービス開始以降、着実に増え、2020 年 9 月現在で 1,207 館となっている。

　送信対象となるコンテンツ、すなわち「絶版等資料」は、1.4.2 で示したように、約 150 万点にのぼる。ここでいう「絶版等資料」とは、流通在庫（出版者、書店等の市場）がなく、かつ商業的に電子配信（オンデマンド出版を含む）されていない等、一般的に図書館等において購入が困難な資料であるが、次の点には留意が必要である。

---

[6] DOI は、ブラウザにこれを入力すると（例：「https://doi.org/[DOI]」）コンテンツの所在情報に変換されるので、それを使ってコンテンツにリンクを張ることで、リンク切れを防ぐことができる仕組みである。日本では国立情報学研究所、科学技術振興機構及び物質・材料研究機構と NDL が共同で運営する「ジャパンリンクセンター」が統括している。

[7] https://www.ndl.go.jp/jp/dlib/standards/opendataset/index.html

[8] https://www.ndl.go.jp/jp/preservation/digitization/distribution.html

[9] 「国立国会図書館のデジタル化資料の図書館等への限定送信に関する合意事項」
https://www.ndl.go.jp/jp/preservation/digitization/digitization_agreement02_201901.pdf

・入手可否の判定は Honya Club 等の出版者等が運営する在庫データベースを用いての、NDL による入手確認調査に基づく。
・合意事項に基づき、漫画、絵本及び商業出版社に係る雑誌の送信を留保している。
・著出版関連団体、出版者、著作（権）者等からの申出に基づき、商業流通の有無、著作者からの申し出等の除外基準のいずれかを満たす場合には、送信資料から除外している[10]。

　利用状況については、年間合計閲覧回数約 30 万回、同じく複写回数約 13 万回となっており、参加館数の増加にともなって増加傾向にある[11]。また、本サービス開始当初は都道府県立図書館の利用割合が多かったが、近年は市区町村立図書館及び大学図書館からの利用割合が増加している。利用が雑誌と図書に集中し、また歴史・地理分野及び芸術分野の利用が比較的多いという傾向は、サービス開始当初から変わっていない。

　しかしながら、利用数がまだまだ十分ではないということは、本報告書のアンケートでも毎年指摘されておりであり、その点は NDL としても課題と考えている。自館の OPAC（蔵書目録データベース）に図書館送信コンテンツの書誌データ（1.4.2 で述べたとおり、オープンデータとして提供されている）を投入して検索対象とする、図書館送信コンテンツから地域資料リストを作成して提供する等、図書館送信の広報・活用に注力して実績をあげている図書館もある[12]ことから、2018 年度から NDL もそういった経験・事例を共有するワークショップ「デジタル化資料活用ワークショップ」[13]を実施している（ただし、2019 年度は新型コロナウイルス感染拡大防止のため中止となった）。引き続き、図書館送信サービスの広報・周知に努めていきたい。

　この他、近年のトピックを二つ紹介しておきたい。一つ目は、2018 年の著作権法第 31 条第 3 項改正により、海外の図書館等への送信が可能になったことである。これまでにアメリカとイタリアの計 2 つ図書館の参加が承認されている。

　二つ目は、他の図書館のデジタル化資料の図書館送信である。NDL 以外の図書館が自館所蔵の絶版等資料を著作権法第 31 条第 1 項第 2 の規定によりデジタル化したもので、かつNDL 未所蔵の資料については、NDL に当該データを寄贈することにより図書館送信の対象

---

[10]　あわせて、候補リストを NDL ホームページで一定期間公開しており、出版者・著作権者による事前確認を行うことを可能としている。
[11]　堀内夏紀「図書館送信の利用状況について」（2019 年 6 月 26 日「国立国会図書館のデジタル化資料送信サービスの可能性」発表資料）
https://www.ndl.go.jp/jp/preservation/digitization/about_riyo.pdf
[12]　例えば、次を参照。谷内のり子「図書館向けデジタル化資料送信サービスの利用状況－京都市右京中央図書館の事例－」『カレントアウェアネス』334, 2017（http://current.ndl.go.jp/ca1912）、杉山智章, 中川恵理子「図書館向けデジタル化資料送信サービスの利用促進の取り組み－静岡大学附属図書館の事例－」『カレントアウェアネス』334, 2017（http://current.ndl.go.jp/ca1913）
[13]　加藤大地「NDL,「デジタル化資料活用ワークショップ」を開催＜報告＞」『カレントアウェアネス-E』369, 2019（https://current.ndl.go.jp/e2139）を参照。

とすることが可能であり[14]、例えば、2017 年に NDL に寄贈された東京大学附属図書館のデジタル化資料が図書館送信対象となった。図書館送信が、図書館間のデジタル化資料の相互利用において共用のサービス基盤として活用される可能性を示すものと考えられるので、この制度のさらなる活用に期待したい（現在も一部の図書館と調整を進めている）。

■ 1.4.4　障害者サービスにおける電子図書館事業

　障害者サービスとして実施される電子図書館事業は、NDL が図書館等にデータを送信するサービスである点において、前述の図書館向けデジタル化資料送信サービスに類似する側面もある。しかし、決定的に異なるのが根拠とする法令が著作権法第 37 条であることであり、これに伴って、利用者の範囲など、様々な違いがある。

　NDL における障害者サービスは、「障害者サービス実施計画 2017-2020」[15]に即して実施されている。同計画には、電子図書館に関連する事業として、「視覚障害者等向け資料の製作及び収集」、「共同校正システムを用いたテキストデータ化」、「視覚障害者等用データ送信サービス」について記載されている。また、同計画策定後に「盲人、視覚障害者その他の印刷物の判読に障害のある者が発行された著作物を利用する機会を促進するためのマラケシュ条約」（以下、「マラケシュ条約」という）に我が国が批准し、2019 年 1 月に発効したことから、マラケシュ条約に基づく国際サービスが実施されることとなった。

　以下では、これら四つの事業の概要を記す。

(1) 視覚障害者等向け資料の製作及び収集

　まず、視覚障害者等向け資料の製作が著作権者に無許諾で認められる根拠についてである。著作権法は、第 37 条で「視覚障害者等のための複製等」として、著作権の制限を定めている。この規定に基づく複製物を製作できる機関は、著作権法施行令第 2 条において、「視覚障害者等のための複製等が認められる者」として列挙されている図書館等である。製作を認められる複製物の形式は、点訳、音訳、データ化等、視覚障害者等が必要とする形式である。この著作権制限に基づいて製作された複製物を利用できるのは、視覚障害者等に限定される。この視覚障害者等には、視覚障害の他に、ディスレクシア、眼球使用困難、肢体不自由などによって読書に困難を生じる者が含まれる。

　NDL では、「学術文献録音図書の製作」として、他の機関では製作が困難な学術文献について、視覚障害者等向け資料を製作している。併せて、図書館等における視覚障害者等用

---

[14] 「平成 26 年度法制・基本問題小委員会の審議経過等について」第 41 回文化審議会著作権分科会（2015 年 3 月 12 日資料 3）
http://www.bunka.go.jp/seisaku/bunkashingikai/chosakuken/bunkakai/41/pdf/shiryo_3.pdf
[15] 国立国会図書館「障害者サービス実施計画 2017-2020」
https://www.ndl.go.jp/jp/support/service_plan2017_2020.pdf

データの製作に資するために、仕様を公開している。音声 DAISY[16] としては、紙の原本から音声 DAISY を製作するための仕様、および、既に録音テープで製作された視覚障害者等向け資料を音声 DAISY に変換するための仕様の二つを公開している。また、テキストを含む媒体としては、紙の原本からテキストデータを製作する仕様、および、EPUB 形式で構造化する仕様、図表等の代替テキストを製作する仕様の三つを公開している[17]。テキストを含む媒体の仕様は検討途上であり、随時変更する予定である。

(2) 共同校正システムを用いたテキストデータ化

　社会福祉法人日本点字図書館は、2013 年から「アクセシブルな電子書籍製作実験プロジェクト」という実験事業を行っている。「みんなでデイジー」と称されるプラットフォームを通じ、共同校正システムを用いることで、紙の本からテキストデータを製作する過程を、迅速かつ効率的にするための実験である。共同校正システムは、紙の本を OCR ソフトによってテキスト認識する際に生じる誤認識について、3 種の OCR ソフトの処理結果を照合し、その誤認識の修正作業をクラウドソーシングの仕組みを活用して多数の参加ボランティアに自動分配する仕組である。これによって、点訳、テキスト DAISY やマルチメディア DAISY の製作において必要になるテキストデータの製作を迅速かつ効率的にしようとするものである。利用者は、視覚障害者等に限定される。利用方法は、利用者がテキスト DAISY 化を希望する本をリクエストすると、リクエストを受けた機関が OCR 処理の上、「みんなでデイジー」に参加しているボランティアがテキストデータを校正し、それを日本点字図書館等でテキスト DAISY 化して、サピエ図書館[18] を通じて配信するというものである。

　2015 年度からは、NDL と日本点字図書館が協力して、この実験事業を実施し、共同校正システムを活用した他機関におけるテキスト製作の支援を検証している。今後、参加可能館を点字図書館から公共図書館にも拡げ、図書館協力事業としての枠組みの構築について検討を行う。これまでに、日本点字図書館等により、3,000 点近くのテキスト DAISY が共同校

---

[16] DAISY とは、Digital Accessible Information SYstem の略で、視覚障害者等のために製作されるデジタル図書の国際標準規格である。主に、テキストはなく音声からなる音声 DAISY、音声はなくテキストからなるテキスト DAISY、音声とテキストからなるマルチメディア DAISY の 3 種がある。再生においては、見出しやページ単位での移動が可能である。

[17] 国立国会図書館「7 学術文献を原本とした視覚障害者等用資料・データの製作仕様」
https://www.ndl.go.jp/jp/library/supportvisual/supportvisual-02.html#g_spec

[18] サピエ図書館は、視覚障害者及び視覚による表現の認識に障害のある方々に対して様々な情報を提供するネットワークであり、全国視覚障害者情報提供施設協会が運営する。全国の会員団体が製作・所蔵する資料約 66 万件の書誌データベースを有し、約 18 万タイトルの点字データ、約 7 万タイトルの音声 DAISY、約 2 千タイトルのテキスト DAISY のダウンロードやストリーミングができる。視覚障害者等の個人会員約 1 万·5 千人が直接利用し、視覚障害者情報提供施設（点字図書館）、公共図書館、ボランティア団体、大学図書館などの団体が 330 強加盟している。
「サピエ」　https://www.sapie.or.jp/

正システムを利用してサピエ図書館に提供されている。

(3) 視覚障害者等用データ送信サービス

NDL、および図書館等が製作し、NDL が収集した視覚障害者等用データを、図書館や視覚障害者等の個人利用者に送信することで提供するサービスである。資料 1.25 は、収集から送信までの流れを示したものである[19]。

■ **資料 1.25**　送信承認館を通じた視覚障害者等用データ送信サービスにおけるデータ提供のイメージ図)

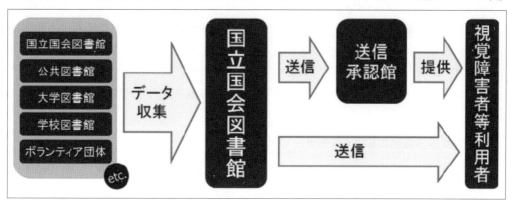

データを収集する対象機関は、NDL、公共図書館、大学図書館、及びボランティア団体等、著作権法施行令第 2 条に列挙されている図書館等である。これらの機関が実際にデータを提供するには、NDL とデータ提供館としての覚書を締結する必要がある。NDL にデータを提供している図書館等は、2020 年 9 月末現在 92 館である。

これらの機関が製作した視覚障害者等用データのうち、NDL が収集しているデータの種別は 5 種である。音声 DAISY、音声ファイル（MP3 形式）、マルチメディア DAISY（メディアオーバーレイの EPUB 含む）、テキストデータ（未校正テキストデータ含む）（テキスト DAISY、プレーンテキスト、EPUB 形式のテキストデータ、DOCX 形式のテキストデータ、透明テキスト付 PDF。未校正テキストデータ含む）、点字データである。

収集したデータを利用者に送信できる機関は、著作権法施行令第 2 条に列挙されている図書館等である。まず、NDL は、国立国会図書館サーチを通じて、視覚障害者等用データを提供している。その他の図書館等がデータを視覚障害者等利用者に送信するには、各機関がNDL から送信承認館としての承認を受ける必要がある。送信承認館は、2020 年 9 月末現在、136 館である。また、NDL の視覚障害者等用データ送信サービスはサピエ図書館とデ

[19] 国立国会図書館「視覚障害者等用データ送信サービス（図書館等向け案内）」
https://www.ndl.go.jp/jp/library/supportvisual/supportvisual-10_02.html

ータ連携しており、サピエ図書館の加盟館は、同図書館のサービスの中で NDL が収集した
データの送信をうけることができる。

　利用者が視覚障害者等用データ送信サービスを利用する方法は 3 つの方法がある。ただ
し、いずれも利用者は「視覚障害者等」に限定される。利用者が視覚障害者等であることの
確認と認定は、NDL、あるいは送信承認館またはサピエ図書館登録の点字図書館が行な
う。

① 国立国会図書館サーチから利用：NDL において視覚障害者等としての利用者登録が必要
　である。利用者登録は、郵送等により可能である。なお、視覚障害者等としての利用者登
　録には年齢制限はない[20]。

② 送信承認館を通じて利用：送信承認館において視覚障害者等としての利用者登録が必要
　である。館内の端末を通じてのダウンロードの他、郵送による貸出などができる。

③ サピエ図書館を通じて利用：サピエ図書館の利用者登録が必要である。ただし、サピエ
　図書館からは EPUB、プレーンテキスト、海外から取寄せたデータは、利用できない。

(4) マラケシュ条約に基づく国際サービス

　マラケシュ条約[21] は、2013 年 6 月に世界知的所有権機関において採択され、2018 年 4 月
の国会における承認を経て、2019 年 1 月に日本において発効した。マラケシュ条約は、著
作権の制限もしくは例外によって製作された視覚障害者等に利用しやすい様式の複製物を、
条約締約国の間で交換し、視覚障害者等に利用できる状態に置くことができるようにするた
めの条約である。

　NDL は、2019 年 11 月に、Accessible Books Consortium（以下、「ABC」という）
Global Book Service に加入し、マラケシュ条約に基づく読書困難者のための書籍データの
国際交換サービスを開始した[22]。ABC Global Book Service は、マラケシュ条約に基づく書
籍データの国際交換のプラットフォームであり、世界知的所有権機関の下部組織として設立
された ABC が運営する。国境を越えた交換は、ABC Global Book Service を通じて行わ
れ、日本では、76 言語、約 54 万タイトルのデータが取り寄せ可能になった。

---

[20] NDL の利用資格は、原則として 18 歳以上となっている。従来、視覚障害者等用データの利用資格も同様
であったが、2019 年 2 月から、満 18 歳未満の視覚障害その他の理由で印刷物の読書が困難な者も利用でき
るよう改めた。
[21] 国立国会図書館「マラケシュ条約に基づく国際サービス」
https://www.ndl.go.jp/jp/library/supportvisual/marrakesh_lib.html
[22] 締約国間で視覚障害者等のための複製物を交換する機関として、日本では NDL の他に、サピエ図書館を
運営する全国視覚障害者情報提供施設協会も加入している。

■ 1.4.5　今後の動き

　今後の動きについて、①デジタル化資料の全文テキスト化、②分野横断統合ポータルによるデジタルアーカイブの利活用促進、③読書バリアフリー法への対応、④今般の新型コロナウイルス感染症拡大を受けての対応、という観点から、現在の状況も整理しつつ、それぞれ述べておきたい。

(1) デジタル化資料の全文テキスト化

　電子図書館事業の初期段階から、デジタル化資料の本文データの提供に対する期待は高かったが、デジタルコレクションにおいては現在も、目次情報と画像データの提供に留まっている。これは主に、旧字体を多く含んだ資料からの OCR 処理は認識精度が低く事後の校正作業等のコストが必要となることが確認されたこと、またテキストデータの利活用をどの範囲で行うのか出版者や権利者といった関係者との合意が得られていない、などの理由による[23]。しかし、データを活用した研究が進展し、2018 年の改正著作権法第 47 条の 5 において本文テキストの検索やビッグデータとして活用する際の許諾が不要になった現在の状況に鑑みれば、画像データのみの提供では十分とは言えない。関係者との利用範囲の調整は必要だが、NDL のデジタル化資料の全文テキスト化が実現すれば、各分野で利活用可能な一大研究データ基盤となり得るだろう。

　そこで、NDL では全文テキストデータ作成のための OCR 精度の向上に取り組んでいる。その一環として、2019 年にデジタル化資料の本文検索機能を搭載した実験システム「次世代デジタルライブラリー」を公開した[24]。精度の向上は引き続きの課題だが、ここでは、デジタルコレクションでインターネット公開されている著作権保護期間満了資料のうち日本十進分類法（NDC） 6 類（産業）に分類される資料約 3 万点の全文テキスト検索が可能となっている（対象資料は今後も拡大予定）。また、これらのテキストデータは GitHub で公開しており[25]、AI の学習用データセットとして等、自由に利用可能である。

　「次世代デジタルライブラリー」では他にも、機械学習の技術を活用した画像検索やデジタル化時のノイズを除去するような画像補正といった実験的な機能も組み込んでいる。ここで公開して利用者やエンジニアからのフィードバックを得ることによって、正式サービスとしての導入に向けての見通しを立てやすくしたいと考えている。

---

23 大場利康「国立国会図書館におけるデジタルアーカイブ事業のこれまでとこれから」『Japio year book』2015, pp.20-27

24 https://lab.ndl.go.jp/dl/。詳細は、青池亨「国立国会図書館，次世代デジタルライブラリーを公開」（https://current.ndl.go.jp/e2154）を参照。

25 https://github.com/ndl-lab

(2) 分野横断統合ポータルによるデジタルコレクションの利活用促進

　政府の知的財産戦略本部が定める「知的財産推進計画 2020」[26] では「デジタルアーカイブ社会の実現」を掲げており、その施策の一つとして、デジタルアーカイブジャパン推進委員会及び実務者検討委員会（事務局は内閣府知的財産戦略 推進事務局）の下で、国の分野横断型統合ポータル「ジャパンサーチ」の構築が行われてきた。NDL がその開発を担当しており、2019 年 2 月に試験版を、2020 年 8 月に正式版を公開した。

　ジャパンサーチは、書籍や文化財、放送番組、メディア芸術といった分野ごと又は 地域コミュニティごとのつなぎ役（アグリゲータ）を介して、国内の図書館や博物館・美術館、文書館等のアーカイブ機関に由来する多様なコンテンツのメタデータ（コンテンツの内容や所在等について記述したデータ）を集約している[27]。また、集約したメタデータを利活用しやすいよう「ジャパンサーチ利活用スキーマ」に変換して API で提供するなど、メタデータの流通基盤といった役割も持つ。2020 年 9 月現在、23 の連携機関と連携し、108 のデータベース、メタデータ約 2,100 万件 が検索可能であり、デジタルコレクションのデータも検索対象となっている。この他、検索対象となるコンテンツがどのように使えるのか、二次利用条件表示を統一的に分かりやすく表示する工夫も行っている。

　デジタルコレクションもジャパンサーチを介して様々な分野のデータベースのコンテンツと一緒に横断的・統合的に検索されることで、その利活用がより一層進むと考えている。ジャパンサーチの今後の展開に期待していただきたい。

(3) 読書バリアフリー法への対応

　2019 年 6 月に、「視覚障害者等の読書環境の整備の推進に関する法律」（以下、読書バリアフリー法）が成立、施行された。そして、2020 年 7 月に、同法に基づく国の基本計画が策定され、公表された。同計画には、NDL の電子図書館事業についても記載されている。

　まず、1.5.4 で概説した既存のサービスについてである。視覚障害者等用データ送信サービスについては、周知、サピエ図書館への会員加入の促進、および、視覚障害者等用データの充実を図っていくとしている。共同校正システムを用いたテキストデータ化については、得られた知見を活用することで、点字図書館や公立図書館等における視覚障害者等用データの製作を支援していくとし、マラケシュ条約に基づく国際サービスについては、視覚障害者等用データの国際交換の促進、および、大学関係機関への情報提供やノウハウの共有を行う等の連携強化を図っていくとしている。つまり、既存のサービスについて、これまでの枠組

---

[26] https://www.kantei.go.jp/jp/singi/titeki2/200527/siryou2.pdf
[27] NDL は「国立国会図書館サーチ」により、日本の書籍分野のつなぎ役という位置づけで「ジャパンサーチ」と連携している。

を維持したうえで、なお一層事業を促進する形で取り組んでいくことが国全体の計画として明確化されたと言えるだろう。

また、新規の取り組みについての記載もある。基本計画では、アクセシブルな電子書籍等を提供する民間電子書籍サービスについて、関係する団体等の協力を得て、適切な基準の整理等を行うことで、図書館への導入を支援していくこととしている。1.5.4 で概説したいわゆる障害者サービスとして実施されている既存の電子図書館事業が、著作権法第 37 条を根拠とするものであるのに対して、基本計画においてここで新規に記載された事業は、出版者等の民間企業が提供する電子図書館を対象としていることが特徴といえる。

(4) 新型コロナウイルス感染症拡大を受けての対応

新型コロナウイルス感染症の拡大に伴い、NDL を含む各地の図書館の来館サービス等が休止された期間、図書館送信が事実上、利用できなくなってしまった[28]。NDL でも、東京本館及び国際子ども図書館においては 3 月 5 日〜6 月 4 日の間、関西館においては 4 月 11 日〜6 月 4 日の間、来館サービスを休止した。また、遠隔複写サービスについても、4 月 15 日〜5 月 20 日の間、休止した。来館サービス再開後は、東京本館及び国際子ども図書館では抽選予約制を導入して入館制限を行っているが、本稿執筆時点（2020 年 9 月）においても入館制限は継続されており、サービスの全面復旧は見通せていない[29]。

一方、電子図書館事業については、特に人文科学系の大学教員や在野の研究者等から臨時的・時限的なコンテンツのインターネット公開ないし送信の範囲拡大等の要望が寄せられた。例えば、社会科学系の若手研究者を中心に設立された任意団体「図書館休館対策プロジェクト」からは、2020 年 5 月 7 日付の「大学図書館等の閉館を維持したままで可能な緊急支援施策に関する要望書（第 1 次）」において、「「国立国会図書館デジタルコレクション」の「図書館向けデジタル化資料送信サービス」参加館の休館が続いている現状に鑑み、緊急的措置として、当該サービスを参加館外部からも利用可能にすることを検討して頂けませんでしょうか。」という要望が出された[30]。実際、同団体が 4 月に約 2,500 人の研究者を対象として行ったインターネット調査によると、図書館休館の中で研究を続けるにあたり、

---

[28] saveMLAK によると、4 月 23 日時点で全国の図書館の休館率は 88％、5 月 6 日時点で 92％に上ったという。https://savemlak.jp/wiki/saveMLAK:%E3%83%97%E3%83%AC%E3%82%B9/20200424

[29] 旗手優「コロナ禍における国立国会図書館の利用者サービス－7 月末までのサービスの休止・再開の状況と各種取組－」『専門図書館』301・302, pp.7-11,2020.（近刊）

[30] https://7a64ccfc-4343-4e56-831b-78b6fa3c99c3.filesusr.com/ugd/f24217_210271888941407ca5276122e932f238.pdf　他に、日本歴史学協会からも 5 月 23 日付で「国立国会図書館デジタルコレクションの公開範囲拡大による知識情報基盤の充実を求めます（公開要望書）」が公開された。なお、この問題は中川正春衆議院議員により、5 月 20 日の衆議院文部科学委員会でも採り上げられた。
https://kokkai.ndl.go.jp/#/detail?minId=120105124X00820200520&spkNum=144&single

最も望まれる支援は「デジタル化資料の公開範囲拡大」であったという[31]。また、本報告書アンケート（質問 6-2）からも、各館においても同様の要望を受けていたことがうかがえる。

　図書館送信は、前述のように、著作権法の規定に基づいて行われるものなので、著作権法を改正することなく、サービスの範囲を拡大することはできない。そこで、法改正を伴わずに実施可能な緊急的措置として、NDL は図書館送信不参加館に限って利用可能としていたデジタル化資料の図書館間貸出代替措置（デジタル画像の複製物（紙へのプリントアウト）の提供）を、図書館送信参加館についても利用可能とする等の対応を行った[32]。また、図書館送信対象資料のうち著作権者の許諾が得られたものの時限的なインターネット公開も行った[33]。NDL としても、これまで寄せられた様々な声を踏まえつつ、所蔵資料のさらなるデジタル化[34]と、図書館送信サービスの改善に向けた関係団体や文化庁等との協議[35]を進めていきたいと考えている。

　このほか、WARP において、2 月に厚生労働省や内閣官房、神奈川県、日本医師会等 12 タイトルを対象として初めて新型コロナウイルス感染症に関する臨時収集を行ったことを皮切りに、臨時的に頻度を上げた関連ウェブサイトの収集も行っている[36]。

---

[31] 前田麦穂「ポストコロナに求められるデジタル化資料のあり方―研究者・学生のニーズから―」
（https://www.bunka.go.jp/seisaku/bunkashingikai/chosakuken/toshokan_working_team/r02_01/pdf/92478101_10.pdf）
[32] 他に、雑誌も臨時的に対象とすること（従来は図書のみ対象。）、図書館送信対象資料について、送信先機関として承認を受けている図書館等が、その複写物を郵送により提供することも臨時的に可能とした。本対応に係る各館での受け止めについては、本報告書アンケート（質問 6-3 及び 6-4）を参照のこと。
[33] 「国立国会図書館デジタルコレクションで資料 2 点が臨時的にインターネット公開：著作権者・出版者及び一般社団法人日本出版者協議会の協力により実施」　https://current.ndl.go.jp/node/41508
[34] 山田太郎参議院議員が、8 月 27 日の参議院内閣委員会でこの問題を採り上げた。
https://kokkai.ndl.go.jp/#/detail?minId=120114889X00220200827&spkNum=19&single
[35] 文化審議会著作権分科会「図書館関係の権利制限規定の在り方に関するワーキングチーム」において、「国立国会図書館から図書館等に送信された絶版等資料へのアクセスの容易化」を含めた、来年の法改正に向けた議論が行われている。
https://www.bunka.go.jp/seisaku/bunkashingikai/chosakuken/toshokan_working_team/　なお、上述の「知的財産推進計画2020」（p.68）にも同様の施策が盛り込まれている。
[36] 5 月には、新型コロナウイルス感染症発生当時から各自治体や民間団体の対応等を振り返ることができるよう特集ページの開設も行った。高峯康世「国立国会図書館インターネット資料収集保存事業（WARP）における新型コロナウイルス感染症関連ウェブサイトの収集」『図書館雑誌』114-9, 2020, pp.507-509.

1.5 千代田区立図書館における図書館サービス・電子図書館サービスの利用と変化

千代田区立図書館●阿部範行

（千代田図書館が入る、千代田区役所本庁舎 写真提供：千代田区）

■ 1.5.1 千代田区立図書館について

千代田区立図書館は、千代田区立千代田図書館、四番町図書館、日比谷図書文化館、昌平まちかど図書館、神田まちかど図書館の5館で構成されており、全館の蔵書冊数は約55万冊である。

千代田区は、区民が約6万7千人（令和2年8月末）であるが、多くの会社・団体・行政機関・公共機関・学校等を有することから、昼間人口（在勤・在学含む）は約85万人（平成27年国勢調査）となり、区民と昼間人口が大きく異なるという特徴がある。

千代田区立図書館は、「千代田ゲートウェイ」「区民の書斎」「ビジネスを発想するセカンドオフィス」「クリエイトする書庫」「ファミリーフィールド」といった5つの機能コンセプトにより、図書館サービスを実施している。

■ 1.5.2 電子図書館サービス「千代田Web図書館」について

(1) 千代田Web図書館の導入経緯

千代田区立図書館の中央館である千代田図書館は、2007年5月7日の千代田区役所新庁舎のリニューアルオープンに合わせて、様々な新しいサービスを導入し、「これまでにない

図書館」を実現してきた。

　その一つが 2007 年 11 月に開設した電子図書館サービス「千代田 Web 図書館」（資料 1.26）で、以下のようなメリットを考慮してサービスを開始した。

・書架の狭隘化解消（図書館の物理的スペース問題）
・図書館サービスの拡大（24 時間 365 日サービス）
・非来館型サービス
・資料延滞・紛失の解消（自動貸出管理機能）
・貴重資料の電子化

■ 資料 1.26　「千代田 Web 図書館トップページ」（2020 年 9 月）

　「電子図書館」の導入を検討した当時は、日本においては公共図書館で電子書籍を提供するシステムがなかったことから、すでに実績のあった韓国の iNEO 社の電子図書館システムを導入するなど、公共図書館では初めて電子図書館サービスを実施したと言われている。（2018 年 3 月の図書館システムリプレイスに合わせて電子図書館システムを TRC-DL に変更）

(2) 千代田 Web 図書館の利用対象者

　千代田 Web 図書館を利用できるのは、主に千代田区内在住・在勤・在学者であり、対象となる人数は約 3 万 1 千人（令和 2 年 3 月末）となっている。

(3) 千代田 Web 図書館の利用傾向と利用促進について

　①利用者の傾向

　千代田 Web 図書館の利用者は、男女比でみると、53：47 であり、男女の利用比率はほぼ同じである。

また、利用者の区分でみると、「在住者 24%、在勤者 73%、在学者 3%」、年代別でみると、「10 代 3%、20 代 11%、30 代 19%、40 代 30%、50 代 26%、60 代 9%、70 代 1%」（小数点以下四捨五入）となっている。

②千代田 Web 図書館の利用促進活動について

千代田 Web 図書館の利用対象者に向けて、以下のような利用促進活動を行っている。
・千代田 Web 図書館トップページに、定期的にテーマ別の「特集リスト」を掲載
・利用者向けに千代田 Web 図書館の使い方講習会（一般、シニア、児童）を定期的に実施
・区内の大学や高齢者施設での利用促進策を実施（大学図書館や高齢者施設に利用案内チラシを設置、図書館職員が大学で学生向けに利用ガイダンスを実施予定）
・千代田区立図書館ホームページに、電子書籍の新規収録などのお知らせを掲載

(4) 千代田 Web 図書館でのデジタルアーカイブの提供

千代田 Web 図書館では、電子書籍の商用コンテンツ貸出以外にも図書館所蔵の独自資料、貴重資料などを電子化して提供している。その他、千代田区立図書館年報や千代田図書館の広報誌など図書館が作成した資料をデジタル化して発信している。

■ 1.5.3　コロナ禍における千代田 Web 図書館の利用の変化

(1) コロナ禍における千代田区立図書館の状況

2020 年前半は新型コロナウイルス感染症が猛威をふるい、4 月 7 日の 7 都府県「緊急事態宣言」発令により、全国の公共図書館においても建物の閉館を余儀なくされた。

すでに、2 月から、この新型コロナ問題により、外出自粛が言われ出し、緊急事態宣言の前後でこの原稿を書いている 9 月現在において、公共図書館もサービスは再開されているが、閲覧室の利用制限、入館時間制限等がなされている。

千代田区立図書館においては、2020 年 2 月末からサービスの一部休止が始まり、4 月の「緊急事態宣言」の発令により 4 月 8 日から 5 月 31 日までは臨時休館することとなった。

(2) コロナ禍の千代田 Web 図書館の貸出数・予約数の増加

コロナ感染が拡大してきた 3 月以降、千代田 Web 図書館の利用が増加し、新着コンテンツを中心に軒並み予約多数となった。特に、緊急事態宣言が発令された 4 月は前年比

589%（資料 1.27）と貸出数が増加、その後 5 月が 376% と、増加傾向は続いている。また、予約件数でみても、1−7 月計で 590% に増加している（資料 1.28）。

■ 資料 1.27　千代田 Web 図書館における貸出数の変化、2019 年と 2020 年 1 月〜7 月の比較

	2019 年	2020 年	前年比
1 月	876	975	111%
2 月	440	1,162	264%
3 月	505	1,446	286%
4 月	422	2,487	589%
5 月	568	2,138	376%
6 月	520	1,696	326%
7 月	629	1,459	232%
1−7 月計	3,960	11,363	287%

■ 資料 1.28　千代田 Web 図書館における予約数（貸出中書籍の予約待ち件数）の変化、2019 年と 2020 年 1 月〜7 月の比較

	2019 年	2020 年	前年比
1 月	110	375	341%
2 月	114	394	346%
3 月	75	626	835%
4 月	78	997	1278%
5 月	153	872	570%
6 月	118	801	679%
7 月	182	828	455%
1−7 月計	830	4,893	590%

(3) 電子書籍「絵本コンテンツ」の貸出数の増加

　電子書籍の「絵本コンテンツ」に注目してみると（資料 1.29）、緊急事態宣言前 1−3 月の貸出数は月平均 60.3 点であったが、4 月は 323 点、5 月が 418 点と急増している。増加した要因としては、小学校などの教育機関が休校し外出自粛のなか、幼児・児童の自宅での過ごし方として、「絵本コンテンツ」が利用されたと考えられる。

　図書館や学校などが再開した 6 月以降も 1，2 月から比べると 10 倍以上であり、利用者の定着がみられる。

　また、千代田 Web 図書館トップページでは、4 月 27 日から特集リストとして「電子書籍で読み聞かせ！朗読機能付き絵本」や、6 月からは「岩波少年文庫 50 タイトル追加」などを告知しており、そこで紹介した書籍の利用が増えていることから、利用増加の要因のひとつと言えるだろう。

■ 資料 1.29　絵本コンテンツの貸出点数の推移、特集リスト掲載例

2020 年	絵本コンテンツ貸出数の推移
1 月	31
2 月	27
3 月	123
4 月	323
5 月	418
6 月	444
7 月	351

■ 1.5.4　千代田 Web 図書館のこれから

　今回のコロナ禍において、「電子図書館サービス」に対する注目・期待が高まったこと
は、千代田 Web 図書館の利用統計から読み取ることができる。一方、図書資料の利用と
比較した場合、所蔵数の違いを考慮しても電子書籍の利用度はまだまだ低く、千代田
Web 図書館が図書館サービスとして広く認知されているとは言い難い。

　今後は、これまでの利用促進活動に加え、図書館から発信する SNS の活用や館内展示
（資料 1.30）などデジタルとアナログを組み合わせた情報発信を行うことで、あらゆる年
齢層への利用 PR を図っていくともに、障害者への利用啓発・支援にも積極的に取り組ん
でいくことが考えられる。そして、「電子書籍を通じて、誰もが快適に読書活動を楽しむ
ことができる」そうした読書環境の実現のため、今後も試行錯誤を重ねながら、千代田
Web 図書館をより進化させていきたい。

1.6　学校図書館における電子図書館・電子書籍貸出サービス

横井 麻衣子●鳥取県　青翔開智中学校・高等学校

■ 1.6.1　青翔開智中学校・高等学校について

　青翔開智中学校・高等学校は2014年鳥取県鳥取市に開校し、今年度7年目を迎える私立の中高一貫校である。全校生徒約250人の小規模校で、中学生と高校生が同じ校舎で学ぶ。建学の精神に「探究」を掲げ、「図書館の中に学校がある」を学内の図書館設置コンセプトとしている（資料1.31）。

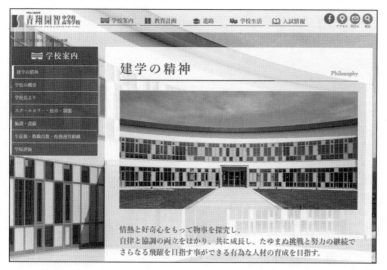

■ **資料 1.31** 青翔開智中学校・高等学校ホームページ（2020 年 8 月）

　校舎中央の吹き抜けの空間が「ラーニングセンター」と呼ばれる図書館機能の中枢で、常に教員や生徒が行き交う場となっている（資料 1.32）。教室と学校図書館とが空間としてひとつながりになった分断のない学びの場になっており、「探究」を教育の主軸に据え、全学年で「探究基礎」という授業を実施している。（中学生は「総合的な学習の時間」、高校生は「総合的な探究の時間」）。

　「探究基礎」の授業では、学年テーマに応じて創造的な課題解決に取り組み、高校 2〜3 年生では個人課題研究を行う。「探究基礎」修了時には 1 人 1 本の論文を書き上げ、探究活動の成果をもとに AO・推薦入試による大学進学者が年々増加している。

　「探究基礎」以外の教科においても、情報収集やプレゼンテーションといった探究スキルを養う授業を「探究スキルラーニング」と呼称して全学的に取り組んでおり、授業担当者と学校司書が協働して計画・実施している。

　2018 年度からは文部科学省スーパーサイエンスハイスクールに指定され、"デザイン思考"を備えた共創的科学技術系人材育成のための教育課程の開発に取り組んでいる。

■ 資料 1.32　青翔開智中学校・高等学校ラーニングセンター

■ 1.6.2　ICT 教育環境について

　こうした「探究型学習」中心の教育カリキュラムは 10 年・20 年先の子どもたちの未来を見据え、開校時に計画されたものである。情報活用能力を養うため、開校初年度から生徒全員のタブレット所持・校内全域 Wi-Fi・全教室プロジェクターを整備し、ICT 教育を推進してきた。

　現在、各学校において ICT 教育環境整備の充実が図られつつあるが、青翔開智中学校・高等学校が始めた 2014 年当時は全国的にも少なく、鳥取県下でも初の事例であった。現在も、生徒は全員が iPad とメールアカウントを持ち、図書館の蔵書検索や本の予約、各種データベースの利用も個人の端末で行うことができる。また、生徒と教員間で Google classroom 等を活用して教材の配信や課題の回収を行うことはもちろん、データをクラウド上で共有することや、チャットやインターネットビデオ会議システム等を用いたやりとりも日常的に行われている（資料 1.33）。

■ 資料 1.33　青翔開智中学校・高等学校で行われている「探究型学習利用」

■ 1.6.3　電子書籍貸出サービスの導入のきっかけ

　これらの ICT 環境をインフラとして電子書籍も導入したいと考えていたが、具体的に検討し始めたきっかけは 2017 年『図書館教育ニュース』に掲載されていた専修大学文学部植村八潮教授による連載「学校図書館と電子書籍」を読んだことであった。世の中では電子書籍の売り上げが伸び続け普及しているにも関わらず、公共図書館の電子書籍の取り扱いは全国 60 館にも満たないこと、大学図書館では多様な電子資料が提供されているが、中学校・高等学校と大学との間で電子資料の取り扱いに断絶があることを知った。もともと筆者自身も以前は首都圏の民間企業に勤めていたため、学校教育の情報化の遅れに危機感を抱いており、これから進学先や社会で活躍する中学生・高校生に電子資料の活用スキルを身につけさせたいと思い、電子書籍導入に向けて動き始めた。

■ 1.6.4　データベース提供の増強

　2017 年当時、電子書籍貸出サービスを提供しているいくつかの会社に見積をとったものの、導入のための初期コストが予算に見合わず、見送ってきた。そこで、電子書籍貸出サービスの前段階として、データベースの増強を行った。

　開校時は、朝日新聞社の学校向け新聞記事検索閲覧サービス「朝日けんさくくん」1 種類を導入していたが、年々種類を増やし、現在は 4 種のデータベースを提供している。リファレンスのための総合辞書データベース「ジャパンナレッジ」、新聞記事の比較分析のため「スクールヨミダス（読売新聞）」「日本海新聞記事検索サービス（地元紙）」であ

る。いずれのデータベースも、同時接続台数などに制限はありつつも、学内ではいつでもどこでも生徒の個人端末から情報の検索や閲覧を行うことができる。

■ 1.6.5 School e-Library の導入と利点

(1) 導入の経緯

　データベース利用を通して電子媒体利用の素地を固め、最初に導入した「電子書籍貸出サービス」が「School e-Library（スクール イーライブラリー）」である。School e-Library は「e ライブラリー有限責任事業組合」が提供する商品で、小中高等学校向け電子書籍の定額制読書サービスである。出版社 8 社（岩波書店・偕成社・学研プラス・河出書房新社・講談社・集英社・フレーベル館・ポプラ社）が提供する 1,000 冊の電子書籍をストリーミング形式で読むことができる。パソコン・タブレット・スマートフォンといった媒体を問わず、また Mac・Windows といった OS 動作環境も幅広く対応している。

　2019 年 4 月「School e-Library」のサービス開始のプレスリリースを見てすぐに問い合わせを行ったが、販売管理は各都道府県で教科書販売を行っている会社（鳥取県では「鳥取県教科図書販売株式会社」）であり、さらに書店（本校の取引先は「株式会社今井書店」）経由での契約となるため実際の導入まではしばらく時間がかかった。見積・トライアル・学校内への周知やアカウントカード配布などを経て 2019 年 7 月より高校 3 年生をのぞく全校生徒 212 ライセンスを導入した。

(2) 利点と課題点

　School e-Library の利点として、電子書籍貸出サービスとしては破格の安価であることが真っ先に挙げられる。紙の書籍の単価を 1,500 円程度とすれば、1,000 冊もの書籍を購入するには 150 万の予算が必要だが、School e-Library は年間 28,800 円で 41 人が 1,000 冊の電子書籍タイトルを利用できるという画期的なサービスである（41 ライセンス以上の場合は 5 ライセンス・10 ライセンス単位で追加契約が可能）。各出版社が推薦する小中高生向け書籍が選定されており、良質なタイトルが揃っている。

　ひとつのタイトルに同時に複数名がアクセスできることも魅力で、本校では電子書籍を活用した読書会を開催した。同じ本を読み語り合うことで新たな本の魅力に気づくことができ、またタブレットで電子書籍を読むことに抵抗があった読書好きの生徒にも「慣れると紙の本よりも読みやすいかも」と好評であった。

　今後の課題点として、利用者カードと ID・パスワードの管理が挙げられる。School e-Library があらかじめ設定した ID・パスワードが記載されたカードを生徒へ配布する形式であるが、さまざまなアプリケーションを使う中では、新たな ID・パスワードがひとつ増

えるだけで利用のハードルが上がってしまう。ID・パスワードを自校で設定できれば利用者の利便性も高まるのではないかと思う。検索機能について、TOP ページから検索画面へ移動すると、「小学生向けの本」「中学生向けの本」「高校生向けの本」「キーワード検索窓」に分かれている。さまざまな考え方があるとは思うが、中高一貫校では学校図書館資料を中学生向け・高等学校向けと学校種で分けることにはあまり意義を感じない。また、著者名・出版年などフリーキーワード以外の検索機能が備わればと期待している。また 1,000 冊のタイトルについては提供者側が選ぶため、学校司書の重要な役割である選書ができず、個々の学校に応じた蔵書構築はできない。タイトルについては、小説・読み物が多く、調べ学習やリファレンスには不向きである。読み物についても、小学生向けの絵本なども多く含まれるため、高校生には少し物足りなさがある。新書・英語多読といった高校の学校図書館に不可欠なタイトルが増えればと期待している。こうしたタイトルラインナップは徐々に改善され、3 ヶ月に 1 回程度 1,000 冊の内訳が入れ替えとなるが、2020年 9 月の新着タイトルでは岩波ジュニア新書や多読テキストも増えつつある。

■ 1.6.6　LibrariE の導入と対応

(1) コロナ禍での対応

　政府から全国へ休校が要請された 2020 年 2 月 27 日、行事の中止や休校中の学習計画などと共に、生徒の自宅におけるインターネット接続環境調査を最優先で行うことになった。
　また図書館の書籍については、生徒の手元へ少しでも多く本を届けることの方が重要と考え「貸出冊数無制限」とすることを決定した。また、翌日 2 月 28 日の調査で全校生徒のうち 99%の家庭に wi-fi 環境があることを把握し、大量の本を貸し出して、2 月 29 日から長い休校期間に入った。この家庭における Wi-Fi 環境については、ICT 教育を推進してきたことのおかげであり、現状、他の学校の生徒の家庭におけるインターネットにつながる端末の所持率や Wi-Fi 接続状況は大きく異なると考えられる。
　本校で休校期間中、始めに行ったのは「電子資料についての情報提供」である。School e-Library のニーズが高まると考え、3 月 2 日にメールで全校生徒に連絡。3 月 4 日に開始したオンラインホームルームでもクラス担任から紹介してもらった。
　また、さまざまな出版社や作家が期間限定で無料公開している電子書籍や電子コミックの情報を集めてウェブサイトへのリンク URL をまとめてリンク集をつくり、3 月 10 日にGoogle ドキュメントで全校生徒へ共有した。同様の学習・読書支援コンテンツリンク集の提供は、工学院大学付属中高・関西学院中学部図書館等、電子資料の活用に熱心ないくつかの学校図書館が率先して取り組まれていたものを参考にした。

(2) LibrariE の導入

　3 月中旬にはインターネットビデオ会議システム Zoom を活用したオンライン授業の試行が始まった。例年、図書委員が行う書架清掃を職員で行い、書架と資料の整備をした際、良い資料を揃えて保管しても使われなければ意味がないこと、学校図書館は生徒が使われるほど価値が高まることを痛感した。登校できない中でもなんとか本や情報を生徒の元に届けたいと思い、School e-Library に加え日本電子図書館サービスが提供する「LibrariE（ライブラリエ）」の導入を検討することになった（資料 1.33）。

　「LibrariE」のトライアルに申し込み、4 月 3 日から試用を開始したところ、20 名のトライアル枠に対して生徒から多数申し込みがあった。そこで、Google フォームを使った図書館資料の「リクエスト」を開始。4 月中旬には、新聞記事データベース「朝日けんさくくん」や総合辞書データベース「ジャパンナレッジ」を自宅から遠隔で利用できるようになり、自宅で個人課題研究の論文に取り組む高校生の助けにすることができた。

■ **資料 1.33**　青翔開智中学校・高等学校電子図書館「LibrariE」の画面

(3) LibrariE の利点と課題点

　LibrariE は、小説や読み物中心の School e-Library と比較すると、5 万点の豊富な資料の中に英検対策テキスト、探究活動の調査や大学受験の小論文対策に役立つ書籍、書店の店

頭で見かけるベストセラーが多いことが特に高校生に好評であった。また、学校司書が選書できるので、自館の利用状況や利用者の傾向を踏まえた蔵書を構成することができる。

　書籍とのバランスを見ながら、人気の高い文学作品は書籍・電子書籍の両方を備える場合もある。また検定テキストや情報科学系の分野の書籍はすぐに内容が古びてしまい除籍を検討することになるが、LibrariE は基本モデルが 2 年間 52 回貸し出しという契約なので、比較的短いスパンの中で蔵書構成をメンテナンスしやすい。また、ID・パスワードを学校で設定できることも利点である。本校の場合は LibrariE の ID・学籍番号・従来の図書館利用者 ID を同一にしており、利用者管理の側面からも利便性が高い。利用者管理という面では、貸出や返却が自動で行われるため期限を超過したタイトルを督促する手間がない。

　また、LibrariE のホーム画面はある程度自校でカスタマイズすることができる。本校の場合はヘッダー画像にイメージキャラクターを配置している。特集コーナーなどをつくることができるほか、リクエストフォームや従来の図書館 OPAC へのリンクバナーを貼る等の工夫で、書籍の図書館機能と LibrariE を行き来しながら併用することが可能である。

　導入に課題があるとすればやはり 1 タイトルあたりの単価が高いことである。1 タイトルあたり、書籍購入の場合の 1.5 倍～3 倍程度の費用となるため、選書は相当に吟味しなければならず、選書して契約したタイトルがほとんど利用されないこともある。また、ワンコピーワンユーザー型が基本なので同じタイトルを複数の生徒で閲覧できない（マルチユーザー型はオプションモデルとなる）。

■ 1.6.7　今後の電子図書館サービス・電子書籍貸出サービスについて

　コロナ禍により、全世界でオンライン化、非接触化が進み、社会が新しい生活様式に変わる中、子どもたちの学びを維持するためには「学校」の在り方も根本から見直す必要がある。「学校図書館」もまた、生徒の学びを支援するためには「図書室」という場所や「紙の資料」に限定する必要はない。インターネットがあれば空間・場所を問わず利用できる電子書籍貸出サービスやデータベースは必要不可欠と言える。現在本校で導入している電子書籍貸出サービスは、School e-Library も LibrariE も生徒個人の読書支援という意味では便利であるが、授業における活用・学びの支援という面においてはいくつか課題が残る。

　「学校図書館」は「教育課程の展開への寄与」が最大の使命であるため、個人の楽しみとしての読書を支援することはもちろん、いかに授業で活用され生徒の学びへ貢献できるかが重要となる。電子書籍貸出サービスについては、調査・探究活動に向くタイトルが増え、複数の生徒やクラス単位で 1 タイトルを閲覧できる仕様になれば生徒同士の学び合いにもニーズが高まるのではないかと期待している。

　今後もいかに情報と生徒をつなぐことができるか、あらゆる手段を模索し試していきたい。

1.7 大学図書館における、電子図書館の利用について

■ 1.7.1 新型コロナウイルス感染症における大学の授業形態の変化

　新型コロナウイルス感染症拡大により、今年4月7日に政府は「緊急事態宣言」を発令された。これによって、ほとんどの社会活動が制限され、大学や高等専門学校等（以下、「大学等」という。）においても、9割の大学等が全面遠隔授業（5月20日、文科省調査[37]）となった（資料1.34）。

　その後、5月25日に「緊急事態宣言」が全面解除されたが、7月1日現在の大学等における授業については60.1%が「対面・遠隔授業」の併用を実施して授業を実施しており、23.8%の大学等では「遠隔授業」のみでの授業を実施している。

■ **資料 1.34** 「大学等における授業の対応状況」（文部科学省「大学等における新型コロナウイルス感染症への対応状況にいて」

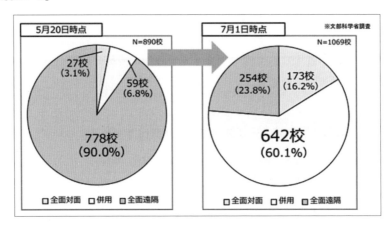

　同じく文部科学省の調査によると[38]、令和2年度の後期においても、全国の大学等においては、8割の大学が対面と遠隔の併用を予定しているとの回答している（資料1.35）。

---

[37] 「大学等における新型コロナウイルス感染症への対応状況について」文部科学省資料
https://www.mext.go.jp/content/20200917-mxt_koutou01-000009971_14.pdf
[38] 「本年度後期等における新型コロナウイルス感染症の拡大防止と学生の学修機会の確保の両立のための留意事項について」（文部科学省）https://www.mext.go.jp/content/20200915_mxt_kouhou01-000004520_1.pdf

■ 資料 1.35 　「大学等における後期等の授業の実施方針に関する調査」

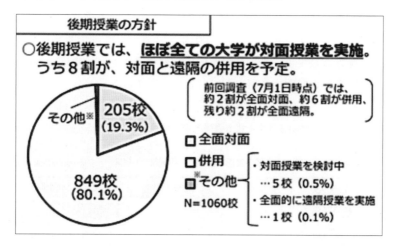

■ 1.7.2 　大学等における遠隔授業の環境構築の加速による学習機会の確保

　新型コロナウイルス感染症拡大が長期化し、大学等においては、急速に遠隔授業の実施ニーズが高まった。大学等では、学生が「いつでも・どこでも・誰でも」学修できるよう、デジタル技術を活用した遠隔授業等を積極的に活用できる環境を整備する必要とされ、遠隔授業（遠隔の双方向授業・オンデマンド授業）が可能となる設備及び体制の整備が行われて、オンラインであっても高度な教育が提供できる環境を整備され、学生や大学の教員等が自宅等でも支障なく授業を受講・研究できる環境が構築されることとなった。

　また、各大学等では、以下のような環境を整備することを行っている。
① 遠隔授業実施をするためのシステム・サーバ整備
② 遠隔授業をおこなうための機材の整備（大学側と、学生側双方）
③ 遠隔授業を行うための技術面・教育面の体制整備

■ 1.7.3 　大学等の遠隔授業を支える知的インフラとしての「電子図書館サービス」

　このように、新型コロナウイルス感染症拡大対策のもと、大学等では、遠隔授業と対面授業によるハイブリッド授業が一般化し、遠隔授業を支える技術的環境とともに知的インフラとしてほとんどの大学に導入されている「電子図書館サービス」の利用が急増している。

　以下は、全国の多くの大学に利用されている、丸善雄松堂が提供する「Maruzen eBook Library」の、今年4月以降における利用の変化である。

■1.7.4　丸善雄松堂が提供する「Maruzen eBook Library」とは

Maruzen eBook Library（以下、「MeL」という）とは丸善雄松堂が独自に開発運営する機関向け電子書籍配信サービスである。2012 年 2 月から提供を開始した MeL は、学術的な専門書や学生向けの教養書、さらには学術雑誌バックナンバーなどを幅広く取り揃え、大学図書館を中心に多くの機関で利用されている（資料 1.36）。

■ **資料 1.36**　「丸善雄松堂が提供する電子書籍・電子教科書配信サービス」

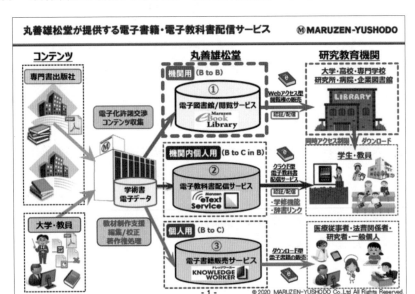

　サービス開始当初は 3 つの出版社から提供される約 300 タイトルのみで構成されていたが、2020 年度現在、約 80,000 タイトルを搭載しており、国内最大級の機関向け電子書籍サービスに成長している。提供タイトル数の拡大と同時に導入機関数も年々増加し、大学のみならず企業研究施設や病院、専門学校、最近は欧米の大学・高校での導入も増え始めている。2020 年において、日本の大学を中心に 821 以上の機関でこのサービスが導入されている。

　このサービスは学術・研究・教育機関向けということを基本方針としていることから、大学などでの研究や学修活動で利用されるタイトルに焦点を絞ったラインナップとなっている。電子書籍ならではの検索機能などを活用することで飛躍的に利便性が上がるレファレンス書はいうまでもなく、多読用リーダー、PC 教材・IT 資格、旅行ガイド、就活支援本などの学生用図書も含め人文社会科学系から理工医学・コメディカル系に至るまでさまざまな分野にわたるタイトルが幅広く搭載されている。

■ 1.7.5 新型コロナ禍におけるアクセス数の増加

これまで述べたように、2020 年 4 月からの大学の前期期間においては、全面的に遠隔授業となるケースが多く、緊急事態宣言の解除後においても、対面と遠隔授業とを併用するケースが一般的となった。

大学の閉鎖期間は大学図書館施設も閉鎖され、図書館の蔵書資料（紙）については一部の郵送による貸出サービスを除くと、ほとんどが貸出ができない状況となった。そのような環境下においては、学生や教員などの授業や研究において従来以上に必要とされたのが「大学電子図書館」であった。

ここで、丸善雄松堂の提供する「Mel」のアクセス数は 4 月以降急増し、4－7 月のアクセス数の伸びは、前年同月比で約 5 倍となった（資料 1.37）

■ 資料 1.37　「コロナ禍における Mel のアクセス数の増加」

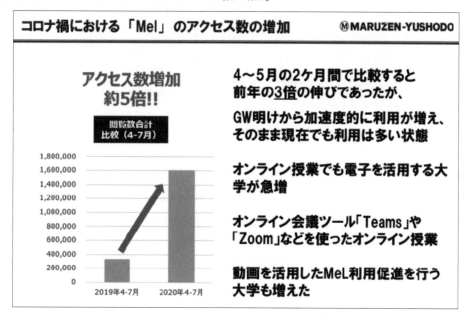

■ 1.7.6　「電子書籍　50 アクセスキャンペーン」の実施

大学図書館で「電子書籍」のライセンス契約を行う場合、一般的には、事前に購入する書籍（コンテンツ）を選択して、各タイトルについて同時アクセス数に応じた契約を行う。

ここで、問題となるのが、同じタイトルの利用希望者がいる場合、契約ライセンス数以上となった場合、利用者は待たなければならないケースが出るということがある。よって、授業で講師が指定したタイトルなどの場合、なかなか閲覧できないケースが発生する。

そこで今回のコロナ禍においては、150 社の出版社からの協力により、50 ライセンス提

供のキャンペーンが実施された。これによってすでに購入している電子書籍へのアクセスが急速に増加し、自宅等での遠隔学習やオンライン授業での活用がされることとなった（資料1.38）。

■ 資料 1.38　「Marzen eBook Library」50 アクセスキャンペーンの実施

■ 1.7.7　「試読サービス」の実施

前述したように、大学図書館で「電子書籍」のライセンス契約を行う場合、事前に購入する書籍（コンテンツ）を選択するケースが多いが、実施にライセンスを購入しても、利用されないケースや、利用したくても購入されていないケースがある。

そこで、丸善雄松堂では、大学図書館の利用者ニーズの把握のために、購入予算規模に応じて、一定期間無料で「試読サービス」を行っている。

この「試読サービス」でのアクセス回数や、リクエスト内容を大学図書館側へ連絡して、大学図書館側では試読の実施を参考にして、予算に応じた形でライセンスの購入を決定するという、電子書籍のニーズに即したサービスであるといえる。

コロナ禍の 2020 年 4 月から 7 月においては、この「試読サービス」のアクセス数が急増して、前年比約 7 倍のアクセス数となった（資料1.39）。

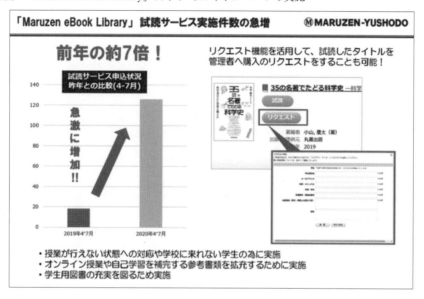

■ 1.7.8 大学図書館における電子図書館利用のまとめとこれから

　これまで述べたように、新型コロナ感染症問題により、大学等では遠隔授業が必須となり、遠隔授業と対面授業の併用であるハイブリッド授業が一般化している。

　2020 年前半は遠隔授業に対応するため、大学側・学生側がパソコンやタブレットなどの授業で必須となった装置やソフトウェア・通信環境構築にはじまり、遠隔授業の利用の拡大と並行して電子図書館サービスである電子書籍の利用も増加した。

　電子図書館サービスの提供者側も、ライセンスを持つ出版社の協力で提供ライセンス増や試読サービスの提供により、より利用者のニーズに合ったサービスの拡充が図られている。

　これらの、大学等の電子図書館サービス利用の事例は、これから利用・普及が始まる小中高等学校の学校図書館における電子図書館サービスや、公共図書館の電子図書館サービスの導入においても参考になる面が多いといえる。

第2章

公共図書館における
電子図書館・電子書籍貸出サービス調査の
結果と考察

長谷川智信●電子出版制作・流通協議会

2.1 調査の目的と方法

■ 2.1.1 調査の背景と目的

　一般社団法人電子出版制作・流通協議会（以下、電流協）では、2013 年から毎年公共図書館の電子図書館・電子書籍貸出サービス調査を実施しており、今回の 2020 年で 8 回目となった。

　これまでは、毎年同様のアンケート内容を基本にして調査を行ってきた。しかし、今回の調査においては、図書館のみならず全世界的な大きな問題となった新型コロナウィルス感染症に対する図書館の対応についての項目を設け、全体的には従来からの調査項目を若干減らす形で実施した。

■ 2.1.2 調査の対象と方法

　調査は、2020 年 6 月〜8 月にかけて全国の公共図書館を設置する自治体の中央館 1,386 館のうち、メール及び Web により送付可能な 997 館に回答を依頼した。

　回答を依頼した図書館の設置自治体別内訳は、都道府県立図書館 47 館、政令指定都市立図書館 20 館、東京都特別区立図書館 23 館、市町村立図書館 907 館である（資料 2.1）。

　結果、997 館のうち 486 館から回答があり、回収率は 48.7% であった。

　今回の主な調査項目は、以下の 6 項目である。

① 電子図書館サービスで導入・検討しているサービスについて

② 電子書籍貸出サービスについて

③ 公共図書館における新型コロナウイルス感染症への対応について

④ デジタルアーカイブについて

⑤ 国立国会図書館「図書館向けデジタル化資料送信サービス」への対応について

⑥ 学校図書館（図書室）への支援や教育情報化への対応について、その他ご意見

　なお、本調査は電流協電子図書館・コンテンツ教育利用部会を中心に、日本図書館協会及び国立国会図書館の協力を得て実施した。

　以下、この章では公共図書館を図書館と略して記載する。

■ 資料 2.1 本アンケートの自治体別回収状況（一つ選択）

図書館所在の自治体区分（一つ選択）	依頼数	回答数	回収率
（1）都道府県立図書館	47	38	80.9%
（2）政令市立図書館	20	18	90.0%
（3）特別区（東京都）立図書館	23	12	52.2%
（4）市町村立図書館	907	418	46.1%
合計	997	486	48.7%

2.2 電子図書館サービスの実施状況と今後の導入希望

■ 2.2.1 電子図書館サービスの実施状況

今回のアンケートでは「電子図書館サービス」として「電子書籍貸出サービス」「国立国会図書館 図書館向けデジタル化資料送信サービス」「データベース提供サービス」「デジタルアーカイブの提供」「音楽・音声情報配信サービス」の5つの分野についてたずねた。

「電子図書館サービス [1]」への取組状況（資料 2.2）については、「電子書籍貸出サービスを実施している」が 61 館（12.6%）で、2019 年の 43 館（10.2%）から 2.2 ポイント上昇した。電流協では、全国の電子書籍貸出サービス導入館を調査しており、2020 年 10 月 1 日現在で、全国の 114 自治体、111 図書館となっており（資料編 D 参照）、そのうちの半数以上の、61 館（自治体）からの回答を得たことになる。

■ **資料 2.2** 公共図書館における電子図書館サービスの導入率（複数回答）

▼質問（複数回答あり）	回答数	/486
（1）電子書籍貸出サービス	61	12.6%
（2）国立国会図書館 図書館向けデジタル化資料送信サービス	227	46.7%
（3）データベース提供サービス	244	50.2%
（4）デジタルアーカイブの提供	126	25.9%
（5）音楽・音声情報配信サービス	108	22.2%
（6）その他〔記載〕	42	8.6%
無回答	158	32.5%
合計	966	

また、国立国会図書館による「図書館向けデジタル化資料送信サービス」については 227 館（46.7%）から実施しているとの回答を得た。これは 2019 年の 180 館（43.6%、n＝420）と比較して 3.1 ポイント上昇している。「データベース提供サービス」の実施館は 244 館（50.2%）で、2019 年の 215 館（51.20%、n＝420）とほぼ同じであった。「音楽・音声情報配信サービス」は 108 館（22.2%）で 2019 年の 89 館（21.2%）から増加した。

■2.2.2 電子図書館サービスへの今後の導入希望

電子図書館サービスについて、すでに導入しているサービスを除く形で今後導入を検討している電子図書館サービスについてたずねた。

結果は、「電子書籍貸出サービス」が 163 館（33.5%）だったが、2019 年（46.7%）と比

---

[1] 「電子図書館サービス」の分類と内容については、資料編 D の「図書館の電子書籍に関する用語の説明」参照。

較すると 13.5 ポイントの減少となっている。この減少については、昨年は「読書バリアフリー法」対応のため「電子書籍貸出サービス」導入希望が一昨年（2018 年調査 30.5%）から 16.2% の大幅な増加があった反動とも考えられる。

　次に国立国会図書館による「図書館向けデジタル化資料送信サービス」は 56 館（11.5%）で、昨年の 27.1% から 11.5 ポイントの大幅な減少となっている。この減少はすでに導入した館数が増加していることも要因と考えられる（今年の導入 203 館で、昨年の 172 館よりも 31 館増加している）。「オンラインデータベース提供サービス」は 23 館（4.7%）と、昨年の 70 館（16.7%）より大幅に減少、「音楽・音声情報配信サービス」18 館（3.7%）と、昨年の 53 館（12.6%）よりもやはり減少している。「デジタルアーカイブの提供」についても 51 館（10.5%）と、昨年の 113 館（26.9%）から減少している（資料 2.3）。

　2019 年のアンケートにおいては、「サービスの導入を計画・希望しているサービス」としており、2020 年は「導入を検討しているサービス」としたことから、その質問の仕方での回答の結果として大幅な減少がみられたことも考えられる。

　しかし、各図書館では、新型コロナ感染症により、図書館が休館となり、紙の本が貸し出せないなど図書館サービス提供に課題があるなかでのアンケートだったので、全体的に電子図書館サービスの導入に積極的とはいえない結果は意外であった。

■ **資料 2.3**　今後導入を希望する電子図書館サービス（複数回答）

▼質問（複数回答あり）	2020 年回答数	/486	2019 年回答数	/420
（1）　電子書籍貸出サービス	163	33.5%	196	46.7%
（2）　国立国会図書館　図書館送信サービス	56	11.5%	114	27.1%
（3）　オンラインデータベース提供サービス	23	4.7%	70	16.7%
（4）　デジタルアーカイブの提供	51	10.5%	113	26.9%
（5）　音楽・音声情報配信サービス	18	3.7%	53	12.6%
（6）　その他〔記載〕	40	8.2%	32	7.6%
無回答	229	47.1%	99	23.6%
合計	580		677	

■**2.2.3　電子書籍貸出サービスの導入予定**

　電子書籍貸出サービスの導入を今後予定しているかについてたずねた。

　「電子書籍貸出サービスを実施する予定が具体的にある」が 13 館（2.7%）、「電子書籍貸出サービスの実施を検討中」が 176 館（36.2%）、「電子書籍貸出サービスを実施する予定がない」が 205 館（42.2%）であった（資料 2.4）。

　昨年集計から比較すると、「実施する予定がある」「実施を検討中」を合わせた数が 189

館（38.9%）と昨年値 95 館（22.6%）から大幅に増加し、一方で「予定がない」が 205 館（42.2%）と 2019 年調査 264 館（62.9%）数からみると、比率で 20 ポイントほど減少した。

この結果からみられるように、「電子書籍貸出サービス」について今後、実施予定、実施検討が増え、予定がないが減少したが、ほとんどの図書館が長期にわたり休館となったことから考えると、いまだに 4 割の図書館が「実施予定がない」という回答をしている結果をみると、公共図書館に対してどのようにして電子図書館の利便性を知ってもらうかが課題といえる。

■**資料 2.4**　電子書籍貸出サービスの今後の導入予定（複数回答）

▼質問（複数回答あり）	2020 年回答数	/486	2019 年回答数	/420
（2）　電子書籍貸出サービスを実施する予定が具体的にある	13	2.7%	5	1.2%
（3）　電子書籍貸出サービスの実施を検討中（まだ具体的でない）	176	36.2%	90	21.4%
（4）　電子書籍貸出サービスを実施する予定はない	205	42.2%	264	62.9%
（5）　その他〔記載〕	17	3.5%	7	1.7%
無回答	75	15.4%	11	2.6%
合計	486		420	

2.3 公共図書館におけるコロナ禍への対応について

■ 2.3.1　「緊急事態宣言」発令後の図書館施設の対応

新型コロナウィルス感染症が広がるにつれ 2020 年 3 月から多くの図書館での対応が検討され、4 月 7 日の「緊急事態宣言」の発令により、都市部の多くの図書館で施設が休館となった。

そこで、今回のアンケートでは、「緊急事態宣言」発令後の公共図書館施設の状況について聞いた（資料 2.5）。

結果は、「図書館施設の全面休館」が 397 館（81.7%）、「図書館施設の一部開館」が 197 館（36.7%）であった。一方、「通常開館」は 94 館（19.3%）あった。

■ **資料 2.5**　「緊急事態宣言」発令後の図書館施設の対応（複数回答）

▼質問（複数回答あり）　　　　　　　　▷集計結果（n=486）	回答数	/486
（1）　図書館施設全面休館	397	81.7%
（2）　図書館施設一部開館	197	40.5%
（3）　図書館施設通常開館	32	6.6%
（4）　その他、自由にご記入ください	94	19.3%
無回答	1	0.2%
合計	721	

■ 2.3.2 「緊急事態宣言」発令後の図書館の休館期間

図書館施設の休館期間については、「1ヶ月以上2カ月未満」が最も多く207館（42.6%）、次に「2ヶ月以上」が133館（27.4%）、「2週間から1カ月」が108館（22.2%）であった。

このように、4月から1カ月以上休館した図書館が7割以上と、多くの図書館が長期間にわたって休館したことがわかった（資料2.6）。

■ **資料 2.6**　「緊急事態宣言」発令後の図書館施設の休館期間（複数回答）

▼質問（複数回答あり）　　　　　　　　▷集計結果（n=486）		回答数	/486
（1）　2週間未満		22	4.5%
（2）　2週間から1ヶ月		108	22.2%
（3）　1ヶ月以上2ヶ月未満		207	42.6%
（4）　2ヶ月以上		133	27.4%
（5）　その他、自由にご記入ください		34	7.0%
無回答		8	1.6%
	合計	512	

■ 2.3.3 「緊急事態宣言」発令後の図書館職員の勤務状況

「緊急事態宣言」発令後の図書館職員の勤務状況について聞いたところ、「通常出勤」が285館（58.6%）と最も多く、次に「交代出勤」が160館（32.9%）、「一部職員以外は非出勤」が30館（6.2%）であった（資料2.7）。

このように、施設は休館となっても、職員は多くが出勤していたとの結果であった。

■ **資料 2.7**　「緊急事態宣言」発令後の図書館職員の勤務状況（複数回答）

▼質問（複数回答あり）　　　　　　　　▷集計結果（n=486）		回答数	/486
（1）　全職員が非出勤		0	0.0%
（2）　交代出勤		160	32.9%
（3）　一部職員以外は非出勤		30	6.2%
（4）　全職員が通常出勤		285	58.6%
（5）　その他、自由にご記入ください		99	20.4%
無回答		8	1.7%
	合計	582	

■ 2.3.4 「緊急事態宣言」発令後の図書館資料の貸出対応

図書館が休館中の資料貸出の対応について聞いたところ、「資料の貸出期間の延長」が342館（70.4%）、「資料の貸出受付の（電話・Web・メール等での受付）」が218館（44.9%）、「資料の窓口での貸出サービスの実施（事前申込必要）」が153館

（31.5％）、「資料の窓口での貸出サービスの実施（事前申込不要）」が 75 館（15.4％）、「資料の郵送貸出・返却の実施」が 54 館（11.1％）％であった（資料 2.8）。

■資料 2.8 図書館休館中の資料貸出の対応（※電子書籍貸出サービス以外）（複数回答）

▼質問（複数回答あり）　　　　　　　　　　　　▷集計結果（n=486）	回答数	/486
（1）　資料の貸出受付の実施（電話・Web での受付）	218	44.9%
（2）　資料の窓口での貸出サービスの実施（事前申込必要）	153	31.5%
（3）　資料の窓口での貸出サービスの実施（事前申込不要）	75	15.4%
（4）　資料の郵送貸出・返却の実施	54	11.1%
（5）　資料の貸出期間の延長	342	70.4%
（6）　その他、自由にご記入ください	164	33.7%
無回答	33	6.8%
合計	1039	

■ 2.3.5　「緊急事態宣言」発令後の図書館における「オンラインサービス」

　休館中のオンラインサービスについて聞いたところ、「図書館関連情報・読書情報の提供」が 191 館（39.3％）、「デジタルアーカイブの提供」が 88 館（18.1％）、「電子書籍貸出サービス」55 館（11.3％）、「音楽・音声情報配信サービス」25 館（5.1％）、「オンラインによるレファレンスサービス」91 館（18.7％）、「オンラインデータベースサービス」15 館（3.1％）であった（資料 2.9）。

　一部新聞で話題となった「Web セミナー、オンラインによる読み聞かせの実施」については 13 館（2.7％）にとどまった。

■ 資料 2.9　休館中に実施したオンラインサービス（複数回答）

▼質問（複数回答あり）　　　　　　　　　　　▷集計結果（n=486）	回答数	/486
（1）　電子書籍貸出サービス	55	11.3%
（2）　オンラインデータベースサービス	15	3.1%
（3）　デジタルアーカイブの提供	88	18.1%
（4）　音楽・音声情報配信サービス	25	5.1%
（5）　オンラインによるレファレンスサービス	91	18.7%
（6）　図書館関連情報・読書情報の提供	191	39.3%
（7）　Web セミナー、オンラインによる読み聞かせの実施	13	2.7%
（8）　その他、自由にご記入ください	81	16.7%
無回答	165	34.0%
合計	724	

■ 2.3.6 「緊急事態宣言」発令後の図書館利用者からの問い合わせ

図書館利用者からどのような問い合わせがあったかについて聞いた。

その結果、「図書館サービスの再開」が 449 館（92.4%）、「図書館施設の利用」が 433 館（89.1%）、「資料貸出サービスの実施」が 407 館（83.7%）と高く、「電子図書館サービス」については 109 館（22.4%）から問い合せがあったとの回答が寄せられた（資料 2.10）。

■ 資料 2.10　図書館利用者からの問い合わせ（複数回答）

▼質問（複数回答あり）　　　　　　　　▷集計結果（n=486）	回答数	/486
（1）　資料貸出サービスの実施について	407	83.7%
（2）　図書館施設の利用について	433	89.1%
（3）　図書館サービスの再開について	449	92.4%
（4）　電子図書館サービス（電子書籍貸出サービス等）の実施について	109	22.4%
（5）　特に問い合わせはない	6	1.2%
（6）　その他、自由にご記入ください	42	8.6%
無回答	4	0.8%
合計	1450	

■ 2.3.7 「緊急事態宣言」発令後の電子書籍貸出サービスの貸出件数の変化

電子書籍貸出サービスを導入している図書館に対して、電子書籍の貸出件数の変化について聞いた。

結果は、「電子書籍の貸出件数が増加した」が 49 館（80.3%）、「電子書籍の貸出件数が減少した」が 0 館、「変化しなかった」は 3 館（14.8%）であった（資料 2.11）。

■ 資料 2.11　電子書籍の貸出件数の変化（複数回答）

▼質問　　　　　　　　　　　　　　　　▷集計結果（n=61）	回答数	/61
（1）　電子書籍の貸出件数が増加した	49	80.3%
（2）　電子書籍の貸出件数が減少した	0	0.0%
（3）　電子書籍の貸出件数は特に変化しなかった	3	4.9%
（4）　その他、自由にご記入下さい	9	14.8%
無回答	1	1.6%
合計	62	

■ 2.3.8 「緊急事態宣言」発令後の電子書籍貸出サービスの利用の変化（貸出件数以外）について

電子書籍貸出サービスを導入している図書館に対して、緊急事態宣言発令後の電子書籍貸出サービスの利用の変化（貸出件数以外）について聞いた。

結果は、「電子書籍の貸出数が増えて、貸出待ち件数が増加した」が37館（60.7%）、「電子書籍貸出サービスの問い合わせが増加した」が34館（55.7%）、「電子書籍貸出サービスの利用ID発行が増え対応に苦慮した」が6館（9.8%）、「電子書籍コンテンツのリクエストが増加した」は0件であった（資料2.12）。

■ **資料 2.12**　電子書籍サービスの利用変化（貸出数以外）（複数回答）

▼質問（複数回答あり）　　　　　　　　　　▷集計結果（n=61）	回答数	/61
(1)　電子書籍の貸出数が増えて、貸出待ち件数が増加した	37	60.7%
(2)　電子書籍貸出サービスの問い合わせが増加した	34	55.7%
(3)　電子書籍コンテンツのリクエストが増加した	0	0.0%
(4)　電子書籍貸出サービスの利用ID発行が増え対応に苦慮した	6	9.8%
(5)　その他、電子書籍貸出サービスで課題がありましたら、自由にご記入ください	13	21.3%
無回答	8	13.1%
合計	98	

■ 2.3.9　コロナ禍によって生じた課題（自由記述）

コロナ禍によって生じた課題については、218件の記述が寄せられた。

内容を見ると、施設における「感染防止対策」とともに、「電子書籍貸出サービスなどの非来館サービス」「閉館しても行えるサービス」についての取り組みの必要性を考えた、という記述が多かった。

電子図書館サービスについては、登録を図書館施設で行うことから、図書館が休館してしまうと、登録ができないといった問題についての記述もあった。

2.4　デジタルアーカイブの実施状況

デジタルアーカイブについては、「デジタルアーカイブの保存を実施している」137館（28.2%）と2019年の109館（26.0%）と比較して、2.2ポイント増加した。「デジタルアーカイブの公開を実施している」については146館（30.0%）であった。「デジタルアーカイブの保存の予定がある」は21館（4.3%）と、2019年の回答数（46館（11.0%））と比べて大幅に減少している。「現在デジタルアーカイブの保存・提供の予定はない」については249館（51.2%）と、2019年値（210館（50.0%））と比較して若干増加している（資料2.13）。

2019年と比べて全体としては、デジタルアーカイブの保存の実施は増えているが、まだデジタルアーカイブを実施していない図書館において、積極的にデジタルアーカイブに取り組む様子はうかがえない。

■ 資料 2.13　デジタルアーカイブの実施状況（複数回答）

▼質問（複数回答あり）	2020 年 回答数	/486	2019 年 回答数	/420
(1)　図書館が資料等のデジタルアーカイブの保存を実施している	137	28.2%	109	26.0%
(2)　図書館がデジタルアーカイブの公開を実施している	146	30.0%	136	32.4%
(3)　デジタルアーカイブの保存の予定がある	21	4.3%	46	11.0%
(4)　デジタルアーカイブの公開の予定がある	19	3.9		
(5)　現在デジタルアーカイブの保存・公開の予定はない	249	51.2%	210	50.0%
(6)　その他、自由にご記入ください	40	8.2%		
無回答	11	2.3%		
合計	623		501	

2.5　国立国会図書館「図書館向けデジタル化資料送信サービス」への対応

■ 2.5.1　サービスへの対応状況

　国立国会図書館「図書館向けデジタル化資料送信サービス」（以下、図書館送信サービス）の対応状況は、「図書館送信サービスを申し込んで、閲覧・複写サービスを開始している」が 203 館（41.8%）と 2019 年値（172 館（41.0%））と比較すると、ほぼ同じであることがわかる。「閲覧サービスのみ開始している」についても 23 館（4.7%）（同 18 館（4.3%））であり、合わせて 226 館（46.5%）が「図書館送信サービスを実施している」と回答している。

　また、2020 年に申し込みする予定が 22 館、2021 年以降申し込み予定が 47 館であり、約 6 割の図書館で導入または導入予定ということになる。

　一方、「現在のところ申し込む予定がない」という回答は 173 館（35.6%）あり、2019 年の 149 館（35.5%）と同様、3 分の 1 の図書館は、導入予定がないという結果であった（資料 2.14）。

■ 資料 2.14　図書館送信サービスへの対応状況　（一つ選択）

▼質問（一つ選択）	2020年回答数	/486	2019年回答数	/420
（1）　申し込んで、閲覧・複写サービスを開始している	203	41.8%	172	41.0%
（2）　申し込んで、閲覧サービスのみ開始している	23	4.7%	18	4.3%
（3）　令和2年度（2020年）中に申し込みをする予定で検討している	22	4.5%	20	4.8%
（4）　令和3年度（2021年）以降に申し込みをする予定で検討している	47	9.7%	41	9.8%
（5）　現在のところ申し込む予定はない（差し支えなければ（6）に理由をご記入ください）	173	35.6%	149	35.5%
（6）　その他、自由にご記入ください	66	13.6%	67	16.0%
無回答	9	1.9%	5	1.2%
合計	543		472	

※　（3）の2019年質問文は「令和元年度（2019年）中に申し込みをする予定で検討している」
　　（4）の2029年質問文は「令和2年度（2020年）以降に申し込みをする予定で検討している」.

■ 2.5.2　コロナ禍における図書館送信サービス利用者からの要望

　今回のアンケートでは、「新型コロナウイルス問題による休館で、図書館送信サービスを利用できなくなった利用者からの要望」についても聞いた。

　結果は、「特に要望はない」が325館（59.0%）であった。しかし、少数ながらも「図書館の一部を開放して利用できるようにしてほしい」という要望は24館（4.9%）あり、また、「複写物を郵送してほしい」が7館（1.4%）、「図書館外部から利用できるようにしてほしい」が10館（2.1%）あった（資料2.15）。

■ 資料 2.15　コロナ禍による休館で図書館送信サービスを利用できなくなった利用者からの要望（複数回答）

▼質問（複数回答あり）　　　　　　　▷集計結果（n=486）	回答数	/486
（1）　図書館外部から利用できるようにしてほしいという要望があった	10	2.1%
（2）　図書館の一部を開放して利用できるようにしてほしいという要望があった	24	4.9%
（3）　複製ファイルを自宅宛てに送信してほしいという要望があった	0	0.0%
（4）　複写物を郵送してほしいという要望があった	7	1.4%
（5）　複写物を図書館の窓口で提供してほしいという要望があった	9	1.9%
（6）　特に要望等はなかった	325	66.9%
無回答	125	25.7%
合計	500	

■ 2.5.3　「デジタル化資料の図書館間貸出しに代わる臨時的措置」の緊急的拡大についての認知度

　「デジタル化資料の図書館間貸出しに代わる臨時的措置」（以下、臨時的措置）の緊急的拡大が2020年5月18日から行われていることの認知について聞いた。

　その結果は、「臨時的措置のことや、その緊急的拡大が行われていることを知らなかっ

た」が 304 館（62.6%）、「臨時的措置のことを以前から知っており、緊急的拡大が行われていることも知っている」が 90 館（18.5%）、「臨時的措置のことは以前から知っていたが、緊急的拡大が行われていることは知らなかった」が 50 館（10.3%）、「緊急的拡大が行われていることは知っているが、臨時的措置のことは今回初めて知った」が 36 館（7.4%）であった（資料 2.16）。

■ 資料 2.16　「デジタル化資料の図書館間貸出しに代わる臨時的措置」の緊急的拡大の認知度（複数回答）

▼質問（複数回答あり）		▷集計結果（n=486）	回答数	/486
（1）	臨時的措置のことを以前から知っており、緊急的拡大が行われていることも知っている		90	18.5%
（2）	臨時的措置のことは以前から知っていたが、緊急的拡大が行われていることは知らなかった		50	10.3%
（3）	緊急的拡大が行われていることは知っているが、臨時的措置のことは今回初めて知った		36	7.4%
（4）	臨時的措置のことや、その緊急的拡大が行われていることを知らなかった		304	62.6%
無回答			7	1.4%
		合計	487	

■ 2.5.4　「デジタル化資料の図書館間貸出しに代わる臨時的措置」の緊急的拡大についての感想

　今回のアンケートでは、「デジタル化資料の図書館貸出しに代わる臨時的措置の緊急的拡大」についてどう思われるかについても聞いた。

　結果は、「国立国会図書館からの図書館間貸出と違い、国立国会図書館の蔵書を複製物の形で館外貸出できるのでよい取組だと思う」が 262 館（53.9%）、「複製物ではあるが、自館の蔵書が増えるのでよい取組だと思う」が 134 館（27.6%）、「外出自粛で利用者が来館できないのに、複製物を図書館に提供してもらっても意味がない」が 28 館（5.8%）であり、「この仕組みをどのように活用すればよいのかわからない」は 141 館（29.0%）であった（資料 2.17）。

■ 資料 2.17　「デジタル化資料の図書館間貸出しに代わる臨時的措置」の緊急的拡大についての感想（複数回答）

▼質問（複数回答あり）		▷集計結果（n=486）	回答数	/486
（1）	複製物ではあるが、自館の蔵書が増えるのでよい取組だと思う		134	27.6%
（2）	国立国会図書館からの図書館間貸出と違い、国立国会図書館の蔵書を複製物の形で館外貸出できるのでよい取組だと思う		262	53.9%
（3）	外出自粛で利用者が来館できないのに、複製物を図書館に提供してもらっても意味がない		28	5.8%
（4）	この仕組みをどのように活用すればよいのかわからない		141	29.0%
（5）	その他、自由にご記入ください		31	6.4%
無回答			19	3.9%
		合計	615	

2.6 その他

■ 2.6.1 公共図書館による学校図書館に対する支援

公共図書館による地域の学校図書館への支援については、「紙の資料・書籍の賃貸などの支援」447 館（92.0%）と 2019 年（391 館（93.1%））と同様に、高い割合となった。「小中学校の生徒向けに、学校図書館・公共図書館の活用の説明を行っている」についても 275 館（56.6%）（同 223 館（53.1%））が実施しているという回答であった。

一方、「デジタル資料・電子書籍に関する支援」は 12 館（2.5%）で、2019 年（8 館（1.9%））と比較してもほとんど増加していない。まだほとんどの公共図書館では学校図書館と連携してデジタル資料等の支援を実施していないという結果であった（資料 2.18）。

■ **資料 2.18** 公共図書館による学校図書館に対する支援（複数回答）

▼質問（複数回答あり）	2020 年 回答数	/486	2019 年 回答数	/420
(1) 紙の資料・書籍の貸借などの支援を行っている	447	92.0%	391	93.1%
(2) デジタル資料・電子書籍に関する支援を行っている	12	2.5%	8	1.9%
(3) 児童生徒向けに、学校図書館・公共図書館の活用の説明を行っている	275	56.6%	223	53.1%
(4) 特に支援は行っていない	15	3.1%	7	1.7%
(5) その他、自由にご記入ください	89	18.3%		
無回答	1	0.2%	54	12.9%
合計	839		683	

■ 2.6.2 公共図書館による教育情報化への対応

電子書籍が本格的な普及を開始した 2010 年当時から、電子書籍をはじめ教育の情報化の問題も検討されてきており、2019 年 4 月からは学校教育法の一部改正により「学習者用デジタル教科書」が使用可能となったことや、2019 年後半においては、学校教育における ICT 導入の予算化が決定するなど本格的な導入が進みつつある。

電流協では、このような公的な教育の情報化等の変化を踏まえて 2018 年から電子図書館アンケートにおいて「公共図書館の教育の情報化への対応」の項目を設けて質問している。

今回のアンケートにおいても昨年同様の質問を設けて以下のような結果を得た。「学校（小中高）の教育情報化についての検討を行っている」が 15 館（1.3%）と昨年の 103 館（24.5%）から大幅に減少している。

2018 年、2019 年と自由回答等で「図書館は学校教育担当でないので、対応を検討していない」という回答が多かったことから、今回のアンケートでは「学校の教育情報化の担当ではないので対応を検討していない」という質問を新設したところ 231 館（47.5%）となった。この結果から、半数の図書館においては、教育の情報化についての担当とは位置づけら

れておらず、組織として対応をしていないということがわかった。

　また、「学校の教育情報化の検討を年度内に行う予定である」は 12 館（2.5％）で、昨年の 3 館（0.7％）よりは増えているものの、ほとんどの公共図書館は教育の情報化対応に関わる予定がないといえる（資料 2.19）。

　記載内容を見ても、「自治体の学校の教育情報化」が大きな課題となっているが、図書館は「教育の情報化は管轄外である」という趣旨の回答が多い。

　行政の動向をみると、文部科学省ではこれまで公共図書館と学校図書館の担当部局は、生涯学習と初等中等教育とで分かれていたが平成 30 年 10 月に組織を再編し「総合教育政策局　地域学習推進課」が公共図書館と学校図書館の両者を管轄することになった[2]。

　教育の情報化が令和 3 年には「デジタル庁」の管轄として大きく進むことが予定されているが、公共図書館及び学校図書館のデジタル化や教育の情報化における役割や推進計画については、まだ明確な方針がしめされていない。一方で、大阪市のように、一部自治体においては、図書館も含める形での「教育 ICT 施策」に取り組んでいるところがあることが注目される（資料編 A　質問 6-2　記載　参照）。

■ **資料 2.19**　公共図書館による教育情報化への対応状況（複数回答）

▼質問（複数回答あり）	2020 年回答数	/468	2019 年回答数	/420
（1）　図書館として、学校（小中高校）の教育情報化についての検討をすでに行っている	15	3.1%	103	24.5%
（2）　図書館として、学校の教育情報化の検討行う予定がある	12	2.5%	3	0.7%
（3）　図書館として、学校の教育情報化の対応は未定（予定が具体的にない）	229	47.1%	245	58.3%
（4）　学校の教育情報化の担当でないので対応を検討していない	231	47.5%		
（5）　その他、自由にご記入ください	17	3.5%	38	9.0%
無回答	8	1.6%	32	7.6%
合計	512		421	

2　文部科学省の組織再編「総合教育政策局の設置」http://www.mext.go.jp/a_menu/other/1405395.htm

2.7 　調査のまとめ

　本アンケートを開始して 8 年がたち、2019 年度の電子出版市場は電子雑誌と併せて前年比 12%増の 3,750 憶となるなど、いまや出版市場全体に占める割合も 2 割を超えている。これは、紙の出版市場の低迷と対照的な形となっている。

　電子書籍市場の内容をみると 8 割がコミックであるが、コミック以外のいわゆる文字物も 484 億円と前年比 10%を超える成長をしており、今後は出版物もボーンデジタル化、オンライン化が進むものと考えられる。

　今回のアンケートでは、コロナ禍への図書館の対応についての調査項目を加えて行った。

　コロナ禍で公共図書館が休館となった時期において、電子書籍貸出サービスを導入している図書館での電子書籍貸出サービスの利用が前年比 3 倍、4 倍となる図書館もあり、公共図書館と同時に行った大学図書館アンケートでは、電子書籍サービスが大学教育や研究を支えていることが明確になっている（3 章で詳述）。

　一方で、公共図書館における電子書籍貸出サービスは 2020 年 10 月集計で 114 自治体での導入となり、10 月以降、年度内においては、約 40 自治体以上での導入が見込まれている。2021 年にむけては、公共図書館においても新たな局面を迎えることが期待されている。

第3章

大学図書館における
電子図書館・電子書籍サービス調査の
結果と考察

野口武悟●専修大学文学部

3.1 調査の目的と方法

■ 3.1.1 調査の背景と目的

一般社団法人電子出版制作・流通協議会（以下、電流協）では、2017（平成 29）年度から大学図書館における電子図書館・電子書籍サービスの実態調査を継続実施している。2017 年は、地域を限定しての予備的調査として、関東地方に所在する国公私立大学 163 校を対象に大学図書館[1]における「電子図書館・電子書籍サービス」実態調査を実施した。2018（平成 30）年以降は、本調査して調査対象を全国に広げ、学生数 3,000 人以上の国公私立大学の大学図書館に調査を行っている。

本調査としては 3 回目の実施となる 2020（令和 2）年も、学生数 3,000 人以上の国公立私立大学 245 校を対象として調査を行った。

なお、2020 年の調査においては、公共図書館対象の調査と同様に、新型コロナウイルス感染症への対応に関する質問項目を特別に設けた。そのため、2019 年の調査までたずねていた質問項目の一部を省略や簡素化している。図書館における新型コロナウイルス感染症への対応については、第 1 章において詳述しているが、本章においても調査結果を簡潔に紹介する。

■ 3.1.2 調査の対象と方法

調査は、2020（令和 2）年 6 月 29 日〜8 月 5 日にかけて、全国に所在する学生数 3,000 人以上の国公私立大学 245 校の大学図書館に依頼し、調査用 Web サイト上で回答してもらった。結果として、166 校（67.8%）から回答があった。

回答の得られた 166 校の内訳は、設置母体別では、国公立大学 52 校、私立大学 114 校であった。また、学部構成別では、総合大学 97 校、文系大学 48 校、理系大学 16 校、医保系大学 5 校であった。

主な調査内容は、以下の通りである。
①電子図書館サービスについて
②新型コロナウイルス感染症への対応について
③電子書籍サービスについて
④国立国会図書館による「図書館向けデジタル化資料送信サービス」への対応について

---

[1] 学内に複数の図書館・室を設置している場合には本館（中央館）的な位置にある図書館に対して調査依頼を行い、全学的な状況を回答してもらった。今回の調査においても同じ。

3.2　調査の結果と考察

■ 3.2.1　電子図書館サービスについて

　回答のあった 166 校の大学図書館が提供している電子図書館サービス[2]を資料 3.1 にまとめた（複数回答）。

■ **資料 3.1**　大学図書館における「電子図書館サービス」のサービス内容について（複数回答）

▼質問（複数回答あり）　　　　　　　　▷集計結果（n=166）	回答数	/166
（1）　電子書籍サービス	159	95.8%
（2）　電子ジャーナルサービス	160	96.4%
（3）　国立国会図書館　図書館向けデジタル化資料送信サービス	130	78.3%
（4）　データベース提供サービス	163	98.2%
（5）　学術機関リポジトリ	161	97.0%
（6）　ディスカバリーサービス	71	42.8%
（7）　デジタルアーカイブ提供サービス	71	42.8%
（8）　音楽・音声情報配信サービス	27	16.3%
（9）　その他	9	5.4%
無回答	1	0.6%
合計		

　全体では、「データベース提供サービス」が 98.2％となっており、「電子ジャーナルサービス」「学術機関リポジトリ」「電子書籍サービス」の提供も 95％を超える高い割合であった。「電子書籍サービス」は、2018 年調査では 80％であったが、2019 年調査では 97％となり、今回も 95.8％であった。このことから、大学図書館においては、「電子書籍サービス」「電子ジャーナルサービス」「データベース提供サービス」「機関リポジトリ」の 4 つが電子図書館サービスの基幹的なサービスを構成しているといえよう。

　国立国会図書館の「図書館向けデジタル化資料送信サービス」については、全体で 78.3％であり、2019 年調査よりも 2 ポイント増加している。一方で、「ディスカバリーサービス」「デジタルアーカイブ」「音楽・音声情報配信サービス」の提供については、全体でまだ 5 割を超えるには至っていない。この結果は、2019 年調査と同様である。

■ 3.2.2　新型コロナウイルス感染症への対応について

（1）「緊急事態宣言」発令後の休館等の状況について

　新型コロナウイルスの感染拡大を受けて、2020 年 2 月末以降、多くの大学でキャンパスの入構制限が始まり、年度末の卒業式や年度始めの入学式の中止が相次いだ。そして、多くの大学が、新学期を対面授業ではなくオンラインによる遠隔授業に切り替えた。2020 年 4

---

[2]　OPAC サービスについては調査項目に含めていない。

月7日に政府によって「緊急事態宣言」が発令されると、多くの大学がキャンパスへの学生の全面的な入構禁止などの措置を取った。

　当然ながら、キャンパス内にある大学図書館も休館を余儀なくされることとなった。そのときの状況をまとめたものが資料3.2である。具体的には、「緊急事態宣言」発令後の大学図書館施設の休館等の状況についてたずねた。なお、時期によって対応に変化（一部開館→休館など）があるため、複数回答とした（以降の質問項目においても同様）。

　その結果、休館が135館（81.3%）、一部開館が61館（36.7%）であった。都市部にある大学ほど休館という対応がとられていた。

■ **資料3.2**　「緊急事態宣言」発令後の休館等の状況について（複数回答）

▼質問（複数回答あり）　　　　　　　　　▷集計結果（n=166）	回答数	/166
（1）　図書館施設休館	135	81.3%
（2）　図書館施設一部開館	61	36.7%
（3）　その他	36	21.7%
無回答	1	0.6%
合計	233	

(2)「緊急事態宣言」発令後の休館等の期間について

　続いて、休館等の期間についてたずねた。その結果を資料3.3にまとめた。

　結果として、「2ヶ月以上」が87館（52.4%）と最も多く、次に「1が月以上2カ月未満」が53館（31.9%）、「2週間から1ヶ月」が17館（10.2%）であった。

　以上から、半数以上の大学図書館において、休館期間が2カ月以上の長期にわたったことが明らかとなった。

■ **資料3.3**　「緊急事態宣言」発令後の休館等の期間について（複数回答）

▼質問（複数回答あり）　　　　　　　　　▷集計結果（n=166）	回答数	/166
（1）　2週間未満	5	3.0%
（2）　2週間から1ヶ月	17	10.2%
（3）　1ヶ月以上2ヶ月未満	53	31.9%
（4）　2ヶ月以上	87	52.4%
（5）　閉館しなかった	6	3.6%
（6）　その他	9	5.4%
無回答	4	2.4%
合計	181	

(3)「緊急事態宣言」発令後の職員の勤務状況について

「緊急事態宣言」発令後の職員の勤務状況としては、「交代出勤」が 124 館（74.7%）と最も多く、次に「一部職員以外は非出勤」が 27 館（16.3%）であった。「職員通常出勤」や「全職員非出勤」は少数であった（資料3.4）。

このように、7 割以上の大学図書館が交代出勤での対応する一方で、職員が通常出勤する大学図書館もみられた。

■ **資料 3.4** 「緊急事態宣言」発令後の職員の勤務状況について（複数回答）

▼質問（複数回答あり）　　　　　　　　▷集計結果（n=166）	回答数	/166
（1）全図書館職員について非出勤	12	7.2%
（2）図書館職員について交代出勤	124	74.7%
（3）一部職員以外は非出勤	27	16.3%
（4）職員通常出勤	20	12.0%
（5）その他	37	22.3%
無回答	2	1.2%
合計	222	

(4)「緊急事態宣言」発令後の資料貸出について

「緊急事態宣言」発令後の大学図書館における資料貸出について質問した結果、「資料の貸出期間の延長」が 155 館（93.4%）で最も多かった。次いで、「資料の郵送貸出・返却の実施」が 112 館（67.5%）、「資料の貸出受付の電話・Web・メール等での実施」が 86 館（51.8%）であった（資料3.5）。

このように、9 割以上の大学図書館で貸出延長が実施され、資料の貸出・返却の郵送対応も 7 割近くの大学図書館で実施されたことがわかった。

■ **資料 3.5** 「緊急事態宣言」発令後の資料貸出について（電子書籍サービス以外）（複数回答）

▼質問（複数回答あり）　　　　　　　　▷集計結果（n=166）	回答数	/166
（1）資料の貸出受付の実施（電話・Web・メール等での受付）	86	51.8%
（2）資料の窓口での貸出サービスの実施（事前申込不要）	22	13.3%
（3）資料の郵送貸出・返却の実施	112	67.5%
（4）資料の貸出期間の延長	155	93.4%
（5）その他	25	15.1%
無回答	3	1.8%
合計	403	

(5)「緊急事態宣言」発令後の大学図書館における電子図書館サービスについて

　「緊急事態宣言」発令後に大学図書館として提供した電子図書館サービスについてたずねたところ、資料3.6のような結果となった。

　「データベース提供サービス」「電子ジャーナルサービス」「電子書籍サービス」「学術リポジトリ」について、9割以上が提供したと回答している。このことは、すでに3.2.1で述べたように、これらのサービスが大学図書館において電子図書館サービスの基幹的なサービスとなっていることの表れともいえる。

　また、「図書館関連情報」「ディスカバリーサービス」「デジタルアーカイブの提供」についても、約4割が実施しており、「Webセミナーの実施」についても24.7%が実施していると回答している。

　いずれにしても、大学図書館においては、すでに電子図書館サービスが「データベース提供サービス」などの基幹的なサービスを中心に普及しており、それがコロナ禍においてもサービス継続（非来館サービス）を支える結果になったといえる。

■ **資料3.6**　「緊急事態宣言」発令後の大学図書館における電子図書館サービスについて（複数回答）

▼質問（複数回答あり）　　　　　　　　　▷集計結果（n=166）	回答数	/166
（1）　電子書籍サービス	151	91.0%
（2）　電子ジャーナルサービス	152	91.6%
（3）　データベース提供サービス	160	96.4%
（4）　学術機関リポジトリ	151	91.0%
（5）　ディスカバリーサービス	69	41.6%
（6）　デジタルアーカイブ提供サービス	66	39.8%
（7）　音楽・音声情報配信サービス	19	11.4%
（8）　オンラインによるレファレンスサービス	67	40.4%
（9）　図書館関連情報・読書情報の提供	81	48.8%
（10）　Webセミナーの実施	41	24.7%
（11）　その他	33	19.9%
無回答	3	1.8%
合計	993	

(6)「緊急事態宣言」発令後の学生・教員及び大学設置法人からの問い合わせについて

　「緊急事態宣言」発令後に大学図書館に対して学生・教員及び大学設置法人からどのような問い合せがあったかについてたずねた。

　その結果、「図書館施設の利用について」の問い合わせが153館（92.2%）、「資料貸出サービスの実施について」の問い合わせが144館（86.7%）、「図書館サービスの再開について」が143館（85.5%）と8割を超えており、「電子図書館サービス」についても110館（66.3%）が問い合せがあったと回答している（資料3.7）。

▼質問（複数回答あり）　　　　　　　　▷集計結果（n=166）	回答数	/166
（1）　資料貸出サービスの実施について	144	86.7%
（2）　図書館施設の利用について	153	92.2%
（3）　図書館サービスの再開について	142	85.5%
（4）　電子図書館サービス（電子書籍サービス等）の実施について	110	66.3%
（5）　特に問い合わせはない	2	1.2%
（6）　その他	18	10.8%
無回答	1	0.6%
合計	570	

(7)「緊急事態宣言」発令後の「電子書籍サービス」の閲覧件数の変化について

　「電子書籍サービス」を導入している大学図書館に対して、「緊急事態宣言」発令後に電子書籍の閲覧数に変化があったかをたずねた。

　その結果、「電子書籍の閲覧数が増加した」が110館（69.2%）が最も多く、「電子書籍の閲覧数が減少した」や「変化しなかった」は少数にとどまった（資料3.8）。

■ 資料 3.8　「緊急事態宣言」発令後の電子書籍の閲覧件数の変化について（複数回答）

▼質問（複数回答あり）　　　　　　　　▷集計結果（n=159）	回答数	/159
（1）　電子書籍の閲覧件数が増加した	110	69.2%
（2）　電子書籍の閲覧件数が減少した	6	3.8%
（3）　電子書籍の閲覧件数は特に変化しなかった	12	7.5%
（4）　その他	42	26.4%
無回答	2	1.3%
合計	172	

(8)「緊急事態宣言」発令後の電子ジャーナルの閲覧件数の変化について

　「電子ジャーナルサービス」を導入している大学図書館に対して、（7）と同様に、「緊急事態宣言」発令後の電子ジャーナルの閲覧数の変化についてたずねたところ、資料3.9のような結果となった。

　「電子ジャーナルの閲覧数が増加した」が67館（41.9%）が最も多かったものも、「電子ジャーナルの閲覧数が減少した」も37館（23.1%）と2割を超える結果となった。

■ **資料 3.9**　「緊急事態宣言」発令後の電子ジャーナルの閲覧件数の変化について（複数回答）

▼質問（複数回答あり）　　　　　　　　▷集計結果（n=160）	回答数	/160
（1）　電子ジャーナルの閲覧件数が増加した	67	41.9%
（2）　電子ジャーナルの閲覧件数が減少した	37	23.1%
（3）　電子ジャーナルの閲覧件数は特に変化しなかった	30	18.8%
（4）　その他	39	24.4%
無回答	4	2.5%
合計	177	

(9)　「緊急事態宣言」発令後のデータベースの利用件数の変化について

　同じように、データベース提供サービスを導入している大学図書館に対して、「緊急事態宣言」発令後のデータベースの利用件数の変化についてたずねた。

　その結果、「データベース利用数が増加した」が 78 館（47.9%）と最も多く、一方で、「データベース利用数が減少した」も 42 館（25.8%）と 2 割を超えた（資料 3.10）。電子ジャーナルの閲覧件数と似たような結果となった。

■ **資料 3.10**　「緊急事態宣言」発令後のデータベースの利用件数の変化について（複数回答）

▼質問（複数回答あり）　　　　　　　　▷集計結果（n=160）	回答数	/160
（1）　データベース提供サービスの利用件数が増加した	78	47.9%
（2）　データベース提供サービスの利用件数が減少した	42	25.8%
（3）　データベース提供サービスの利用件数は特に変化しなかった	15	9.2%
（4）　その他	44	27.0%
無回答	3	1.8%
合計	182	

(10)　「緊急事態宣言」発令後の電子図書館サービス全般の変化(閲覧件数以外)について

　「緊急事態宣言」発令後の閲覧件数以外の電子図書館サービス全般の変化について質問した。

　その結果、「電子書籍サービスの問い合わせが増加した」77 館（48.4%）、「電子書籍サービスの提供コンテンツに対する要望が増えた」65 館（40.9%）が 4 割を超える回答となった（資料 3.11）。

■ **資料 3.11** 「緊急事態宣言」発令後の電子図書館サービス全般の変化（閲覧件数以外）について（複数回答）

▼質問（複数回答あり）　　　　　　　　　　▷集計結果（n=160）	回答数	/160
(1)　電子書籍の閲覧数が増えて、閲覧待ち件数が増加した	30	18.9%
(2)　電子書籍サービスの問い合わせが増加した	77	48.4%
(3)　電子書籍サービスの提供コンテンツに対する要望が増えた	65	40.9%
(4)　その他、電子書籍サービスで課題がありましたら、自由にご記入ください	44	27.7%
無回答	14	8.8%
合計	230	

(11) コロナ禍によって生じた課題について

　新型コロナウイルス感染症の感染拡大によって生じた課題について自由記述で回答を求めたところ、75 件の回答が寄せられた。

　記述内容を見ると、「電子書籍サービス」は行っているものの、「（所蔵されている）紙の本が電子化されておらず、提供できない」や、「電子書籍コンテンツが少ない」といった回答が目立った。

■ 3.2.3　電子書籍サービスについて

(1) 電子書籍サービスの提供方法について

　これ以降の質問項目は一部省略や簡素化した項目はあるものの、例年の調査項目とほぼ同様である。

　まず、電子書籍サービスを導入・提供している大学図書館 159 館に対して、提供の方法についてたずねた。

　その結果、「登録利用者（学生・教職員）のパソコン等に電子書籍コンテンツを提供（学外でもアクセス可能）」が全体で 85.5％と最も多く、2019 年調査の 73％よりも 7 ポイント上昇した。コロナ禍での休館等の影響もあって、学外でもアクセス可能の割合が上昇したものと思われる。次いで、「登録利用者（学生・教職員）のパソコン等に電子書籍コンテンツを提供（学内に限定）」で 23.9％（昨年 38％）であった。「学内の図書館など特定の施設のパソコン等に電子書籍コンテンツを提供」は 17.6％（昨年 19％）にとどまった（資料 3.12）。

■ **資料 3.12**　電子書籍サービスの提供方法について（一つ選択）

▼質問　　　　　　　　　　　　　　　　　　　　　▷集計結果（n=159）	回答数	/159
（1）　登録利用者（学生・教職員）のパソコン等に電子書籍コンテンツを提供 　　　（学外でもアクセス可能）	136	85.5%
（2）　登録利用者（学生・教職員）のパソコン等に電子書籍コンテンツを提供 　　　（学内に限定）	38	23.9%
（3）　学内の図書館など特定の施設のパソコン等に電子書籍コンテンツを提供	28	17.6%
（4）　その他	17	10.7%
無回答	1	0.6%
合計	159	

(2) 資料費全体に占める電子書籍サービス等の割合について

　大学図書館の資料費全体に占めるクラウド型の電子情報資源（電子書籍サービス、データベースサービス、電子ジャーナルサービス）に係る費用の割合については、資料 3.13 の通りである。

　累計でみると、80％以上が 10.2%（2019 年調査 11%）、60％以上が 38.5（同 35%）、40％以上が 63.2%（同 61%）となり、多くの大学図書館における資料代が電子情報資源に使われていることがわかる。ただし、2019 年調査の結果との大きな差は見られない。

■ **資料 3.13**　資料費おける電子書籍サービス、データベース、電子ジャーナルの占める割合について（一つ選択）

▼質問　　　　　　　　　　　　　　　　　　　　　▷集計結果（n=166）	回答数	/166
（1）　10%未満	11	6.6%
（2）　10%以上〜20%未満	11	6.6%
（3）　20%以上〜30%未満	20	12.0%
（4）　30%以上〜40%未満	13	7.8%
（5）　40%以上〜50%未満	20	12.0%
（6）　50%以上〜60%未満	21	12.7%
（7）　60%以上〜70%未満	19	11.4%
（8）　70%以上〜80%未満	28	16.9%
（9）　80%以上	17	10.2%
（10）　その他	2	1.2%
無回答	4	2.4%
合計	166	

(3) 電子書籍サービスの授業などでの意図的・意識的な利活用

　電子書籍サービスの授業等での活用事例について記述でたずねた。その結果、71 件の回答があった。2019 年調査の回答件数である 28 件に比べて 2.5 倍に増えた。

昨年までは、主に「英語の多読用」での電子書籍利用が多かった。今回の回答でも、「英語の多読用」との回答は多いものの、「授業の参考図書としての指定」が増えており、一部には「リモート授業での活用」もみられるようになった。

　新型コロナウイルス感染症の感染拡大への対応として、電子書籍サービスの提供事業者による特別措置として利用ライセンスを制限しないなどの動きもあり（第4章参照）、オンライン授業が展開されるなかで、新たに電子書籍を授業活用する動きもみられ始めたものと思われる。

(4) 電子書籍サービスについての問い合わせや要望について

　「電子書籍サービス」についての問い合わせや要望についてたずねたところ、「大学の教職員からの問い合わせがある」が76.5%と最も多く、2019年調査の67%から9%ポイントも増加していた。また、次に多かった「学生・大学院生からの問い合わせがある」も60.8%となり、こちらも2019年調査の43%から18ポイント近くの増加となった。「現在のところ問い合わせはない」は17.5%であり、2019年調査の27%から9ポイント以上の減少であった。いずれも、コロナ禍による休館等が影響しているものと思われる。一方で、大学の設置法人や保護者からの問い合わせについては、合わせて6.6%であり、2019年調査の6%とほぼ同様の割合であった（資料3.14）。

■ **資料3.14**　電子書籍サービスについての問い合わせや要望について（複数回答）

▼質問（複数回答あり）　　　　　　　　　　　　　▷集計結果（n=166）	回答数	/166
(1)　大学法人・学校法人からの問い合わせがある	9	5.4%
(2)　大学の教職員からの問い合わせがある	127	76.5%
(3)　学生・大学院生からの問い合わせがある	101	60.8%
(4)　学生の保護者からの問い合わせがある	2	1.2%
(5)　現在のところ問い合わせはない	29	17.5%
(6)　その他	2	1.2%
無回答	2	1.2%
合計	272	

(5) 利用者にとっての電子書籍サービスのメリットについて

　電子書籍サービスの機能のうち、利用者にとってメリットがあると思われる機能ついてたずねた。

　その結果、最も多かったのは「図書館に来館しなくても電子書籍が借りられる機能」の98.2%であり、2019年調査の86%から12ポイントも増加した。この点にも、コロナ禍による休館等が影響していることがうかがえる。一方で、「必要な情報発見の検索機能（コン

テンツ全文検索）」は 68.1%、「音声読み上げ機能」「文字拡大機能」「外国語電子書籍の提供」「電子書籍の紙出力による提供機能」については 42%～45%であり、これらの割合については 2019 年調査の結果とほぼ同様であった（資料 3.15）。

■ **資料 3.15** 電子書籍サービスにおいて利用者にとってメリットのある機能（複数回答）

▼質問（複数回答あり）　　　　　　　　　　　▷集計結果（n=166）	回答数	/166
（1）　図書館に来館しなくても電子書籍を閲覧できる機能	163	98.2%
（2）　文字の音声読み上げや、オーディオブック機能	75	45.2%
（3）　外国語朗読データ（オーディオブック等）による学習支援機能（外国語学習者等への対応）	57	34.3%
（4）　文字拡大機能	72	43.4%
（5）　外国語電子書籍の提供	71	42.8%
（6）　文字と地の色の反転機能（読書障害等への対応）	39	23.5%
（7）　マルチメディア機能（映像や音声、文字などのリッチコンテンツ提供）	55	33.1%
（8）　電子書籍の紙出力による提供機能（コンテンツのプリントアウト）	71	42.8%
（9）　必要な情報発見の検索機能（コンテンツ全文検索等）	113	68.1%
（10）　その他	13	7.8%
無回答	2	1.2%
合計	731	

(6) 管理面にとっての電子書籍サービスのメリットについて

管理面からみたときの電子書籍サービスのメリットついてもたずねた。

その結果として上位に挙がったのは、「書架スペース問題の解消」92.8%（2019 年調査 93%）、「汚破損・紛失の回避」79.5%（同 74%）、「貸出・返却・予約業務の自動化」53.6%（同 50%）であった（資料 3.16）。いずれの割合とも、2019 年調査の結果と大きな差はみられなかった。

■ **資料 3.16** 管理面からみた電子書籍サービスのメリットについて（複数回答）

▼質問（複数回答あり）　　　　　　　　　　　▷集計結果（n=166）	回答数	/166
（1）　貸出・返却・予約業務の自動化	89	53.6%
（2）　図書館サービスのアクセシビリティ対応（障害者差別解消法、読書バリアフリー法等への対応）	84	50.6%
（3）　書架スペース問題の解消	154	92.8%
（4）　汚破損・紛失の回避	132	79.5%
（5）　その他	22	13.3%
無回答	2	1.2%
合計	483	

(7) 電子書籍サービスに期待する形態について

　電子書籍サービスに期待する形態（ライセンス形態等）としては、「マルチアクセス（複数・多数同時利用形態）」が83.1％（2019年調査87％）、「学校外からのアクセス対応」が78.3％（同79％）、「学習支援機能（ハイライト、書き込み、付箋等の機能）」への期待が60.2％（同63％）であり、これらへの期待が高い（資料3.17）。いずれも、2019年調査の結果との大きな差はみられなかった。

■ **資料3.17**　電子書籍サービスに期待する形態について（複数回答）

▼質問（複数回答あり）　　　　　　　　　　　▷集計結果（n=166）	回答数	/166
（1）　マルチアクセス対応（複数・多数同時利用可能形態）	138	83.1%
（2）　学習支援機能（ハイライト、書き込み、付箋等の機能）	100	60.2%
（3）　学校外からのアクセス対応	130	78.3%
（4）　その他、自由にご記入ください	22	13.3%
無回答	2	1.2%
合計	392	

(8) 電子書籍サービスについての懸念・課題について

　電子書籍サービスに関する質問も最後に、電子書籍サービスについての懸念・課題についてたずねた。

　その結果、上位に挙がったのは、「予算の確保」79.5％（2019年調査73％）と、「サービスの導入に対する費用対効果」69.3％（同69％）であった。今回初めてたずねた「大学授業（カリキュラム）との連携」についても、41.0％が懸念・課題と回答している。一方で、「提供されるコンテンツの懸念」56.6％（2019年調査65％）、「サービス導入後の利用が少ない」39.8％（同57％）は、2019年調査よりも懸念・課題との回答が減少している（資料3.18）。コロナ禍のなかで、出版界と電子書籍サービス事業者による努力や利用実績の上昇が反映されているものと思われる。

■ 質問 3.18　電子書籍サービスについての懸念・課題について（複数回答）

▼質問（複数回答あり）　　　　　　　　　　▷集計結果（n=166）	回答数	/166
（1）　予算の確保	132	79.5%
（2）　担当部署、担当者の問題	31	18.7%
（3）　学生・教職員からのニーズ	75	45.2%
（4）　サービス導入後の利用が少ない	66	39.8%
（5）　サービスの導入に対する、費用対効果	115	69.3%
（6）　提供されるコンテンツの懸念	94	56.6%
（7）　利用者（学生・教職員）に対する電子書籍サービスの説明	59	35.5%
（8）　電子書籍サービスが継続されるかどうか	72	43.4%
（9）　大学の理事会等に電子書籍サービスについて理解を得ること	9	5.4%
（10）　電子書籍サービスを実施するための十分な知識（経験）がない	19	11.4%
（11）　電子書籍サービスを選択する場合の基準や方法がわからない	20	12.0%
（12）　大学授業（カリキュラム）との連携	68	41.0%
（13）　その他、自由にご記入ください	13	7.8%
無回答	1	0.6%
合計	774	

■ 3.2.4　国立国会図書館「図書館向けデジタル化資料送信サービス」への対応について

(1)「図書館向けデジタル化資料送信サービス」の対応状況

　大学図書館における国立国会図書館「図書館向けデジタル化資料送信サービス」への対応状況をたずねたところ、資料3.19のような結果となった。

　「図書館向けデジタル化送信サービス」を提供している大学図書館は 78.2%であり、2019 年調査の 76%とほぼ同様の結果であった。まだ提供していない大学図書館では、2020 年度中もしくは 2021 年度以降に「申込みをする予定で検討している」ところが 6%（2019 年調査 12%）あり、「現在のところ申込む予定はない」は 9%（同 7%）であった。

■ 資料 3.19　国立国会図書館「図書館向けデジタル化送信サービス」の対応状況について（複数回答）

▼質問　　　　　　　　　　　　　　　　　▷集計結果（n=166）	回答数	/166
（1）申し込んで、閲覧・複写サービスを開始している	130	78.3%
（2）申し込んで、閲覧サービスのみ開始している	3	1.8%
（3）令和２年度（2020 年）中に申し込みをする予定で検討している	10	6.0%
（4）令和３年度（2021 年）以降に申し込みをする予定で検討している	6	3.6%
（5）現在のところ申し込む予定はない	15	9.0%
（6）その他	14	8.4%
無回答	0	0.0%
合計	178	

(2) 新型コロナウイルスの感染拡大を受けての国立国会図書館「図書館向けデジタル化送信サービス」への要望について

　今回の調査では、新型コロナウイルスの感染拡大や「緊急事態宣言」発令を受けての休館等によって、「図書館向けデジタル化資料送信サービス」を利用できなくなった利用者から要望の有無とその内容についてもたずねた。現在の「図書館向けデジタル化資料送信サービス」は、図書館内の特定の端末のみで利用できるサービスとなっており、図書館が休館してしまうと利用ができないという問題があるからである。

　その結果、「特に要望はない」が59.0%と最多となった。一方で、寄せられた要望としては、「図書館の一部を開放して利用できるようにしてほしい」が14.5%、また、「複写物を郵送してほしい」が12.0%、「図書館外部から利用できるようにしてほしい」が8.4%などであった（資料3.20）。

　全体から見ると、寄せられた要望はそれほど多くはなかったが、With コロナ、そして After コロナを見据えて、要望の寄せられた事項をふまえた「図書館向けデジタル化資料送信サービス」の提供方法の検討が必要となろう。

■ **資料 3.20**　コロナ禍による休館等のために「図書館向けデジタル化資料送信サービス」を利用できなくなった利用者から要望について（複数回答）

▼質問（複数回答あり）　　　　　　　　　　▷集計結果（n=166）	回答数	/166
（1）図書館外部から利用できるようにしてほしいという要望があった	14	8.4%
（2）図書館の一部を開放して利用できるようにしてほしいという要望があった	24	14.5%
（3）複製ファイルを自宅宛てに送信してほしいという要望があった	6	3.6%
（4）複写物を郵送してほしいという要望があった	20	12.0%
（5）複写物を図書館の窓口で提供してほしいという要望があった	15	9.0%
（6）特に要望等はなかった	98	59.0%
無回答	14	8.4%
合計	191	

(3)「デジタル化資料の図書館間貸出しに代わる臨時的措置」の緊急的拡大の認知度について

　国立国会図書館による「デジタル化資料の図書館間貸出しに代わる臨時的措置」の緊急的拡大が2020年5月18日から行われたことについても、今回の調査では質問した。まずは、その認知度をたずねた。

　その結果、「臨時的措置のことや、その緊急的拡大が行われていることを知らなかった」が70館（42.2%）、「臨時的措置のことを以前から知っており、緊急的拡大が行われていることも知っている」が61館（36.7%）、「臨時的措置のことは以前から知っていたが、緊急的拡大が行われていることは知らなかった」が20館（12.0%）、「緊急的拡大が行われていることは知っているが、臨時的措置のことは今回初めて知った」が11館（6.6%）であった（資料3.21）。

■ **資料3.21**　「デジタル化資料の図書館間貸出しに代わる臨時的措置」の緊急的拡大の認知度について

▼質問　　　　　　　　　　　　　　　　　　　　　　　▷集計結果（n=166）	回答数	/166
（1）臨時的措置のことを以前から知っており、緊急的拡大が行われていることも知っている	61	36.7%
（2）臨時的措置のことは以前から知っていたが、緊急的拡大が行われていることは知らなかった	20	12.0%
（3）緊急的拡大が行われていることは知っているが、臨時的措置のことは今回初めて知った	11	6.6%
（4）臨時的措置のことや、その緊急的拡大が行われていることを知らなかった	70	42.2%
無回答	5	3.0%
合計	167	

(4)「デジタル化資料の図書館間貸出しに代わる臨時的措置」の緊急的拡大の感想について

　続いて「デジタル化資料の図書館間貸出しに代わる臨時的措置」の緊急的拡大についてどう思うかをたずねた。

　結果は、「国立国会図書館からの図書館間貸出と違い、国立国会図書館の蔵書を複製物の形で館外貸出できるのでよい取組だと思う」が 57.8%、「複製物ではあるが、自館の蔵書が増えるのでよい取組だと思う」が 23.5%、「外出自粛で利用者が来館できないのに、複製物を図書館に提供してもらっても意味がない」が 12.7%であった。「この仕組みをどのように活用すればよいのかわからない」も 21.7%あった（資料3.22）。

■ **資料3.22**　「デジタル化資料の図書館間貸出しに代わる臨時的措置」の緊急的拡大の感想について
（複数回答）

▼質問（複数回答あり）　　　　　　　　　　　　　　　▷集計結果（n=166）	回答数	/166
（1）複製物ではあるが、自館の蔵書が増えるのでよい取組だと思う	39	23.5%
（2）国立国会図書館からの図書館間貸出と違い、国立国会図書館の蔵書を複製物の形で館外貸出できるのでよい取組だと思う	96	57.8%
（3）外出自粛で利用者が来館できないのに、複製物を図書館に提供してもらっても意味がない	21	12.7%
（4）この仕組みをどのように活用すればよいのかわからない	36	21.7%
（5）その他	22	13.3%
無回答	9	5.4%
合計	223	

3.3 調査のまとめ

　以上、本章では、大学図書館における「電子図書館・電子書籍サービス」についての2020年調査の結果をまとめた。今回は、これまでの調査とは異なり、新型コロナウイルス感染症への対応についても特別に調査した。

　回答のあった大学図書館では、電子図書館サービスのうち、「電子書籍サービス」「電子ジャーナルサービス」「データベース提供サービス」「機関リポジトリ」の4つが90％以上で提供されており、電子図書館サービスの基幹的なサービスとなっていた（資料3.1参照）。このことが、「緊急事態宣言」発令後の大学図書館の休館等の状況下にあっても、電子図書館サービス、すなわち非来館サービスを提供し続けることを可能にしたといえる（資料3.6）。これは、公共図書館の動向との大きな違いであり、大学図書館の特徴でもある。

　とはいえ、現在の電子図書館サービスでは、基幹的な4つのサービス以外のサービス（デジタルアーカイブなど）については、国立国会図書館「図書館向けデジタル化資料送信サービス」を除くとまだ提供する割合が半数を超えていない。基幹的な4つのサービスの提供だけで満足せずに、各大学の実情等をふまえながら他のサービスの底上げを図り、トータルとしての電子図書館サービスの量・質両面での充実に取り組んでいくことが望まれる。

　残念ながら、新型コロナウイルス感染症の終息の見通しはいまだ立っていない。しばらくはWithコロナの生活が続くことになる。大学図書館においても、非来館サービスとしての電子図書館サービスのニーズは今後もさらに高まっていくものと思われる。Withコロナだけでなく Afterコロナをも見据えつつ、電子図書館サービスのあり方を各図書館で、あるいは大学図書館界として改めて確認するよい機会なのかもしれない。

第4章

電子図書館・電子書籍貸出サービス事業者への
調査の結果と考察

山崎榮三郎●電子出版制作・流通協議会

4.1　調査の概要

■ 4.1.1　電子図書館事業者アンケートの対象について

　本章は、電子出版制作・流通協議会が 2020 年 7 月〜8 月に行った電子図書館・電子書籍貸出サービス事業者（以下、サービス事業者）への調査の結果である。以下の電子書籍貸出サービスに関係する主要 9 社からの回答をそのまま掲載する（順不同）。

① 図書館流通センター

② メディアドゥ

③ 丸善雄松堂

④ 京セラコミュニケーションシステム（2020 年新規）

⑤ 紀伊國屋書店

⑥ 日本電子図書館サービス

⑦ 学研プラス

⑧ ネットアドバンス

⑨ EBSCO Japan

　2020 年の調査では、新たに「④ 京セラコミュニケーションシステム」を加え、集計する電子書籍コンテンツ[1]に「オーディオブック」を加えた。

　回答結果をサービス事業者ごとに一覧すれば、最新の各社の電子書籍に関わる取り組み姿勢が理解できるだろう。資料 4.1、4.2 に、図書館向けに提供できる電子書籍コンテンツのタイトル数について各社の報告値を基に集計した。

　2020 年の調査数の単純集計は、304,340 タイトルとなり、前年比 54,260 タイトル増（＋21%）となった。

■ 4.1.2　図書館で貸出可能な電子書籍コンテンツについて

　電子書籍貸出サービスで提供できる「電子書籍コンテンツ」とは、電子書籍貸出サービスのシステムで利用者に提供（貸出）できる著作権契約（ライセンス契約）ができたものの数である。

　電子書籍は、一般の紙の書籍や雑誌資料のように著作権法 38 条 4 項による図書館での貸出はできないことから、ライセンスの利用契約が必要となる。

　そこで、サービス事業者が直接出版社（著者）と「電子書籍コンテンツ」の貸出を契約して売るケースと、「電子書籍取次事業」として、他の「電子書籍貸出サービス事業者」へ、

---

[1] この章では、蔵書可能な「紙の書籍」と、ライセンス契約で提供するため蔵書がされない「電子書籍」を明確にするため、「電子書籍コンテンツ」と記載する。

電子書籍コンテンツを提供するケースがある（この章の 4.2 以下参照）。

　また、それぞれのサービス事業者においては、複数の事業者で同じタイトルの電子書籍コンテンツを提供していることもあるため、資料 4.1、4.2 の合計数には、個々のタイトルでみると重複がある。しかし、提供可能な電子書籍コンテンツの増加傾向をとらえるために、2017 年からアンケートを行っている。

　なお、電子書籍コンテンツについては、主に日本の出版社から発行される電子書籍コンテンツ（和書）と、海外の出版社が発行する主に外国語の電子書籍コンテンツ（洋書）について区別して集計している。

　各表の集計は、ライセンス契約を基本とするものに限っており、著作権保護期間が終了したコンテンツ等パブリックドメインの電子書籍コンテンツは原則として含まれていない。

■ **資料 4.1**　事業者別提供電子書籍コンテンツ数（和書）　　　　　　　（単位：タイトル）

事業者	2017 年調査数	2018 年調査数	2019 年調査数	2020 年調査数	前年増減
図書館流通センター	46,000	60,000	74,000	85,000	＋11,000
メディアドゥ	16,000	22,000	31,000	44,260	＋13,260
丸善雄松堂	42,000	60,000	70,000	80,000	＋10,000
京セラコミュニケーションシステム				3000	＋3,000
紀伊國屋書店		12,000	20,000	28,000	＋8,000
日本電子図書館サービス	25,000	40,000	52,000	61,000	＋9,000
学研プラス	80	80	80	80	±0
EBSCO Japan		3,000	3,000	3,000	±0
合計	129,080	197,080	250,080	304,340	＋54,260

※各社の申告数値を集計（一部重複あり）
※2020 年は「オーディオブックの電子書籍」含む
パブリックドメインコンテンツ（青空文庫等）を除いた数値

■ **資料 4.2**　事業者別提供コンテンツ数（洋書）　　　　　　　　　（単位：タイトル）

事業者	2017 年調査数	2018 年調査数	2019 年調査数	2020 年調査数	増減
図書館流通センター			670	1,500,000	＋1,499,330
メディアドゥ	1,600,000	1,600,000	1,800,000	2,345,500	＋545,000
EBSCO Japan		10,000	10,000	10,000	±0
合計	1,600,000	1,610,000	1,810,670	3,855,000	＋2,044,300

※各社の申告数値を集計（一部重複あり）
※2020 年は「オーディオブックの電子書籍」含む

　資料 4.1 の事業者別提供コンテンツ数（和書）を見ると、調査した事業者の公共図書館に提供するタイトル数は年を追うごとに確実に増えている。今回の調査では、和書が合計304,340 点で昨年より 54,260 点の増加であった。また、2018 年より集計している洋書は3,855,000 点で、昨年より 2,044,330 点増加している。

今年は、コロナ禍により、「電子図書館」が注目されたことから、従来の質問に加えて、「新型コロナ問題」による、変化等について質問を加えた。

■ 4.1.3　図書館で提供される電子書籍コンテンツの利用数について

　日本の 2019 年度の電子出版市場[2]は 3,750 億円と前年度に比べて 12％増となっており、2019 年度の出版市場の約 3 割となった。

　しかし、一般の電子出版市場はコミック関係の売り上げが中心で電子出版市場の約 8 割がコミックとなっている。一方、コミック以外の電子書籍コンテンツについては 484 億円と全体からみると 13％で、前年比 10％の成長となっている。

　ここで、公表されている「TRC 電子図書サービス　貸出資料ランキング」2020 年 4 月期、5 月期（資料 4.3）や、大阪府堺市で公表している「電子書籍利用数ランキング（2020 年 9 月 8 月）」をみると、若者向けの小説やコミカライズされた参考書、趣味、プログラム解説書、学習参考書などが上がっている。

　これらのランキングをみると、電子図書館利用層は若手層が中心であるが、図書館によっては利用者や利用ニーズが異なってくるようである。

　さらに、TRC ランキング 1 位の<かがみの狐城>は本屋大賞 1 位の書籍であり、<漫画 君達はどう生きるか>は 2018 年で一番売れた書籍でもあり、紙の書籍で売れている書籍が電子書籍としても良く読まれているように思われる。

　堺市公表ランキング 10 の 2020 年 8、9 月を見てみると、図鑑やまんが、学習参考書等が多いことから、電子書籍ならではの特徴が活かされた書籍が読まれていると思われる。ただし、月ごとにランキングが変化するなど、電子書籍の人気ジャンルは一定していなといえる。遡って 2020 年 1 月から 9 月を見ると、月単位で特定出版社に集中する傾向がある。1、2 月はインプレス、3 月はモーニング、4 月は PHP 研究所、5、6 月は講談社、7、8 月はインプレス、法研という具合である。これは特定の読者から、その人の周辺に拡がっているのか、書籍の評判から拡がっているのか、それ以外の要因なのか分析する必要があり、図書館における電子書籍貸出サービスの定着については、利用者分析、コンテンツニーズ等を分析し、よりよいサービスの提供が必要と考えられる。

　電子書籍貸出サービスの利点を、図書館の管理者側から考えると、利用された電子書籍コンテンツが即時に把握でき、それぞれの図書館での人気作品の傾向がわかること、また、個々の図書館において、電子書籍貸出サービスに向いたジャンルなどがわかることもあげられる。

---

[2]インプレス総合研究所「電子書籍ビジネス調査報告書 2020」2020 年 8 月

特に、社会インフラとしての役割が大きくなっているスマホやタブレットの操作説明、アプリやセキュリティなどの説明書、法律や制度の改正が多い「法律書や会計、税務などの専門書」など、紙の資料の入れ替え、除籍では追いつけない部分については、電子書籍貸出サービスのほうが有効である。

さらに、電子書籍貸出サービスが広がれば、事業者側からのサービスも図書館や利用者ニーズに合わせた形が出てくることも考えられる。

実際、2020 年 5 月から開始された「オーディオブック貸出サービス」（4.5 参照）では、各コンテンツの利用者数を限定しないサービス（サブスクリプションサービス）を行っており、今後の利用の推移が注目されている。

■ **資料 4.3**　TRC 電子図書館サービス　貸出資料ランキング 2020 年 4 月期、5 月期

TRC電子図書館サービス　貸出資料ランキング（2020 年 4 月貸出）　TOP10
※大日本印刷株式会社調べ

No	資料名	著者名	出版者
1	かがみの孤城	辻村深月	ポプラ社
2	学生時代にやらなくてもいい 20 のこと	朝井リョウ	文藝春秋
3	【特別公開】瞬時にわかる英語リスニング大特訓	山崎祐一	Ｊリサーチ出版
4	漫画　君たちはどう生きるか	吉野源三郎 羽賀翔一	マガジンハウス
5	【特別公開】ゼロからスタート英単語	成重 寿 妻鳥 千鶴子	Ｊリサーチ出版
6	【特別公開】小学生のための英検 5 級合格単語 600	植田一三（監） 上田敏子（編著） 菊池菓子（著）	Ｊリサーチ出版
7	大人の語彙力大全	齋藤 孝	KADOKAWA
8	【特別公開】ゼロからスタート英語を書くトレーニング BOOK	成重寿	Ｊリサーチ出版
9	す〜べりだい	鈴木のりたけ	PHP 研究所
10	【特別公開】大切なことはすべて中学英語が教えてくれる 英単語編　BASIC 1000	成重 寿／入江 泉	Ｊリサーチ出版

TRC電子図書館サービス　貸出資料ランキング（2020 年 5 月貸出）　TOP10
※大日本印刷株式会社調べ

No	資料名	著者名	出版者
1	かがみの孤城	辻村深月	ポプラ社
2	漫画　君たちはどう生きるか	吉野源三郎 羽賀翔一	マガジンハウス
3	学生時代にやらなくてもいい 20 のこと	朝井リョウ	文藝春秋
4	鍵のない夢を見る	辻村深月	文藝春秋
5	学校では教えてくれない大切なこと 12 ネットのルール	旺文社	旺文社
6	いちにちぶんぼうぐ	ふくべあきひろ かわしまななえ	PHP 研究所
7	小説　秒速 5 センチメートル	新海 誠	KADOKAWA
8	小説　言の葉の庭	新海 誠	KADOKAWA
9	学校では教えてくれない大切なこと 13 勉強が好きになる	旺文社	旺文社
10	この冬、いなくなる君へ	いぬじゅん Tamaki	ポプラ社

■ **資料 4.4**　2020 年 8 月、9 月　電子書籍貸出ランキング（堺市図書館）[3]

◆ **2020年9月**

順位	書名	出版者	備考
1	電車の顔図鑑 3 特急・急行の鉄道車両	天夢人	
2	「話のネタ」のタネ500 電子書籍版　（PHP文庫）	PHP研究所	
3	ときめく和菓子図鑑	山と溪谷社	
4	学研まんがNEW世界の歴史 7 フランス革命と産業革命 電子版	学研プラス	
5	からだと病気のしくみ図鑑	法研	
6	まんがで読む古事記 電子版（学研まんが日本の古典）	学研教育出版	
7	大人のプチ教養303 電子書籍版　（PHP文庫）	PHP研究所	
8	35の名著でたどる科学史 電子書籍版	丸善出版	
9	TOEIC L&Rテストやたらと出る英単語クイックマスター＋（TTT速習シリーズ）	アルク	
10	うける!雑学 電子書籍版	PHP研究所	

◆ **2020年8月**

順位	書名	出版者	備考
1	Pythonではじめるプログラミング	インプレス	
2	スラスラ読めるPythonふりがなプログラミング	インプレス	
3	死神うどんカフェ1号店 1杯目	講談社	
4	研究って楽しい（学校では教えてくれない大切なこと）	旺文社	
5	謎解きカフェの事件レシピゆめぐるま Recipe1 ヒントはカフェに現れる?	国土社	
6	カメラ1年生 iPhone・スマホ写真編	インプレス	
7	スッキリわかるPython入門	インプレス	
8	一人前になるための家事の図鑑	岩崎書店	
9	整理・整頓が人生を変える	法研	
10	死神うどんカフェ1号店 2杯目	講談社	

---

[3]　「堺市図書館」ホームページ
https://www.lib-sakai.jp/booklist/topics/2020denshi_kashi.htm（2020 年 11 月 18 日）

■ 4.1.4　これからの電子図書館・電子書籍貸出サービス運営について

　一般に公共図書館では、図書館施設に来館して資料（主に紙）を借りる・館内で利用する人を中心として考えがちだが、電子書籍貸出サービスは図書館に来館しない非来館層に対する資料の提供が可能である。よって、図書館の非来館サービスとしての位置づけや、検索機能や音声など電子書籍ならではの利用方法、利用層のニーズの把握と、貸出可能な電子書籍コンテンツの情報提供など従来の図書館運営とはことなるサービスの構築が必要である。

　また、電子書籍貸出サービスを継続して利用してもらうための情報更新や PR が重要であり、提供する電子書籍コンテンツや、特集などを定期的に情報更新することや、利用者への電子書籍貸出サービスの説明、利用方法の説明などを実施することも欠かせない。他の図書館の実施している電子書籍貸出サービスの運営方法などを日々研究、工夫していくことも必要となる。

4.2　図書館流通センター（TRC）

■ 4.2.1　電子図書館サービスについて

① 運営主体　　　　　株式会社図書館流通センター
② サービス名　　　　電子図書館サービス「LibrariE & TRC-DL」
③ コンテンツ配信ビジネス開始年月　　2011 年 1 月
④ 概要・特徴・コンセプト
　・国内導入実績№1
　・図書館向け電子書籍「TRC-DL」コンテンツ、「LibrariE」コンテンツともに配信可能
　　（同じ書棚から選べる）、独自資料登録方法やイベント企画等手厚いサポート
　・障害者差別解消法対応視覚障害者利用支援サイト（テキスト版サイト）を用意
⑤ 沿革
　2010 年秋：電子図書館サービス事業スタート
　2011 年 1 月：「TRC-DL」1 号館として堺市立図書館に導入
　2014 年 4 月：日本ユニシスの「LIBEaid」と「TRC-DL」を統合、新プラットフォーム
　　　　　　　　提供開始
　2016 年 10 月：株式会社日本電子図書館サービス（以下 JDLS）と資本提携
⑥ 最近（2019 年 11 月〜）のトピック
　2019 年 11 月：図書館総合展にて、TRC ブースにて出展、ビブリオテカ洋書コンテンツ

と読書バリアフリー法対応のアクセシビリティ関連のデモ、また」フォーラム「グローバル対応もバリアフリーも電子図書館で！」開催

2019 年 12 月：「LibrariE &TRC-DL」導入館を一同に会したユーザー会「電子図書館サミット in 東京 2019」開催

2020 年 3 月：プレスリリース配信：【コンテンツ追加！】国内導入実績 No.1 のＴＲＣ電子図書館サービス。導入館に対しコンテンツを無償提供＜期間限定＞

2020 年 4 月：プレスリリース配信：国内導入実績 No.1 のＴＲＣ電子図書館サービス今年 3 月貸出実績が前年対比 255％大幅増！

2020 年 5 月：プレスリリース配信：国内導入実績 No.1 のＴＲＣ電子図書館サービス 4 月貸出実績が前年同月比 423％の大幅増

2019 年 6 月：プレスリリース配信：国内導入実績 No.1 のＴＲＣ電子図書館サービス 5 月貸出実績は前年同月比 526％！3 ヶ月連続大幅増

⑦ ターゲット（学校層別、企業、団体、その他）
 ・大学、短大、専門学校、高等学校、中学校、小学校、研究機関、団体、その他（公共図書館）

⑧ 取り扱いジャンル（サービス、代理販売）
 ・プラットフォーム（システム）と商用電子書籍両方を取り扱う
 ・プラットフォームについては、図書館システム連携版、非連携版両方を取り扱う

⑨ 売れ筋ジャンル（サービス、代理販売）
 ・「TRC-DL」コンテンツ：絵本、図鑑、実用書、旅行ガイドブック
 ・「LibrariE」コンテンツ：文芸書・実用書・語学関連書・新書・文庫など

⑩ 売れ筋傾向
 ・「TRC-DL」コンテンツ：リッチコンテンツで構成された動く絵本、図鑑類、バイリンガル対応の絵本、音声読み上げ可能なリフローコンテンツ、健康、料理、趣味、語学関連本他実用書
 ・「LibrariE」コンテンツ：「漫画君たちはどう生きるか」、「ビブリア古書堂の事件手帖」シリーズ、「鍵のない夢を見る」、「かがみの孤城」等、比較的新しいコンテンツで 1,000 円〜4,000 円までの価格帯（ワンコピー・ワンユーザ価格）

⑪ タイトル数、品揃え
 ・和書約　　85,000 タイトル（青空文庫除く）
 ・洋書約　1,500,000 タイトル

⑫ 2019 年度の新刊タイトル数
 ・和書約 11,000 タイトル
 ・洋書約 1,500,000 タイトル

⑬ 売上動向

- 特に公共図書館は、今まで LibrariE コンテンツの有期限、回数制限付きライセンスモデルがネックになり、購入見合わせの館が多かったが、ここ最近導入館では、ほとんどの館が LibrariE コンテンツを購入するようになった。

⑭ 料金モデル・サービスプラン
- （例）公共図書館向け図書館システム非連携版の場合
  初期導入費：70 万円〜、月額クラウド利用料：50,000 円〜（自治体の規模により異なる）

⑮ ユーザー数（学校層別、企業、団体、その他）
- 公共図書館：91 自治体、88 館
- 学校、その他：29 館
  （2020 年 9 月 1 日現在）

⑯ 海外展開
- 現在のところ実績なし、今後は未定

⑰ 利用可能台数・DRM（利用制限）ポリシー
- TRC-DL コンテンツ　主に買切り型ライセンス、ライセンス数：1〜3
- LibrariE コンテンツ　有期限、回数制限付きライセンス、ライセンス数：1（主に有効期限 2 年もしくは貸出 52 回まで）

⑱ 課題
- 電子図書館サービス自体の自治体および住民の認知度不足
- 電子図書館サービスが読書のバリアフリー化に貢献出来ることに対する認知度不足
- 「LibrariE」コンテンツが加わったが、さらなるコンテンツ獲得

⑲ 将来展望
- 他のシステム、プラットフォームと連携して利便性の高いデジタルコンテンツポータルサイトとしたい

■ 4.2.2　コロナ禍におけるサービスの変化について

① 電子書籍の利用の変化について
- 期間限定無償コンテンツ提供期間が終了した 6 月以降も対前年比で、貸出実績は、2 倍以上と高値を維持している

②コロナ禍（2020 年 2 月以降）における電子図書館サービスについての図書館からの問合せや新規採用について
- 独自資料の登録、配信に関する問い合わせが増えている。既にコロナ関連資料を電子書籍化し電子図書館で配信中の自治体あり
- 新型コロナ交付金（地方創生臨時交付金）申請に関する問い合わせが多い

・新規導入館だけではなく、既導入館もコンテンツ購入目的でコロナ交付金を利用

③電子図書館サービスについて、コロナ禍期間中（2020 年 2 月以降）に行った特別な対応
　（コンテンツの無償提供等）について

・非常事態宣言下での、臨時休館、臨時休校時の読書、学習支援として TRC-DL コンテ
　ンツ、LibrariE コンテンツ双方の出版社から期間限定でコンテンツを無償提供いただい
　た

・納期の短縮化：図書館側から、導入が決定した後、早急にサービスインしたい要望が多
　く、標準納期を前倒しして導入した事例が多い

会社概要

　　　　会社名　　　　株式会社図書館流通センター
　　　　所在地　　　　東京都文京区大塚三丁目 1 番 1 号
　　　　設立　　　　　1979 年（昭和 54 年）12 月 20 日
　　　　資本金　　　　266,050 千円
　　　　代表者　　　　代表取締役社長　細川 博史
　　　　社員数　　　　8,527 名（単体）（2020 年 1 月期）
　　　　連絡先　　　　電子図書館推進部　　電話 03-3943-2221

4.3 メディアドゥ

■ 4.3.1　電子図書館サービスについて

① 運営主体　　　　　株式会社メディアドゥ
　　　　　　　　　　　（URL）https://overdrivejapan.jp/
② サービス名　　　　OverDrive　電子図書館サービス
③ コンテンツ配信ビジネス開始年月
　2006 年 11 月：電子書籍配信サービス開始
　2014 年 5 月：米国 OverDrive 社と戦略的業務提携　電子図書館事業開始
④ 概要・特徴・コンセプト

・電子図書館プラットフォーマー世界 No.1 である、OverDrive 社と共に、5,000 出版社、
　100 カ国語以上 340 万タイトルを超える世界中のコンテンツを提供する電子図書館サー
　ビスは、電子図書館用デジタルコンテンツの購入や、貸出利用状況管理などができる

"電子図書館運営者側専用 Web サイト"と、"利用者側専用電子図書館 Web サイト"の 2 つの仕組みを提供する

⑤ 沿革

1999 年 4 月：名古屋市中村区名駅に株式会社メディアドゥを設立

2006 年 11 月：電子書籍配信サービス開始

2013 年 11 月：東京証券取引所マザーズに株式上場

2014 年 5 月：米国 OverDrive 社と戦略的業務提携　電子図書館事業開始

2016 年 2 月：東京証券取引所市場第一部に市場変更

2017 年 3 月：株式会社出版デジタル機構子会社化

2017 年 9 月：会社名を「株式会社メディアドゥホールディングス」とし、持株会社体制へ移行

2019 年 3 月：「株式会社出版デジタル機構」と「株式会社メディアドゥ」が合併（社名：株式会社メディアドゥ）

2020 年 6 月：「株式会社メディアドゥホールディングス」が「株式会社メディアドゥ」を吸収合併（社名：株式会社メディアドゥ）

⑥ 最近（2019 年〜）のトピック

2019 年 2 月：グローバル・ステップ・アカデミーへ提供

2019 年 7 月：岐阜県 関市立学校電子図書館を導入

2019 年 12 月：徳島県阿波銀行へ提供

2020 年 5 月：電子図書館緊急導入支援キャンペーンを適用

2020 年 5 月：高森町立図書館へ提供

2020 年 7 月：福山市中央図書館へ提供

　　　　　　：同志社国際中等部・高等部へ提供

　　　　　　：千代田インターナショナルスクール東京へ提供

　　　　　　：玉川聖学院中学校・高等学校へ提供

　　　　　　：埼玉県神川町図書室へ提供

2020 年 10 月：コカ・コーラボトラーズジャパンウエスト労働組合へ提供

⑦ ターゲット（学校層別、企業、団体、その他）

・大学、短大、専門学校、高等学校、中学校、小学校、研究機関、団体、その他（企業）

⑧ 取り扱いジャンル（サービス、代理販売）

・ノンフィクション、文芸、ミステリー、恋愛、ファンタジー、政治、歴史、数学、物理学、自己啓発、ビジネス教養、参考書、料理、健康法、旅行、児童文庫、絵本、工芸、インテリア、芸術、コンピュータテクノロジー、漫画　など 200 以上

⑨ 売れ筋ジャンル

・ノンフィクション、児童文庫、料理、ビジネス教養、文芸、ミステリー、参考書、健康

法、絵本、外国語学習、漫画

⑩ 売れ筋傾向
- 月間の購入冊数：約 1,000~3,000 タイトル
- 和書と洋書の購入割合は、おおよそ 7：3 の割合
- 和書では特に料理、文芸、実用書、児童書、学習参考書の購入が多い
- 洋書では、絵本、外国語学習、児童文庫が多く、特に OverDrive 独自の朗読ナレーション付き電子書籍「Read-Along」が人気

⑪ タイトル数、品揃え
電子書籍、オーディオブック総数：340 万冊以上
電子書籍合計：320 万冊
　　内　英語：約 220 万冊、和書：約 44,000 冊
オーディオブック合計：21 万冊以上
　　内　英語：約 14 万 5 千、日本語：260 冊
その他合計：約 28,000 タイトル
　　内：ビデオ、英語雑誌等

⑫ 2019 年度の新刊タイトル数
- 洋書：　545,000 タイトル以上
- 和書：　　13,260 タイトル以上

⑬ 売上動向
- 多文化共生や外国語対応での導入、問い合わせが多数。外国人移住者の増加や 2020 年の小学校英語教科化への対応として、洋書タイトルの購入が増加。また、新型コロナウイルスの感染拡大により臨時休館が相次いだことで、導入に関する問い合わせが急増した。2020 年 5 月より開始した「電子図書館緊急導入支援キャンペーン」を実施したことによる反響も大きい。物理的に図書館を訪れることや学校での学習が困難な状況下において、初年度に掛かる費用をコンテンツ購入費のみとすることで、早急に非来館サービスを開始する手助けとなっている。

⑭ 料金モデル・サービスプラン
※現在は導入支援キャンペーン実施中の為通常価格とは異なる。
　導入規模・種別に応じて御見積対応
　【公共図書館】
　初期費用：75 万円～150 万円
　運用費：月間 3 万円～8 万円
　コンテンツ購入費：年間 50 万円～250 万円
　【大学図書館】
　初期費用：25 万円～100 万円

運用費：月間 2 万円〜5 万円

コンテンツ購入費：年間 50 万円〜200 万円

【企業図書館】

初期費用：50 万円〜100 万円

運用費：月間 1 万円〜8 万円

コンテンツ購入費：年間 50 万円〜250 万円

【学校図書館】

初期費用：10 万円

運用費：月間 1 万円

コンテンツ購入費：年間 30 万円〜50 万円

⑮ ユーザー数（学校層別、企業、団体、その他）

・学生利用　世界 年間 1,080 万人　18,000 校

⑯ 海外展開

・世界　78 ヶ国　50,000 館の公共／学校図書館へ展開

⑰ 利用可能台数・DRM（利用制限）ポリシー

・1 ライセンス同時利用制限 1 人モデル

・ご提供権利元により、購入後の利用期間制限無しと、有りのコンテンツがある

・複数人同時利用可能なコンテンツも有り

⑱ 課題

・電子図書館向けの和書コンテンツ許諾数を増やすこと

・日本語の Read-Along やオーディオブックなど、より多くの方が楽しめるコンテンツを
増やすこと

・日本において電子図書館の認知度を上げること

・電子図書館が教育利活用できること、また教育に適したコンテンツがあることに対する
認知度を上げること

⑲ 将来展望

・ひとつでも多くのコンテンツを、ひとりでも多くの人に届けるために、いつでもどこで
もだれもが世界中の作品を利用できる環境を実現すること

■ 4.3.2　コロナ禍におけるサービスの変化について

① 電子書籍の利用の変化について

2019 年 4 月〜6 月のコンテンツ貸出数ならびに利用者数については、前年度同時期に比
べてどちらも 200％を超えた。特に緊急事態措置期間の 4、5 月は利用率が高く、利用コ
ンテンツについては、4 月は児童書の貸し出しが増加傾向にあった。

② コロナ禍（2020 年 2 月以降）における電子図書館サービスについての図書館からの問合せや新規採用について

新型コロナウイルス感染症に対応する臨時交付金や、年度内補正予算を使用して導入をしたいという問い合わせが多かった。図書館の臨時休館を終え開館中ではあるが、利用者の滞在時間を短くしている図書館も多く、非来館型のサービスを早急に導入したい図書館が多数ある状況である。学校については、臨時休校が長引いた事により生徒への学習環境の提供が課題という事での問い合わせが多かった

＜問合せ例＞

・非来館型サービスを至急導入したい
・2020 年 4 月から実施されている新学習指導要領への新しい学びの手法として、英語学習支援として電子図書館を使いたい

③ 電子図書館サービスについて、コロナ禍期間中（2020 年 2 月以降）に行った特別な対応（コンテンツの無償提供等）について

・2020 年 5 月 7 日、休校状態が続く児童、生徒、学校を応援するための「電子図書館緊急導入支援キャンペーン」を開始した。キャンペーン内容は、導入に係る初期費用と 2020 年度内の月額運用費を無料にするものである。募集期間は 2020 年 5 月 7 日〜2021 年 3 月 31 日
・2020 年 5 月 27 日に公共図書館向けにも「電子図書館緊急導入支援キャンペーン」を発表した。募集期間は 2020 年 5 月 27 日〜2021 年 3 月 31 日（予定）。学校図書館向けキャンペーンと同様に、物理的に図書館を訪れることが困難な状況下において、初年度に掛かる費用をコンテンツ購入費のみとする事で各自治体の図書館サービスの実現を図るものである
・出版社との協力企画として、少年画報社 75 周年企画を実施。電子図書館で少年画報社様の名作コミック・レジェンドタイトルについて 2 か月間の読み放題を開催している。また、少年画報社様制作の「漫画の描き方」を紹介するデータの配布も行う予定である
・OverDrive も同様に、世界の出版社から協力を得て、新型コロナウィルス感染症への出版社によるサポートとして、複数人同時利用モデルのコンテンツを無償提供している

④ その他、コロナ禍で生じた課題、対応について

直接訪問してのデモンストレーションが難しくなったため、オンラインツールを活用したデモンストレーションに切り替えた

会社概要

会社名　　株式会社メディアドゥ
URL　　　https://mediado.jp/

所在地　　　東京都千代田区一ツ橋 1-1-1 パレスサイドビル 8F

設立　　　　1999 年 4 月

資本金　　　1,899 百万円（2020 年 2 月末日現在）

代表者　　　代表取締役社長 CEO　　藤田 恭嗣

　　　　　　取締役副社長 COO　新名 新

社員数　　　350 名（2020 年 2 月末）

連絡先

　　電子図書館専用お問合せ　HP　http://overdrivejapan.jp/contact/

　　　　　　メールアドレス　contact_odj@mediado.jp

　　　　　　電話　03-6551-2826

　　　　　　（電子図書館事業部　直通）

4.4 丸善雄松堂

① 運営主体　　　　　丸善雄松堂株式会社

　　　　　　　　　　　（URL）https://elib.maruzen.co.jp/

② サービス名　　　　Maruzen eBook Library

③ コンテンツ配信ビジネス開始年月　　2012 年 2 月よりサービス開始

④ 概要・特徴・コンセプト

・280 社を超える学術専門出版社より約 80,000 点の書籍・雑誌の電子書籍を提供中。

・和書の専門書・研究書・レファレンス・学術雑誌バックナンバーの他に、多読用リーダー、PC 教材・IT 資格、教養書、旅行ガイド、就活支援本などの学生用図書も充実し、サービス開始から約 820 機関の導入実績

・日本国内で最大級の機関向け電子書籍サービス

・全文横断検索やシリーズ内検索などの利便性が高く、いつでもどこでも閲覧や学修が可能で、図書館の利活用拡大に貢献している。必要な部分を PDF にダウンロードすることも可能。指定のページの URL をメールで知らせることも可能で、事前に閲覧・学修することで授業への効果も期待できる。研究や学修に役立つ豊富なコンテンツは全分野を網羅しており、学修環境の向上をはかるコンセプトのもとに提供中。2018 年 7 月より、スマホ対応のコンテンツや動画コンテンツをリリース。サブスクリプションパッケージなどの新たな購入モデルもスタート。2018 年 12 月には音声付きコンテンツをリリース

2019 年 6 月：リクエスト機能を強化

2019 年 8 月：人社系雑誌バックナンバー「ざっさくプラス」とのリンクを開始

⑤ 沿革

2012 年 2 月：サービス開始

2013 年度：搭載点数 11,000 タイトル

2014 年度：搭載点数 19,000 タイトル。学術書の最新刊を冊子と電子のセットで年間を通じて継続的に提供する新サービス「新刊ハイブリッドモデル：人文社会編」をスタート。人文社会系出版社 6 社が参加した画期的な新サービスとしてメディアにも取り上げられる。国内主要の人文社会系出版社 6 社が参加。海外の大学でも Maruzen eBook Library の導入がスタート

2015 年度：搭載点数 25,000 タイトル。「新刊ハイブリッドモデル：自然科学編」をスタート。理工系出版社 7 社が参加した。また、一定期間の試読後に利用ログを参考に選書できる「試読サービス」も提供開始。学認への認証対応を開始

2016 年度：搭載点数 40,000 タイトル。医学系出版社 2 社が参加した「新刊ハイブリッドモデル： 医学編」がスタート。私立大学の研究設備補助金採択事業では、採択件数多数。日本電子出版協会の「電子出版アワード 2016」にてデジタル・インフラ賞を受賞

2018 年度：搭載点数 60,000 タイトル。スマホ対応（読上機能）と動画コンテンツ、及びサブスクリプションパッケージをリリース

・スマホ対応、読み上げ機能、動画コンテンツ、サブスクリプションパッケージのリリース

2019 年度：搭載点数 70,000 タイトル

リクエスト機能を強化

人社系雑誌バックナンバー「ざっさくプラス」とのリンク開始

2020 年度：搭載点数 80,000 タイトル

⑥ 最近（2019 年〜）のトピック

・2019 年 8 月にリクエスト機能を強化。管理者画面上でリクエストの承認・否認を行い承認については、そのまま購入でき、即時閲覧が可能となった

・人社系雑誌バックナンバー「ざっさくプラス」とのリンク開始

・導入機関数 800 機関突破

⑦ ターゲット（学校層別、企業、団体、その他）

・大学、短大、専門学校、高等学校、研究機関、その他（企業・病院等）

⑧ 取り扱いジャンル（サービス、代理販売）

・人文社会、理工、医学の全分野

⑨ 売れ筋ジャンル（サービス、代理販売）

・専門書・レファレンス・学生用図書・多読用リーダー・雑誌バックナンバー・読上げ・動画・音声付き

⑩ 売れ筋傾向

　　同上

⑪ タイトル数、品揃え

・約 80,000 タイトル

・全分野を網羅。和書の専門書・研究書・レファレンス・学術雑誌バックナンバーの他に、多読用リーダー、PC 教材・IT 資格、教養書、旅行ガイド、就活支援本などの学生用図書も多数揃えている

・2018 年にはスマホ対応、読み上げ機能、動画コンテンツ、音声付きコンテンツ、サブスクリプションパッケージをリリース

・2019 年には電子復刻タイトルをリリース

⑫ 2019 年度の新刊タイトル数

・約 10,000 タイトル

⑬ 売上動向

⑭ 料金モデル・サービスプラン

・初期導入費や維持管理費は一切不要。冊子と同様に 1 点から買い切り（一次払い）で契約が可能

・同時アクセス数による価格設定で同時アクセス 1 または同時アクセス 3 の価格をタイトル毎に設定

・IP アドレスの認証方式により複数キャンパスの利用も追加費用の発生が無く可能（ID/PW 認証も可）

・購入タイトルには無償で CATP に準拠した MARC データも提供

⑮ ユーザー数（学校層別、企業、団体、その他）

・約 820 機関

⑯ 海外展開

・海外の導入実績多数

⑰ 利用可能台数

・DRM（利用制限）ポリシー

・同時アクセス 1 または 3 による利用。また、同時アクセス 4 以上もご希望により提供可

・ダウンロードした PDF には DRM をかけ著作権者に配慮（著作権保護のための制限として、ダウンロードしたページには、"注記"と"すかし"が入っている）。あくまで学術利用を前提とした利用ポリシーによる

会社概要

　　　会社名　　　丸善雄松堂株式会社

　　　URL　　　　https://yushodo.maruzen.co.jp

　　　所在地　　　東京都港区海岸 1 丁目 9 番 18 号 国際浜松町ビル

　　　設立　　　　1869（明治 2）年 1 月 1 日

　　　資本金　　　100,000 千円

　　　代表者　　　代表取締役社長　矢野　正也

　　　社員数　　　正社員：351 名、臨時職員：2,375 名（2020 年 1 月時点）

　　　連絡先　　　丸善雄松堂株式会社 学術情報ソリューション事業部

　　　　　　　　　Maruzen eBook Library 担当

　　　　　　　　　e-mail　ebook-i@maruzen.co.jp

　　　　　　　　　電話 03-6367-6008

　　　　　　　　　受付時間：9:00〜17:30（土・日・祝日、年末年始を除く）

4.5　京セラコミュニケーションシステム

■ 4.5.1　電子図書館サービスについて

① 運営主体　京セラコミュニケーションシステム株式会社

② サービス名　公共図書館システム「ELCIELO」オーディオブック配信サービス

③ コンテンツ配信ビジネス開始年月　　　2020 年 5 月〜

概要・特徴・コンセプト

・日本最大級のオーディオブック配信サービス「audiobook.jp」（オトバンク社）と連携
　し、公共図書館向けにオーディオブックを提供

・公共図書館システム ELCIELO の WEB OPAC 上で、紙書籍と同じようにオーディオ
　ブックの検索ができ、そのまますぐに視聴が可能。来館の必要はもちろんなく、専用
　アプリや特別なプラグインのインストールも不要

・電子図書館貸出用に一冊一冊購入する形式ではなく、定額聴き放題型のサービス提
　供。サービス開始すぐから数千タイトルの配信が行えるため、導入時の初期費用の負
　担を軽減。（2020 年 6 月時点 3000 タイトル、年内に 6000 タイトルの配信を予定）

・全てのタイトルが人気声優やナレーターによる読み上げのため、機械の音声合成が苦
　手な方や、オーディオブックを初めて利用される方にも聞きやすい

⑤ 沿革

1980 年代より、丸善株式会社にて図書館システムを開発・販売開始

2004 年：M&A を実施し、京セラコミュニケーションシステムグループが事業譲受

2019 年 11 月：オトバンク社「audiobook.jp」との連携を発表

2020 年 5 月～：オーディオブック配信サービス開始。（5 月奈良市、6 月八王子市）

2020 年 7 月～：30 件以上の自治体でトライアルを実施

⑥ 最近（2019 年 11 月～）のトピック

・2020 年開始のため、同上

⑦ ターゲット（学校層別、企業、団体、その他）

・その他（公共図書館）

⑧ 取り扱いジャンル（サービス、代理販売）

・文芸書、実用書、教養書、ビジネス書、語学書など。著名人の講演会や落語などもあり

⑨ 売れ筋ジャンル（サービス、代理販売）

・文芸書、実用書、ビジネス書

（聴き放題定額サービスのため、売れ筋ではなく利用状況より抽出）

⑩ 売れ筋傾向

・文芸書、実用書、ビジネス書

（聴き放題定額サービスのため、売れ筋ではなく利用状況より抽出）

⑪ タイトル数、品揃え

・2020 年 6 月時点 3,000 タイトル、2020 年年内に 6,000 タイトルの配信を予定。以降、適時追加していく予定

⑫ 2019 年度の新刊タイトル数

・2020 年開始サービスのため割愛

⑬ 売上動向

・2019 年 11 月のプレスリリース以後、問い合わせは毎月増加。コロナ以後、より増えている。2020 年夏には 30 以上の自治体でトライアルを実施。2020 年度内、20201 年度に複数自治体での新規サービスインを予定している

⑭ 料金モデル・サービスプラン

・初期費用：10 万円～（お客様のシステムの状況により変動。）

・月額利用料：2 万円～（配信対象の利用者区分、自治体の人口に応じて変動。利用料内にオーディオブック配信用システムとコンテンツ両方の利用料を含む。）

※（注意事項）2020 年時点、ELCIELO 導入済の自治体のみサービスの利用が可能。2021 年度以降、ELCIELO 以外のシステムへの提供を計画中

⑮ ユーザー数（学校層別、企業、団体、その他）

・正式サービスイン機関数：2 自治体

・トライアル実施機関数：31 自治体

⑯ 海外展開

・現在のところ予定なし

⑰ 利用可能台数・DRM（利用制限）ポリシー

・契約した公共図書館の登録者が図書館システムにログインすることで利用可能
　台数制限はなし

・DRM 機能などセキュリティ面の詳細は非公開

⑱ 課題

・コンテンツのさらなる拡充、利用者向けインターフェースの強化など

■ 4.5.2　コロナ禍におけるサービスの変化について

① 電子書籍の利用の変化について
　新型コロナウィルスの感染拡大期に新規サービスを開始したため、比較できず

② コロナ禍（2020 年 2 月以降）における電子図書館サービスについての図書館からの問合
せや新規採用について

・電子図書館に関しては、サービスの仕様、価格など、導入を見据えた問い合わせが増加

③ 電子図書館サービスについて、コロナ禍期間中（2020 年 2 月以降）に行った特別な対応
　（コンテンツの無償提供等）について

・7 月より無償トライアルを 31 自治体にて実施。（有償版と違い、コンテンツ数を限定）

④ その他、新型コロナ問題で生じた課題、対応について

・図書館内で業務される方々の出勤にも支障があると伺っており、従来は現場での業務が必
　須であった蔵書点検業務を、「画像解析 AI ＋ ドローン」で実現する実証実験を今年度ス
　タート

会社概要

会社名	京セラコミュニケーションシステム株式会社
URL	https://www.kccs.co.jp
所在地	京都府京都市伏見区竹田鳥羽殿町 6（京セラ本社ビル内）
設立	1995 年 9 月 22 日
資本金	29 億 8,594 万 6,900 円
代表者	代表取締役会長 山口 悟郎
	代表取締役社長 黒瀬 善仁
社員数	3,307 名（2020 年 3 月末現在）
連絡先	KCCS カスタマーサポートセンター

Web ： https://www.kccs.co.jp/contact/

電話：0120-911-901（フリーコール）

050-2018-1827（携帯電話・IP 電話など）

メール ： kccs-support@kccs.co.jp

4.6　紀伊國屋書店

■ 4.6.1　電子図書館サービスについて

① 運営主体　株式会社　紀伊國屋書店

（URL）http://www.kinokuniya.co.jp/03f/ebook/kinoden/index.html

② サービス名　　　　KinoDen ― Kinokuniya Digital Library―

③ コンテンツ配信ビジネス開始年月　　2018 年 1 月

④ 概要・特徴・コンセプト

・図書館・機関向け学術和書電子書籍サービス

・インターネットブラウザを通じてコンテンツにアクセス、デバイスに応じて最適な利用を可能にするレスポンシブデザインを採用。フォーマットも PDF に加えて EPUB に対応

・購入していない電子書籍の試し読みと利用者による図書館へのリクエスト機能を提供

・購入・未購入の電子書籍全点を対象に本文を含む書籍情報を横断検索が可能なため、図書館の利用者向けレファレンスツールとしても活用できる

・冊子体と電子書籍の横断検索、選択収書を可能にする WEB 選書支援システム Smart PLATON をセットで無償提供

・アプリ bREADER Cloud をリリース。本への書き込み、しおり、ブックマーク、快適な閲覧が可能に

⑤ 沿革

2018 年 1 月：サービス開始

2019 年 3 月：アプリ「bREADER Cloud」リリース

2019 年 11 月：5 分間全文試し読みサービス開始（購入保証付き）

⑥ 最近（2020 年〜）のトピック

2020 年 1 月：セット販売・継続注文対応開始

2020 年秋より音声読み上げ対応予定（EPUB リフロータイトル）

⑦ ターゲット（学校層別、企業、団体、その他）

・大学、短大、専門学校、研究機関、団体、公共図書館

⑧ 取り扱いジャンル（サービス、代理販売）

　・人文社会、自然科学、医学等　学術分野全般

⑨ 売れ筋ジャンル（サービス、代理販売）

　・上記分野全般

⑩ 売れ筋傾向

　・各分野で定番・基本とされる書籍や、電子書籍のメリットが高いレファレンス・辞典類はよく売れる傾向にある。生涯学習・ビジネス支援目的で利用される語学学習書籍やライティング支援書籍、ビジネス、パソコン・IT、就職活動、資格試験関係の書籍もよく売れている

⑪ タイトル数、品揃え

　・約 28,000 点（2020 年 8 月現在）。新しく開始したサービスのため今後も参加出版社・コンテンツ数を積極的に増やしてゆく

⑫ 2019 年度の新刊タイトル数

　・約 10,000 点（2018 年 4 月〜2020 年 3 月）

⑬ 売上動向

　・非公表

⑭ 料金モデル・サービスプラン

　・コンテンツ単品完全買切型　　（＊セット販売、シリーズ継続販売を含む）

　・サブスクリプション型（導入予定）

　・プラットフォーム利用料・維持費等は不要

⑮ ユーザー数（学校層別、企業、団体、その他）

　・約 250 館（2020 年 8 月時点。大学、企業、官公庁、公共図書館で実績あり。内訳は非公表）

⑯ 海外展開

　・北米、台湾、ヨーロッパ等で 23 機関実績あり（2020 年 8 月時点）

⑰ 利用可能台数・DRM（利用制限）ポリシー

　・契約機関内ネットワーク・利用者限定のオンラインアクセスを許可

　・リモートアクセスも原則許可

　・本文同時オンラインアクセス制限方式（同時 1,2,3）

　・出版社が許諾した範囲でページの印刷・ダウンロードが可能

⑱ 課題

　・出版社の協力を得ながら新刊を中心としたコンテンツラインナップを増やしていくこと

　・利用者の使い勝手・学修支援ニーズをプラットフォーム・機能に反映させていくこと

　・音声読み上げ機能等アクセシビリティ対応

⑲ 将来展望

・今後加速していく学術書の電子化と高等教育の ICT 化の流れの中で出版社・図書館・利用者に本当に支持され、本当に使われるプラットフォームを目指す

■ 4.6.2　コロナ禍におけるサービスの変化について

① 電子書籍の利用の変化について

■全導入館の 2019 年 4 月〜6 月と 2020 年 4 月〜6 月の閲覧数の比較

対象期間	全閲覧数
2019 年 4 月〜6 月	11,145
2020 年 4 月〜6 月	93,206

※閲覧数を単純に比較すると、ほぼ 9 倍

② コロナ禍（2020 年 2 月以降）における電子図書館サービスについての図書館からの問合せや新規採用について

・大学、学校の閉校および図書館の閉館に伴う電子図書館サービス全般に関する問い合わせ多数（利用者に対するサービス提供の可能性）

・大学、学校、図書館外からの利用方法

・緊急事態宣言下に特別なサービスの提供について

・授業内で電子図書館コンテンツを利用する際の注意点や制限について

・2020 年 4 月 1 日以降新規で導入頂いた得意先は 46 館、ほとんどが大学図書館だが、県立図書館でも 7 月に 1 館導入が決定

③電子図書館サービスについて、コロナ禍期間中（2020 年 2 月以降）に行った特別な対応（コンテンツの無償提供等）について

・通常、購入保証を設けて行っていた「5 分間全文試し読みサービス」を出版社の了解を頂いたタイトルに関して購入保証無しで提供（2020 年 5 月〜7 月末日まで）

・導入館に購入頂いているタイトルに限り出版社に了解頂いたタイトルの同時アクセスを最大 50 まで拡大（2020 年 5 月〜7 月末日まで）

④ その他、コロナ禍で生じた課題、対応について

・③で行ったサービスに想定以上の申し込みがあり、至急で電子図書館を構築する必要に迫られるお得意先が多い中で対応に追われたが、KinoDen は導入費・維持費が不要で早急な構築が可能なサービスにつき、比較的スピーディにご提供が出来た

・主に大学図書館において、キャンパスに来ることのできない図書館利用者向けのサービスとして電子書籍を新たに導入したいという申込みが非常に多かった。かつ、すぐに導入したいという要望が多く、KinoDen はクラウドサービス、初期導入費・維持費などもなく申

込手続き、初期設定が簡便で数日以内には利用者向けの WEB サイトを立ち上げることができるため、その手軽さ・スピードを多くの図書館にて評価頂いた

・KinoDen を導入予定の大学図書館において、キャンパスに来ることのできない利用者向けに自宅などからのリモートアクセスの手段がない機関が予想以上に多いことが判明した そこで、大学側でその手段が用意できない場合、KinoDen が独自に提供するリモートアクセスの仕組みを提案することでリモートアクセスが実現できたケースも多かった

・大学図書館においては、定期的に新刊書籍を見計らい展示して利用者に選書してもらうイベントを開催しているが、これがコロナ問題で実施不可になることが多く、その代替手段として KinoDen の全文試し読みサービスを活用する大学が多く見られた

会社概要

会社名	株式会社紀伊國屋書店
URL	https://www.kinokuniya.co.jp/
所在地	東京都新宿区新宿 3-17-7
設立	1946 年 1 月 16 日
資本金	36,000 千円
代表者	代表取締役会長兼社長　高井　昌史
社員数	5,000 名
連絡先	電子書籍営業部
	（メール）ict_ebook@kinokuniya.co.jp
	（電話）03-5719-2501

4.7　日本電子図書館サービス（JDLS）

■ 4.7.1　電子図書館サービスについて

① 運営主体　　　　株式会社日本電子図書館サービス
　　　　　　　　　（URL）https://www.jdls.co.jp/
② サービス名　　　LibrariE（ライブラリエ）
③ コンテンツ配信ビジネス開始年月　2015 年 4 月
④ 概要・特徴・コンセプト

・LibrariE は、公共図書館、大学・学校など教育機関の図書館、その他法人の図書館向けに電子図書館のプラットフォームを提供し、電子書籍を配信するクラウド型ト

ータルサービス

- 図書館は、購入した電子書籍の利用ライセンスに基づいて利用者への貸出を行う。電子書籍は利用者の端末にストリーミング配信される
- 電子図書館の機能としては、独自に開発した「選書オーダリングシステム」により、図書館担当者が「新着コンテンツ」や「ランキング」を参照しながらオンラインで随時、検索・選書・発注処理が行える。契約管理、予算管理の機能も備えている。利用者用ポータルのデザイン変更はフレキシブルに行え、図書館ごとの特色を反映したポータル画面を提供できる
- 図書館の独自資料のポータルとしても一体的に機能させることができる
- LibrariE のシステムはクラウドコンピューティングで構築されており、図書館内に電子書籍サーバ等の設置は不要。ネット環境があれば簡単な手続きですぐにも導入が可能なためシステム導入〜運用の労力や費用の低減が図れ、安全で安定した利用者サービスを提供できる
- 図書館向け電子書籍の利用ライセンスは、原則有期限だが、一部に無期限のものもある。有期限ライセンスは更新あるいは都度課金制（*）への移行が可能なモデル。各ライセンスは複数購入も可能
  - 公共図書館・大学・学校等幅広い利用を前提に収集しているコンテンツは、2020年8月末時点で約61,000点。順調に増加を続けており、参加出版社は120社を超えている。国内の電子図書館として質量ともに「日本語コンテンツ No.1」を謳っている
    - (*) 都度課金制：貸出の都度、少額の請求が図書館に課金されるモデル。有期限ライセンスの更新のタイミングで、都度課金への移行も可能

⑤ 沿革

2013 年 10 月：KADOKAWA、紀伊國屋書店、講談社の 3 社を株主として会社設立

2014 年 10 月：実証実験開始

2015 年 4 月：「LibrariE（ライブラリエ）」販売開始

2015 年 10 月：山中湖情報創造館で電子図書館が開館

2016 年 11 月：大日本印刷株式会社、株式会社図書館流通センターが資本参加

2017 年 12 月：導入館が 50 館に到達

2018 年 4 月：取扱いコンテンツ数 30,000 点、参加出版社が 65 社を超える

2018 年 10 月：第 20 回図書館総合展でフォーラム「広がる電子図書館　LibrariE（ライブラリエ）の最新活用法」を開催

⑥ 最近（2019 年〜）のトピック

2019 年 2 月：小学校での第 1 号導入館が開館

2019 年 3 月：導入館が 100 館に到達

2019 年 6 月：取扱いコンテンツ数が 50,000 点を超える

2019 年 11 月：第 21 回図書館総合展でフォーラム「電子図書館ライブラリエの新た
なチャレンジ」を開催

2020 年 3 月：新型コロナウィルス感染拡大に伴う図書館支援対策として、「角川つ
ばさ文庫」ほか 100 点を無料公開（約 1 か月）

2020 年 6 月：導入館が 200 館に到達

⑦ ターゲット（学校層別、企業、団体、その他）

・大学、短大、専門学校、高等学校、小・中学校、公共図書館、研究機関、企業、団
体

⑧ 取り扱いジャンル（サービス、代理販売）

・図書館向けとして許諾を受けた電子書籍（一部雑誌もあり）

・コミックは一部例外を除いて取り扱っていない

・英語コンテンツもあり

⑨ 売れ筋ジャンル（サービス、代理販売）

・文芸書・生活実用書・語学関連書・新書・児童書・就活関連本　など

⑩ 売れ筋傾向

・2017 年〜2020 年に紙本発行された比較的新しいコンテンツ、話題書、ベストセラ
ーは紙同様に売れ行き良好。旅行ガイド、生活実用書、児童書は公共図書館で、就
活関連本は大学での定番となっている。また教育機関では英語多読本の購入も多い

⑪ タイトル数、品揃え

2020 年 8 月 15 日現在で約 61,000 タイトル

図書館向けであることから「文字もの」を中心に、分野のバランスと全体的な質を意
識して収集している。また TRC-DL とのコンテンツの統合も順次進めており、同社
に多い「無期限ライセンス」にも対応可能とした。同時に従来の EPUB に加えて
PDF のコンテンツにも取り扱いを広げた

⑫ 2019 年度の新刊タイトル数

約 11,000 タイトル

⑬ 売上動向

2016 年度から販売が本格化。2 年目の 2017 年度は前年度 3 倍強となった。2018 年
度は前年度比 1.6 倍、2019 年度はやや鈍化したものの、2020 年度は政府の GIGA ス
クール構想や新型コロナウィルス感染拡大の影響もあり新規導入館数が大きく増加し
ており、前年度比 5 倍強の売上で推移している

⑭ 料金モデル・サービスプラン

・ワンコピー・ワンユーザ（当社の電子書籍の基本モデル）

・都度課金（ワンコピー・ワンユーザ契約終了時に一部タイトルで利用できる 1 年間

の再契約モデル）。貸出の都度、少額を課金
- ワンコピー・マルチユーザ（1 冊の電子書籍が同時に一定の期間、多数の利用者へ貸し出し可能となるモデル。リクエストベースでのオプションモデル）
の 3 パターンのライセンス販売
- 以上はいずれも有期限コンテンツであるが、2020 年度からは期間制限のないライセンスの販売も開始

⑮ ユーザー数（学校層別、企業、団体、その他）

2020 年 8 月 15 日現在導入館数

大学図書館　82 館

学校図書館　76 館

公共図書館　72 館

企業図書館　3 館　　　　　合計 233 館

⑯ 海外展開

- 現在のところ、未定

⑰ 利用可能台数・DRM（利用制限）ポリシー

- クラウド型電子図書館サービスで PC・スマホ・タブレットなどの WEB ブラウザだけで読書可能

⑱ 課題

- 多様なライセンス形態と利用館の館種に対応し、種々の供給方法を選択可能とする、より柔軟なシステムへの進化
- サブスクリプション販売、セット販売など、単品販売以外のメニューの提供
- 文芸系のベストセラー、英語多読コンテンツなど売れ筋タイトルの増加
- 音声読上げ可能なコンテンツの増大と、よりアクセシブルなシステムの研究開発
- 大学のネットワーク認証システムとの連携の推進
- 官公庁・企業内図書館などさまざまな図書館の需要に対応した諸対策

⑲ 将来展望

- 当面、導入館 300 館の達成を目指す
- 導入のしやすさ、使いやすさ、パフォーマンスの良さを一層向上させ、教育機関、公共図書館、団体・企業内図書館などあらゆる館種において最も選ばれる電子図書館システムを目指す
- 電子図書館サービスの普及を通じて日本の出版文化、読書文化の発展に寄与してゆく

■ 4.7.2　コロナ禍におけるサービスの変化について

① 電子書籍の利用の変化について

1）正確に把握するため 2019 年 2 月以前より導入している得意先の 2019 年 2 月-6 月と
2020 年 2 月-6 月間の閲覧回数及び貸出回数を比較

（閲覧回数）2019 年：75,474 回→2020 年：164,945 回（218.5％の伸び）

（貸出回数）2019 年：34,523 回→2020 年：66,000 回（191.2％の伸び）

新型コロナ問題以前から導入している図書館における比較であり、以前より電子書
籍の有用性を認めている図書館であっても閲覧/貸出とも大幅に伸長した

2）この間の全導入館の 1 館当たりの平均閲覧回数/貸出回数比較では、

（閲覧回数）2019 年：各 1,401 回→2020 年：各 1,840 回（131.3％の伸び）

（貸出回数）2019 年：各 638 回→2020 年：各 770 回（120.7％の伸び）

図書館の休館や開館時間の短縮の中で利用者へのサービス維持として急速に
電子書籍の需要が高まった

② コロナ禍（2020 年 2 月以降）における電子図書館サービスについての図書館からの問合
せや新規採用について

・休館状況下で読書機会の提供維持を図り電子書籍の購入を検討したい

・緊急に電子書籍を購入したいので適正な数量や予算規模を教えて欲しい

・選書を行う人も時間も少ないため「お薦め図書一覧」が欲しい

・緊急時なので一定量の購入に対して特別割引や期間延長など特別な提案が可能か

③ 電子図書館サービスについて、コロナ禍期間中（2020 年 2 月以降）に行った特別な対応
（コンテンツの無償提供等）について

・出版社の協力のもと「角川つばさ文庫等 100 点」の無償公開を実施

・新規導入館への特別価格でのコンテンツ提供

・選書作業の軽減化を図り一定分野のコンテンツをパッケージ化し特別価格で提供

④その他、コロナ禍で生じた課題、対応について

・導入館の増加に伴いシンプルな販売方法だけではない個別の要求が多くなった

・例えば期間限定の配信希望や同時多数が閲覧可能な配信方法の希望など
学校、公共図書館以外の企業図書館や各種団体等からの利用希望が増加したがコン
テンツ元の出版社では企業図書館等での利用を想定していない事が多く、配信許諾
の確認に手間がかかった

・海外の図書館からも利用の問合せがあったが、出版社からの許諾は国内配信限定が
多く、要望に応じられないケースも発生した

会社概要

　　　会社名　　　株式会社日本電子図書館サービス
　　　URL　　　　https//www.jdls.co.jp
　　　所在地　　　東京都品川区西五反田３−７−９　平澤三陽ビル９階
　　　設立　　　　2013 年 10 月 15 日
　　　資本金　　　220,000 千円
　　　代表者　　　代表取締役社長　二俣　富士雄
　　　社員数　　　7 名
　　　連絡先　　　E-mail　info@jdls.co.jp
　　　　　　　　　電話 03-6420-0826　　　　　FAX03-6420-0827

4.8 学研プラス

① 運営主体　　　　　株式会社学研プラス
　　　　　　　　　　　（URL）https://gakken-plus.co.jp/
② サービス名　　　　品川区トータル学習システム図書ライブラリー
③ コンテンツ配信ビジネス開始年月　　2017 年 7 月
④ 概要・特徴・コンセプト
・児童、生徒に人気の株式会社学研プラスが発行する書籍を、1 人 1 台のタブレット PC
　上で「探す、借りる・返す、読む」ことができる
・教科書と同じく、全員が同じ本を読むことができるので、授業や宿題、協働学習、朝読
　書など、幅広い学習が可能
・本ライブラリーでは 80 冊の読み物、学習まんが、図鑑などを配信している
・児童・生徒は 1 人 10 冊まで同時に校内のネットワークを通じて借りられる。借りた本
　はタブレット PC にダウンロードでき、自宅など校外利用もできる。また、冊数の上限
　をつけることで借りた本を読みきる習慣を促す
・電子書籍コンテンツは株式会社学研プラスが提供する配信プラットフォーム「Beyond
　Publishing」にて配信している
　　　参考：https://prtimes.jp/main/html/rd/p/000001211.000002535.html
⑤ 沿革
　2017 年 7 月：サービス開始
⑥ 最近（2017 年~）のトピック

2017 年 7 月：サービス開始

⑦ ターゲット（学校層別、企業、団体、その他）

・中学校、小学校

⑧ 取り扱いジャンル（サービス、代理販売）

・児童書（読み物、学習まんが、図鑑など）

⑨ 売れ筋ジャンル（サービス、代理販売）

同上

⑩ 売れ筋傾向

同上

⑪ タイトル数、品揃え

・80 点（2019 年 7 月現在）

⑫ 2017 年度の新刊タイトル数

なし

⑬ 売上動向

非公開

⑭ 料金モデル・サービスプラン

・料金モデル：非公開

・サービスプラン：読み放題

⑮ ユーザー数（学校層別、企業、団体、その他）

・約 2,500ID（2019 年 7 月現在）

⑯ 海外展開

・予定なし

⑰ 利用可能台数・DRM（利用制限）ポリシー

・約 2,000 台（2019 年 7 月現在）

⑱ 課題

・コンテンツ数の確保

⑲ 将来展望

・全国の小中学校の ICT 化、タブレット端末の導入にあわせた広がり

⑳ その他記載

・他の自治体への導入検討、促進をおこなっている

会社概要

会社名　　株式会社学研プラス

URL　　　https://gakken-plus.co.jp/

所在地　　　東京都品川区西五反田 2-11-8

設立　　　　2009 年 10 月

資本金　　　50,000 千円

代表者　　　影山博之

社員数　　　510 名

連絡先　　　電話 03-6431-1240

4.9　ネットアドバンス

■ 4.9.1　電子図書館サービスについて

① 運営主体　　株式会社ネットアドバンス

　　　　　　　（URL）https://japanknowledge.com/

② サービス名　ジャパンナレッジ（JapanKnowledge）

③ コンテンツ配信ビジネス開始年月

　2001 年 4 月 16 日

④ 概要・特徴・コンセプト

　・ジャパンナレッジは、インターネット上で利用できる、膨大な知識情報を収録したデータベースである。調べたい言葉を入力すると、85 以上の百科事典や辞書、叢書類を一括検索して、信頼できる知識情報を提供。検索対象コンテンツや検索条件等の絞り込み機能により、より適切な情報を得ることもできる

⑤ 沿革

　2000 年 10 月：株式会社ネットアドバンス設立

　2001 年 4 月：ジャパンナレッジ（JapanKnowledge）サービス開始

　2003 年 8 月：小学館コーパスネットワーク（SCN）サービス開始

　2004 年 9 月：JK モバイルサービス開始

　2005 年 3 月：JK セレクトシリーズ「字通」（平凡社）サービス開始

　2006 年 10 月：JK セレクトシリーズ「日本歴史地名大系」（平凡社）サービス開始

　2007 年 7 月：JK セレクトシリーズ「日国オンライン」（小学館）サービス開始

　2008 年 5 月：JK セレクトシリーズ「Web 版日本近代文学館」（八木書店）サービス開始

　2009 年 4 月：法人向け新サービス「ジャパンナレッジ・プラス（現・Lib）」サービス開始

2010 年 9 月：JK セレクトシリーズ「国史大辞典」（吉川弘文館）サービス開始

2013 年 4 月：法人向け学術電子書籍プラットフォーム「JKBooks」サービス開始

2014 年 10 月：「ジャパンナレッジ Lib」と「JKBooks」をシステム統合し横断検索が可能に

2014 年 10 月：JKBooks「群書類従（正・続・続々）」（八木書店）サービス開始

2016 年 3 月：JK セレクトシリーズ「世界大百科事典」（平凡社）サービス開始

2016 年 7 月：JKBooks「弘文荘待賈古書目」（八木書店）サービス開始

2016 年 11 月：JKBooks「人物叢書」（吉川弘文館）サービス開始

2017 年 2 月：JKBooks「週刊東洋経済デジタルアーカイブズ」（東洋経済新報社）サービス開始

2017 年 6 月：JKBooks「The ORIENTAL ECONOMIST デジタルアーカイブズ」（東洋経済新報社）サービス開始

2018 年 2 月：JK Lib 追加コンテンツ（旧・JK セレクトシリーズ　以下同）「角川古語大辞典」（KADOKAWA）サービス開始

2018 年 4 月：JK Lib 追加コンテンツ「新編国歌大観」（KADOKAWA）サービス開始

2018 年 4 月：JK Lib 追加コンテンツ「新版　角川日本地名大辞典（KADOKAWA）サービス開始

2018 年 12 月：JKBooks「鎌倉遺文」（東京堂出版）サービス開始

⑥ 最近（2019 年〜）のトピック

2019 年 1 月：「ざっさくプラス」（皓星社）検索連携サービス開始

2019 年 4 月：「新日本古典籍総合データベース」（国文学研究資料館）検索連携サービス開始

2019 年 7 月：紀伊國屋書店と販売総代理店契約締結

2019 年 8 月：JKBooks「文藝春秋アーカイブズ」（文藝春秋）サービス開始

2019 年 12 月：JKBooks「鎌倉遺文」（東京堂出版）第 2 期サービス開始

⑦ ターゲット（学校層別、企業、団体、その他）

・大学、短大、専門学校、高等学校、中学校、研究機関、団体

⑧ 取り扱いジャンル（サービス、代理販売）

・法人会員向け事典辞書検索サービス（ジャパンナレッジ Lib）

・法人会員向け学術電子書籍・データベース提供サービス（JKBooks）

・個人向け事典辞書検索サービス（ジャパンナレッジ Personarl）

⑨ 売れ筋ジャンル

大学図書館を中心に「ジャパンナレッジ Lib」を販売。契約期間数、契約規模ともに増加傾向

⑩ 売れ筋傾向

- ジャパンナレッジ Lib 追加コンテンツ「角川古語大辞典」「新編国歌大観」「新版　角川日本地名大辞典」（すべて KADOKAWA 提供）
- JKBooks「文藝春秋アーカイブズ」（文藝春秋）
- JKBooks「鎌倉遺文」（東京堂出版）

⑪ タイトル数、品揃え
- ジャパンナレッジ Lib 搭載コンテンツ：74
- JKBooks 搭載コンテンツ数：13
  ※2020 年 8 月時点

⑫ 2019 年度の新刊タイトル数
- ジャパンナレッジ Lib、JKBooks コンテンツ：12 タイトル

⑬ 売上動向
- 導入機関、契約規模ともに前年対比増

⑭ 料金モデル・サービスプラン
- ジャパンナレッジ Lib：購読（サブスクリプション）型
- 法人会員料金：年額 250,800 円（税別）～
- 入会費：入会費：15,000 円（税別／登録、初期設定費用。初回契約時のみ必要）

⑮ ユーザー数（学校層別、企業、団体、その他）
- 大学：378、公共図書館：138、中高：123、団体企業その他：29

⑯ 海外展開
- 北米、欧州の大学図書館を中心に 116 機関

⑰ 利用可能台数・DRM（利用制限）ポリシー
- 導入機関ごとのアクセス数による制限（端末制限なし）

⑱ 課題
- 利用促進
- 検索、閲覧サービス機能向上
- 他検索サービスとの連携等利便性の向上

⑲ 将来展望
- 中高向けサービスの拡充（現在、新サービス「ジャパンナレッジ School」を開発中。2021 年 4 月にサービス開始予定）

■ 4.9.2　コロナ禍におけるサービスの変化について
① 電子書籍の利用の変化について
《1 月から 7 月までの PV 数前年度比（%）》
　 1 月：116.9%

2月：109.6%

3月：118.6%

4月：96.5%

5月：160.0%

6月：174.9%

7月：186.4%

② コロナ禍（2020年2月以降）における電子図書館サービスについての図書館からの問合せや新規採用について

・未契約コンテンツを追加契約したい

・同時アクセス数を無制限にしてほしい

・利用者に学外からアクセスさせたい

・オンラインで利用説明会を開催してほしい

③ 電子図書館サービスについて、コロナ禍期間中（2020年2月以降）に行った特別な対応（コンテンツの無償提供等）について

【対象顧客：大学】同時アクセス数を一律50に設定。緊急措置として通常は推奨しない学外認証用UN/PWを発行し、学外から学内ネットワークに入る手段を持たない学校に提供（3月～7月末）

【対象顧客：中学・高校】緊急措置として通常は推奨しない学外認証用UN/PWを発行、学外から学内ネットワークに入る手段を持たない学校に提供（3月～8月末予定）

【対象顧客：個人】「在宅応援キャンペーン」を実施。6か月利用コースを設定のうえ、定価の約3割引きで提供（5月11日～6月30日）

④ その他、コロナ禍で生じた課題、対応について

・利用説明会の開催依頼が激減（オンラインミーティングの導入ならびに運用に対する備えができていないのではないかと推測）

・今後もコロナ禍が続く場合、前項であげた特別対応を継続するべきかどうか（多くの要望が寄せられているが、事業面での負担も大きい）

会社概要

　　　会社名　　株式会社ネットアドバンス

　　　所在地　　東京都千代田区神田神保町 2-30

　　　設立　　　2000年10月18日

　　　資本金　　100,000千円

　　　代表者　　相賀昌宏

　　　社員数　　20名

連絡先　　電話 03-5213-0875

4.10 EBSCO Information Services Japan

■ 4.10.1　電子図書館サービスについて

① 運営主体　　EBSCO Information Services Japan 株式会社
　　　　　（URL）http://www.ebsco.co.jp/
② サービス名　　EBSCO eBooks & Audiobooks
③ コンテンツ配信ビジネス開始年月　　2005 年 12 月
④ 概要・特徴・コンセプト
　EBSCO eBooks は、海外の主要出版社および大学出版局の電子書籍・オーディオブックを
取り扱っております。購読可能タイトルは 140 万件におよび、個別タイトルのほか、学
術・フィクション・ビジネス・医療などの分野ごとにベストセラー、新書、受賞タイトル
等をまとめたサブジェクトセット、お客様のご希望の予算と分野に合わせたカスタムパッ
ケージもご提供している。
⑤ 沿革
　2010 年 3 月：EBSCO 社　OCLC から NetLibrary を買収
　　　　　　　　販売代理店は引き続き紀伊國屋書店が担当
　2017 年 3 月末日：紀伊國屋書店との販売総代理店契約を終了
　2017 年 4 月：EBSCO eBooks の直接販売を開始
⑦ ターゲット（学校層別、企業、団体、その他）
　・大学、短大、専門学校、高等学校、中学校、小学校、研究機関、団体、その他（公共図
　　書館、医療機関）
⑧ 取り扱いジャンル（サービス、代理販売）
　・国内外で出版された電子書籍、オーディオブック
⑨ 売れ筋ジャンル（サービス、代理販売）
　・電子書籍
⑩ 売れ筋傾向
　・社会科学、自然科学分野の学術専門書から一般教養書まで引き合いは幅広い。最近で
　　は、英語学習の多読用書籍も人気がある
⑪ タイトル数、品揃え
　・国内外 1,500 以上の出版社の eBooks 140 万タイトル以上、Audiobooks　10 万タイトル

以上を販売

⑫ 2019 年の新刊タイトル数

　洋書：月約 1 万点

　和書：年間約 3,000 点

⑬ 売上動向

　・高等教育機関、研究機関を中心に順調に販売が伸びている最近では公共図書館での販売
　　実績が増えつつある

⑭ 料金モデル・サービスプラン

　・買い切り型：1user、3users、無制限アクセス

　・年間購読型：無制限アクセス（※洋書のみ）

⑮ ユーザー数（学校層別、企業、団体、その他）

　・約 400 機関（学術機関 84%、企業 7%、研究機関/政府 7%、その他 2%）

⑯ 海外展開

　・米国ボストン近郊に本社を置き、世界 30 カ国以上に支店・事務所を展開

　・EBSCO eBooks も北米を中心に欧州、アジア等世界中で導入が進んでいる

⑰ 利用可能台数・DRM（利用制限）ポリシー

　・1user、3users、無制限アクセスの購読モデル

　・サブスクリプションモデルのコレクションについては、全タイトル同時アクセス無制限

　・2018 年 5 月：DRM（デジタル著作権管理）フリーの洋書電子書籍の提供を開始。

　・EBSCO 社提供の洋書電子書籍のうち、200,000 タイトル以上について、DRM フリー版
　　の購入が可能

⑱ 課題

　・音声読み上げ機能対応

　・EPUB3 の拡張機能対応

⑲ 将来展望

　・国内出版社とのライセンス契約を更に進め、和書 eBook コンテンツのより一層の充実
　を目指す

⑳ その他記載

　・和書 eBook と洋書 eBook を一つのインターフェースで利用できることが特徴の一つ

■ 4.10.2　コロナ禍におけるサービスの変化について

① 電子書籍の利用の変化について

② コロナ禍（2020 年 2 月以降）における電子図書館サービスについての図書館からの問合
　せや新規採用について

・無料トライアルの問合せ

・自宅からアクセスできるリモートアクセス ID の問合せ

・印刷・保存といった eBook の利用条件の確認や問合せ

・個別タイトル毎の利用統計の問合せ（全文閲覧・保存数など）

・授業に使える参考書など ebook があるかどうか

・1ユーザだけでなく3ユーザ、無制限にした場合の価格の問合せ

・公共図書館は地域の休校中の小中学校の子どもへの支援に eBook 和書を使いたいといった問合せ

③ 電子図書館サービスについて、コロナ禍期間中（2020 年 2 月以降）に行った特別な対応（コンテンツの無償提供等）について

・電子書籍については、既に購入されているタイトルを期間限定で同時アクセス数 1 から無制限アクセスにアップグレード、もしくは新規にタイトルを購入された場合は同時アクセス 1 の価格で無制限アクセスライセンスをご提供するキャンペーンを行い、和書洋書含めて全ての出版社に対して EBSCO が説明と交渉を行い、数多くの出版社から無制限化の賛同を得ることができた

・EBSCOhost の全文データベースの無料トライアルの実施

・CINAHL, EconLit といった同時アクセス制限があるコンテンツに対する無制限化に取り組んだ（6 月末まで）

・新型コロナウイルス感染症支援ページの開設

https://www.ebsco.com/ja-jp/covid-19-resources#sect1

④ その他、コロナ禍で生じた課題、対応について

・今回のコロナ禍によって、人々の生活や働き方、教育現場に大きな変化が起こっている。EBSCO では提供するオンラインリソースを現在のリモート環境下でも出来る限り活用してもらえるよう各種オンライン会議ツールを一早く導入して利用してきた。その一例として、オンライン講習会、オンライン商談、オンラインユーザー会等の実施した

・今般のコロナ禍の収束にはまだまだ長い時間が必要で、このような状況下において、研究や教育を止めるわけにはいかない。今回ご紹介した取り組み以外にも、EBSCO は医療従事者、図書館とそのユーザー支援に取り組み、挑戦するため、利用者のニーズ、要望を探っていく

会社概要

会社名	EBSCO Information Services Japan 株式会社
URL	http://www.ebsco.co.jp/
所在地	東京都中野区中野 2-19-2 中野第 I OS ビル 3 階
設立	2015 年 9 月（日本法人）、1944 年（アメリカ本社）

資本金　　100 千円
代表者　　ジェームス・デビッド・ウォーカー
社員数　　20 名
連絡先　　（メール）jp-ebook@ebsco.com
　　　　　（電話）03-5342-0701

［資料 A］　　公共図書館アンケート質問と集計結果

　電子出版制作・流通協議会が、国立国会図書館、日本図書館協会の協力を得て、2020 年 6 月〜8 月に行ったアンケート調査の回答結果、回答記載項目の全文である。

　全国の自治体が設置するすべての公共図書館の中央館 1,385 館（2019 年日本図書館協会調べ）と、図書館はもっていないが電子書籍貸出サービスを実施している自治体 1 館の計 1,386 館を対象とし、メールで連絡できる 952 館、郵便 45 館（メールで連絡できない 10 万人以上の自治体と、同じくメールで連絡できない電子書籍貸出サービスを実施している自治体）計 997 館にアンケート回答の依頼を行い、回答を得た 486 館の結果を集計したものである。その他の記載については、個別の図書館名は、地方名／図書館設立自治体区別に置き換えて掲載している。

　　※　％は小数点下二桁以下を四捨五入とした

［資料 A.1］　　回答図書館のプロフィール記載

質問 1-1〜1-6、1-8　……　省略

質問 1−7　図書館所在の自治体区分について選択肢からご選択ください。

▼質問（一つ選択）　　　　　　　　　　▷集計結果（n=486）	回答数	/486
（1）都道府県図書館	38	7.8%
（2）政令市図書館	18	3.8%
（3）特別区（東京都）立図書館	12	2.5%
（4）市町村図書館	418	86.0%
合計	486	

［資料 A.2］　電子図書館サービスで導入・検討しているサービスについて

質問 2−1　「電子図書館サービス」として導入しているものがありましたら、選択肢からご選択ください。

▼質問（複数回答あり）　　　　　　　▷集計結果（n=486）	回答数	/486
（1）電子書籍貸出サービス	61	12.6%
（2）国立国会図書館　図書館向けデジタル化資料送信サービス	227	46.7%
（3）データベース提供サービス	244	50.2%
（4）デジタルアーカイブの提供	126	25.9%
（5）音楽・音声情報配信サービス	108	22.2%
（6）その他〔記載〕	42	8.6%
無回答	158	32.5%
合計	966	

※その他〔記載〕：42 件

地域	自治体	記載内容
北海道・東北	都道府県	郷土資料を PDF 化してホームページで公開
中部	都道府県	サピエ図書館
近畿	都道府県	サピエ図書館
中国・四国	都道府県	サピエのデイジー図書
北海道・東北	政令市	デジタルライブラリー（ホームページ上で、所蔵している貴重資料を公開）
近畿	政令市	電子書籍貸出サービスは試行実施です
北海道・東北	市町村	「デジタルアーカイブ」の提供
北海道・東北	市町村	マルチメディア DAISY 図書
北海道・東北	市町村	郷土資料データベースサービス
北海道・東北	市町村	震災後休館中
北海道・東北	市町村	町営有線テレビ（CATV）で放送された 38 年間の映像資料をデジタルデータ化した DVD の館内貸出サービス（平成 29 年開始）
北海道・東北	市町村	市のデジタルアーカイブ
関東	市町村	国立国会図書館デジタル化送信サービス、については、運用に向けて準備中
関東	市町村	iPad を貸出して青空文庫の閲覧が可能
関東	市町村	オンラインデータベースは茨城新聞データベースと日経テレコン 21 だが、館内での利用としている

なし（ない、利用なし、導入していない）　計 27 件

質問 2−2　電子図書館サービスで、今後導入を検討しているサービスいついて、選択肢からご選択ください（複数回答可）。
※すでに導入しているサービス（質問 2−1 で選択したサービス）は除きます

▼質問（複数回答あり）　　　　　　　▷集計結果（n=486）	回答数	/486
（1）電子書籍貸出サービス	163	33.5%
（2）国立国会図書館　図書館向けデジタル化資料送信サービス	56	11.5%
（3）データベース提供サービス	23	4.7%
（4）デジタルアーカイブの提供	51	10.5%
（5）音楽・音声情報配信サービス	18	3.7%
（6）その他〔記載〕	40	8.2%
無回答	229	47.1%
合計	580	

※その他〔記載〕：40件

地域	自治体	記載内容
中国・四国	都道府県	放送ライブラリー公開番組ストリーミングサービス
中国・四国	都道府県	ディスカバリーサービス
北海道・東北	都道府県	次回システム更新（令和6年度）に向けて導入や改修を要する部分を検討していく
中部	都道府県	電子書籍貸出サービスについては、次期図書館電算システム更新（R3.12）に合わせ、導入するかどうか協議を始めたところである
九州・沖縄	政令市	障害者向け電子書籍等提供
近畿	政令市	電子書籍貸出サービスの本格実施を予定しています
中部	市町村	現行法規の電子資料閲覧
北海道・東北	市町村	これから検討
中国・四国	市町村	放送ライブラリー
中部	市町村	デジタルアーカイブのコンテンツ追加
中部	市町村	システム更新に合わせて検討。
近畿	市町村	郷土資料の整理を進める過程で、今後どのような提供方法があるのかの選択肢のひとつとしてデジタルアーカイブを視野に入れている
中国・四国	市町村	電子書籍貸出サービスは大いに関心があるところであるが、具体的な検討に至っていない
関東	市町村	「dマガジンforBiz」サービス・ADEAC（アデアック）導入検討中
関東	市町村	現時点では、既に導入している電子書籍サービス以外には特になし

特になし（検討していない、該当なし、ない　等）計25件

［資料A.3］　「電子書籍貸出サービス」について

質問3-1　貴館の、「電子書籍貸出サービス」の今後の予定について、選択肢からご選択ください（一つ選択）。

▼質問（一つ選択）　　　　　　　　　　　　▷集計結果（n=486）	回答数	/486
（1）電子書籍貸出サービスを実施する予定が具体的にある	13	2.7%
（2）電子書籍貸出サービスの実施を検討中（まだ具体的でない）	176	36.2%
（3）電子書籍貸出サービスを実施する予定はない	205	42.2%
（4）その他（記載）	17	3.5%
無回答	75	15.4%
合計	486	

※その他〔記載〕：17件

地域	自治体	記載内容
北海道・東北	都道府県	導入の可否も含めて、今後検討予定
中部	都道府県	次期図書館電算システム（R3.12）に合わせ、導入するかどうか協議を始めたところである
近畿	都道府県	現時点では導入するとの結論に至らないが、引き続き業界動向等の情報収集を行う
北海道・東北	市町村	現在は導入の予定はないが，今後検討する必要があると考えている
北海道・東北	市町村	館内で話題にはなっているが，まだ検討段階には至っていない
北海道・東北	市町村	震災後休館中
北海道・東北	市町村	電子書籍について調査・研究を進める予定
関東	市町村	導入を研究していく必要があると考えている
関東	市町村	特になし
中部	市町村	長期的な計画として検討するため、現在情報を収集中
中部	市町村	以前電子書籍貸出サービスを導入していた

中部	市町村	希望はあるが、小さな村なので、予算の優先順位が高いほうから通過すると、図書館希望ものは、後回しになる
近畿	市町村	今後導入するサービスの選択肢のひとつとして視野に入れている。
中国・四国	市町村	内容を調査中
中国・四国	市町村	合築先の県立図書館が実施
中国・四国	市町村	将来的には導入の流れとなるだろうが、現時点では情報収集の段階
九州・沖縄	市町村	検討したが導入に至らなかった

［資料 A.4］　「公共図書館における新型コロナ問題の対応」について

質問 4-1　新型コロナ感染症対策問題（以下、新型コロナ問題）で、全国に「緊急事態宣言」が発令された 4 月 7 日以降、貴館において図書館施設面ではどのような対応をとられましたか、選択肢からご選択ください　（複数選択可）。

▼質問（複数回答あり）　　　　　　　　▷集計結果（n=486）	回答数	/486
（1）　図書館施設全面休館	397	81.7%
（2）　図書館施設一部開館	197	40.5%
（3）　図書館施設通常開館	32	6.6%
（4）　その他、自由にご記入ください	94	19.3%
無回答	1	0.2%
合計	721	

※その他〔記載〕：94 件

地域	自治体	記載内容
北海道・東北	都道府県	臨時休館は 4/19～5/15（この間、Web サービス等、窓口サービス以外は実施）
関東	都道府県	3/9～5/25 まで全面臨時休館。5/26 以後、一部開館とした。
関東	都道府県	臨時窓口によるサービスの提供（3 月 4 日～4 月 11 日、5 月 27 日～6 月 8 日
関東	都道府県	4/8～5/31 全面閉館
関東	都道府県	（2）は 4 月 7 日のみ実施
中部	都道府県	特設窓口にて予約資料の貸出及び利用カードの発行
中部	都道府県	当館は、「緊急事態宣言」が全国規模に拡大された 4 月 16 日以降に対応を行った。
近畿	都道府県	サービスを縮小して全面開館
中国・四国	都道府県	2020 年 4 月 9 日に県内新規感染者が 10 名となり、翌 10 日 18 時から全面閉館を実施
中国・四国	都道府県	大型連休中は部分開館とし、入館はカウンターまで、閲覧フロアへの入室を制限した
関東	政令市	4/7～4/10…（2）、4/11～5/26…（1）、5/27 以降はサービス制限を徐々に解除
関東	政令市	3/2~4/7 一部開館、4/8~5/25 全面閉館、5/26~5/31 一部開館、6/1~全面開館（ただし、間引きやイベント自粛を行っている。7/1 対面朗読再開、7/22 幼児小学生おはなし会再開予定）
中部	政令市	一部開館期間は、閲覧室の入室を不可とし、予約資料の貸出のみを実施
中部	政令市	［補足説明］4/22～5/17 全面閉館、5/18～5/31 段階的に再開（一部閉鎖スペースあり）
中部	市町村	7 月 1 日現在、段階的に開館を再開中。
北海道・東北	市町村	対策しながら通常開館、ゴールデンウィーク期間のみ臨時窓口開設
北海道・東北	市町村	閲覧室の利用休止、新聞コーナー・児童コーナーの長時間利用制限の制限

		をかけながら通常開館
北海道・東北	市町村	館内施設の一部利用制限。閉館は 4/21 から 5/13
北海道・東北	市町村	4月末～5月は臨時休館・開館時間の短縮。6月より通常開館。
北海道・東北	市町村	一時的に臨時休館、学習スペースの利用制限
北海道・東北	市町村	4月23日~休館措置　5/13~予約本の受取のみ可能な特設窓口を設置／館内に入館できないため、図書館員が選んだセット「りぶらんセット」を用意
北海道・東北	市町村	震災後休館中
北海道・東北	市町村	4月22日～5月18日まで臨時休館。※5月11日～15日は館外の特設スペースで予約本の貸出サービスを行った。5月19日～31日まで図書館の貸出・返却サービスを行い、館内閲覧を制限した。
北海道・東北	市町村	4月22日から5月18日は休館。うち5月9日から5月17日は予約貸出サービスを実施。なお、4月18日から4月21日までは貸出冊数・貸出期間拡大の措置を取った
北海道・東北	市町村	web や電話により予約された本のみの貸出
関東	市町村	3月30日よりすでに全面閉館
関東	市町村	4月1日から休館、4月24日から予約の受付けと貸出し、5月25日から一部サービスを制限して開館、7月1日から全面開館
関東	市町村	近隣市町村に感染者が確認されたため，3/29～全面休館となった
関東	市町村	4月18日から5月15日まで全館休館、5月16日から5月31日まで施設一部開館、6月1日から現在まで施設通常開館
関東	市町村	4/15~5/31　全面閉館
関東	市町村	館内利用制限→予約貸出のみ→全面閉館と段階的に閉館した。
関東	市町村	ほぼ通常開館（座席数、利用時間等、一部運用方法を変更）
関東	市町村	一時期全面休館し、その後、段階的に開館
関東	市町村	館内の空調設備等改修工事のため、元々4月1日から5月31日まで臨時休館の予定だった
関東	市町村	予約資料の館外での受け渡しのみ実施
関東	市町村	4月17日までは対応時間短縮等、一部開館していたが、18日からは完全閉館となった
関東	市町村	2020年7月15日現在、一部施設閉鎖中（ホール等）
関東	市町村	臨時休館中、臨時窓口を設置し、予約取置資料のみ提供
関東	市町村	3月4日～4月8日部分会館、4月9日～6月8日完全会館、6月9日～6月30日部分開館、7月1日～閲覧席数減の形で完全会館
関東	市町村	特設窓口にて予約貸出のみ実施（4月10日（金）まで。4月11日（土）から全面閉館。）
関東	市町村	現状は、通常開館しているが、夜間開館の未実施、閲覧席を7割程度のみ利用可、イベント・催しは中止としている
関東	市町村	5月27日からカウンターでの予約資料の貸出等一部サービスを再開し，館内の利用は6月9日から再開しました
関東	市町村	4/14-5/25　図書館施設全面閉館
関東	市町村	4月9日から施設は全面閉館　4/11までに予約済み資料の貸出を臨時窓口にて5月8日まで実施
関東	市町村	3月5日～4月10日一部開館、4月11日～6月2日前面閉館、6月3日～8月3日一部開館
関東	市町村	学習スペースは再開しておりません
関東	市町村	4/13から一部サービス再休止・4/20から5/17まで図書館施設全面閉館
中部	市町村	4月4日より一部休館、18日より全面休館、5月1日よりインターネット予約の本の受け取り可
中部	市町村	3月2日～3月31日閉館、4月1日以降図書館施設一部開館
中部	市町村	制限付き開館・予約貸出のみ対応・臨時窓口の設置・居住地制限など、感染状況に応じ、その都度対応

中部	市町村	全面閉館 4/20～5/9　休館（臨時窓口設置）5/10～24　制限付開館 5/25～現在
中部	市町村	予約資料の貸出、web サービス、電話相談は受付
中部	市町村	一部サービス停止　貸出冊数・期間の拡大
中部	市町村	4月7日以降は、一部開館だったが、市内で感染者が確認された後で全面閉館とした
中部	市町村	4月21日から5月11日まで臨時休館とし、来館者が館内に入ることを禁止し、予約の受付を停止しました。ただ、ブックポストの開放、休館前に準備できていた予約資料の受け渡し（呼び鈴を設置し、玄関で対応）は行いました
中部	市町村	一部開館について、4/18～5/17（入館制限、予約受取可、臨時窓口設置）
中部	市町村	3月中に2週間（3/4-3/19）閉館。4月7日以降は、GW 後半（5/2-5/6）を除き通常開館
中部	市町村	4/11～5/15まで臨時休館。予約資料のみ午前午後1時間ずつ受け取り時間を設け貸出
中部	市町村	館内への入館を、Web 予約貸出を実施
中部	市町村	4月19日から5月15日まで閉館　インターネット予約による入口での貸出は実施
中部	市町村	予約制貸出のみ実施
中部	市町村	4/10～5/31　滞在時間を30分までに制限
中部	市町村	予約資料の貸し出しのみ実施
中部	市町村	44/14～5/24　学習室のみ小・中・高校生のために開館
近畿	市町村	（2）において、予約資料の貸出・資料の返却を行った
近畿	市町村	令和元年度に大規模改修工事を実施し5月が開館予定であったため、緊急事態宣言に関係なく休館していた
近畿	市町村	点字・録音資料の郵送貸出、mail 等のレファレンス対応
近畿	市町村	施設は閉館しながら、事務所の窓口より予約本受け渡しサービスのみ継続して行った
近畿	市町村	閉館前は、閲覧積善撤去のうえ開館（現在も一部撤去）
近畿	市町村	館としては“閉館”という体裁を取り、玄関先で感染防止対策を取りながら一部サービスの提供を行っていた
近畿	市町村	閉館したが予約資料の貸し出しは実施
近畿	市町村	3月2日～5月18日臨時休館
近畿	市町村	館は閉館し、入口外で予約本を提供
近畿	市町村	一部制限を設けて開館（予約貸出のみ実施）
近畿	市町村	3/2～6/1まで休館。ただし 4/1～4/19，5/19～6/1 の期間事前申込による臨時窓口での貸出実施
近畿	市町村	4/9 から全面閉館だったが、5/23 から5/31 までは、一部開館として予約確保本のみの貸出を実施。その後、6/1 から一部制限付きの通常開館とした
近畿	市町村	玄関入り口付近にて予約本の貸出と返却図書の受け取りのみをおこなった。
近畿	市町村	閲覧席撤去・AV ブース・学習室・インターネット専用端末使用禁止・返却ポスト 24 時間開放
近畿	市町村	貸出返却のみで、利用者の滞在はできませんでした
中国・四国	市町村	予約資料の貸し出しのみ実施
中国・四国	市町村	通常開館　通常貸出、閲覧時間への制限あり
中国・四国	市町村	飛沫防止対策、座席数の削減と滞在時間規制、行事の中止
中国・四国	市町村	入館は不可。ただし、予約貸出サービスと返却、電話・インターネットによる予約サービスを行い、返却資料は返却ポスト、予約資料の貸出は玄関先で対応
中国・四国	市町村	4.29～5.11まで臨時休館　5.12日より貸出返却のみの業務
中国・四国	市町村	3月からサービスを一部制限して開館。4/25～5/6 の期間は臨時休館

中国・四国	市町村	4/9 に県内感染者が 10 名に達し、4/10 の 18 時から全面閉館
中国・四国	市町村	（～5 月 6 日）予約による貸出に限定。（5 月 7 日～）来館しての図書貸出・返却、館内閲覧の禁止。（5 月 16 日～）館内閲覧制限の一部解除。（6 月 1 日）館内閲覧制限の緩和。（継続）入館時の手指の消毒、マスク着用、長時間の利用を控える、定期的な換気の実施
中国・四国	市町村	予約資料のみ貸出。館内閲覧不可
中国・四国	市町村	4 月 21 日から 5 月 14 日は全面閉館、それ以外は通常通り
九州・沖縄	市町村	令和 2 年秋に複合型防災・地域交流施設内に図書館を開館するため、Q17 まで該当なし
九州・沖縄	市町村	開館はしたが、貸出・返却のみの対応
九州・沖縄	市町村	座席数を減らす。マスク着用。手指消毒。換気のためのドア開放。以上 4 点のみ継続中
九州・沖縄	市町村	本館は全面閉館、移動図書館車のみ 4 月 10 日まで巡回

質問 4－2 図書館施設の休館（一部含む）した図書館について、期間はどれくらいでしたか、選択肢からご選択ください（一つ選択）。

▼質問（複数回答あり）　　　　　　　　▷集計結果（n=486）	回答数	/486
（1）　2 週間未満	22	4.5%
（2）　2 週間から 1 ヶ月	108	22.2%
（3）　1 ヶ月以上 2 ヶ月未満	207	42.6%
（4）　2 ヶ月以上	133	27.4%
（5）　その他、自由にご記入ください	34	7.0%
無回答	8	1.6%
合計	512	

※その他〔記載〕：34 件

地域	自治体	記載内容
関東	都道府県	2 月 29 日～5 月 31 日
関東	都道府県	緊急事態宣言期間外も含めると 3 か月以上
関東	政令市	4/11～5/26 の完全に閉館していた時期について回答しています。
中部	政令市	［補足説明］4/22～5/17 全面閉館の期間のみを回答（段階的再開期間は含まず）
北海道・東北	市町村	3/5 ～ 3/31: 27 日、 4/18 ～ 5/31: 44 日、計 71 日
北海道・東北	市町村	4／22（水）から 5／19（火）まで休館
北海道・東北	市町村	4/7 以降であれば約 1 ヵ月間、それ以前の対応も含むと約 2 ヵ月間
北海道・東北	市町村	休館期間：2/29～3/31・4/15～5/27
北海道・東北	市町村	震災後休館中
関東	市町村	3 月 6 日から 5 月 28 日まで休館した。
関東	市町村	下記のとおりとなります。 3/2～4/7：臨時休館（予約資料の貸出、予約受付、資料返却のみ実施）　4/8 ～5/27：全面休館　5/28～6/8：臨時休館（予約資料の貸出、予約受付、資料返却、新規登録のみ実施）　6/9～：一部制限付きで開館
関東	市町村	館内の空調設備等改修工事のため、元々 4 月 1 日から 5 月 31 日まで臨時休館の予定だった
関東	市町村	休館期間 3/9-5/25
関東	市町村	前面閉館は（3）、一部閉館貴館を含むと（4）
関東	市町村	非常事態宣言後、1 ヶ月半程度全面休館し、その後予約・返却等一部サービスのみの提供を経て、概ね 2 ヶ月後から利用制限付きで再開している
中部	市町村	3/2～4/3 臨時休館（一部サービス有）、4/4～5/31　完全休館
中部	市町村	4/18～5/18
中部	市町村	4/6～5/18

中部	市町村	GW後半（5/2-5/6）のみ
中部	市町村	サービス全てを停止したのは4/11～5/25の間
中部	市町村	新型コロナの影響による閉館はしていない
近畿	市町村	3月2日～5月18日臨時休館のため、全体としては（4）2ヶ月以上、4月7日以降の期間としては（3）1ヶ月以上2ヶ月未満
近畿	市町村	4月18日～5月19日
近畿	市町村	5月1日にリニューアルオープン予定であったが、日程を変更し5月30日にリニューアルオープンした
近畿	市町村	約3ヶ月間は上記の状態でした
近畿	市町村	令和2年3月4日～5月18日まで臨時休館。5月20日以降は段階的にサービス拡大。現在も会議室・ホール・学習スペースの利用は制限を設けている
中国・四国	市町村	1か月※（2）（3）どちらで回答すべきか不明
中国・四国	市町村	3月3日から6月1日まで臨時休館
中国・四国	市町村	通算2度にわたる臨時休館のトータル休館日数
九州・沖縄	市町村	3/2～3/31、4/8～5/24　二度にわたり休館いたしました
九州・沖縄	市町村	緊急事態宣言発令時は開館したが、本町で感染者が確認された際に約3週間閉館した
九州・沖縄	市町村	閉館していない
九州・沖縄	市町村	連続ではなくトータルで2ヶ月以上

質問4-3 新型コロナ問題で、全国に「緊急事態宣言」が発令された4月7日以降の図書館休館（一部含む）した期間中における図書館職員の対応について、選択肢からご選択ください（複数選択可）。

▼質問（複数回答あり）	▷集計結果（n=486）	回答数	/486
（1）全図書館職員について非出勤		0	0.0%
（2）図書館職員について交代出勤		160	32.9%
（3）一部職員以外は非出勤		30	6.2%
（4）職員通常出勤		285	58.6%
（5）その他、自由にご記入ください		99	20.4%
無回答		8	1.7%
	合計	582	

※その他〔記載〕：99件

地域	自治体	記載内容
関東	都道府県	2月29日～5月31日
北海道・東北	都道府県	4月下旬～5月上旬にかけて一部職員がテレワークを実施
関東	都道府県	4/17から約1か月間は交代制とし在宅勤務を併用。その後、通常出勤とした
関東	都道府県	一部の職員のみ交代で在宅勤務を行い、それ以外の職員は通常出勤
関東	都道府県	休館中もサービス部門は遅番、土日勤務有。非出勤＝テレワーク、テレワーク率8割目標
関東	都道府県	業務上可能な最小人数による出勤で、その他の職員はテレワークを実施
中部	都道府県	当館は、「緊急事態宣言」が全国規模に拡大された4月16日以降に対応を行った
近畿	都道府県	府職員については在宅勤務の導入による交代出勤、時差勤務によって対策を行った。委託業者については出勤人数を減らすことで対策を行った
近畿	都道府県	約1か月間各課1名ずつテレワークの実施
中国・四国	都道府県	シフト職場であり、普段から全職員が出勤することがほぼないため
九州・沖縄	都道府県	在宅勤務等を活用しながら、出勤する職員数を調整
北海道・東北	政令市	週1日程度在宅勤務
関東	政令市	保健所への動員、在宅勤務、サテライトオフィス
近畿	政令市	有給休暇取得・テレワーク（在宅勤務）制度による減数出勤

中国・四国	政令市	基本通常出勤であるが、時差出勤等を取り入れた
関東	特別区	4/13~5/22 の間、交代出勤を実施
関東	特別区	通常出勤で、一部在宅勤務を取り入れた
北海道・東北	市町村	1 週間程度交代で出勤（自宅勤務）
北海道・東北	市町村	5 月 3 日～6 日は 1 人ずつ出勤
北海道・東北	市町村	完全閉館期間は，職員がローテーションで在宅勤務を実施
北海道・東北	市町村	遅番勤務なし
北海道・東北	市町村	通常開館時、土日のみ勤務の職員は非出勤としました
関東	市町村	はじめは通常務だったが、4 月 13 日から 5 月 24 日まで 2 交代勤務
関東	市町村	一部期間、半数勤務とした
関東	市町村	一部職員による在宅勤務、時差出勤
関東	市町村	会計年度任用職員は交代出勤
関東	市町村	館内での分散勤務
関東	市町村	休館中は時差出勤なしで交代勤務
関東	市町村	勤務時間をずらして職員出勤
関東	市町村	交代勤務期間 4/21-4/30
関東	市町村	出勤は必要最小限とし、残りは在宅勤務とした
関東	市町村	図書館内で執務スペースを分散
関東	市町村	正規・嘱託職員は通常出勤。臨時職員は状況に応じて出勤
関東	市町村	正規職員のみ一部期間は 2 班に分かれ交互に在宅ワークを行い、その後は一定の職員の勤務地の分散を実施
関東	市町村	正規職員は通常勤務及び分散勤務、会計年度任用職員は出勤予定日の半分程度を休業とした
関東	市町村	正職員のみ通常勤務で職場内で場所を離して業務を行った
関東	市町村	正職員は全員通常出勤、会計年度任用職員は交代勤務で週 1～3 回程度出勤
関東	市町村	責任者以外は自宅待機
関東	市町村	全館休館期間のみテレワークを組み込み交代出勤を行いました
関東	市町村	蔵書点検を前倒しで行った。閉架資料の整理を行った
関東	市町村	直営図書館 4 月 14 日から 5 月 18 日の期間交代勤務、指定管理図書館 4 月 11 日から 6 月 1 日の期間交代勤務
関東	市町村	通勤に公共交通機関を利用している職員については、出勤時間をずらした（全庁的な対応）
中部	市町村	4 月 7 日以降開館していたため、職員通常出勤
中部	市町村	パートタイム勤務職員は勤務時間を業務並びに個人の環境により調整
中部	市町村	基本は通常出勤、一部在宅ワークなども実施
中部	市町村	勤務時間短縮（在宅勤務）、一部職員特別休暇
中部	市町村	司書による市内小中学校の巡回訪問は中止した
中部	市町村	事務所職員は通常出勤。カウンタースタッフは、交代で電話対応等のため出勤し、その他は在宅勤務
中部	市町村	時差出勤、在宅勤務
中部	市町村	自宅で入力作業等
中部	市町村	週 1 日、在宅勤務日を導入
中部	市町村	出勤日数・勤務時間数は通常通りだったが、勤務時間調整をした
中部	市町村	職員の非出勤はないが、平日出勤（土日祝日休み）とした
中部	市町村	職員通常出勤・分散勤務
中部	市町村	図書館職員のうち、日々雇用職員については、出勤数を減らした
中部	市町村	全面閉館中は図書館職員について交代で在宅勤務あり
中部	市町村	蔵書点検や棚の移動などを行った
中部	市町村	臨時職員については、交代出勤

近畿	市町村	テレワーク、時差出勤、週休日の振替、臨時休暇等の制度を活用
近畿	市町村	一日を前半と後半とにグループ分けし出勤した
近畿	市町村	一部期間、図書館の職員全体を 2 班体制とし、半数を現場出勤、公休以外の職員は在宅勤務とした
近畿	市町村	一部職員以外は通常出勤
近畿	市町村	可能な範囲で在宅ワーク、年休取得
近畿	市町村	基本的に、職員一人一人の 1 週間の総勤務時間を変更せず、分散して出勤
近畿	市町村	希望者は在宅勤務
近畿	市町村	期間中、一部期間のみ交代勤務
近畿	市町村	休館中の利用者対応に支障のない担当部署の一部の職員は、テレワーク・時差出勤を実施
近畿	市町村	交代で在宅勤務を実施
近畿	市町村	時間差出勤と出勤日のシフト組替によって職員の人数が密にならないよう調整
近畿	市町村	時差出勤と有休取得の奨励
近畿	市町村	毎月曜日の休館日でもできる作業等があれば、一部シフト変更を行いこの日に出勤し、全職員通常出勤日数をこなした
近畿	市町村	密にならないように作業場所を分散して勤務した
中国・四国	市町村	1 日程度有休休暇取得
中国・四国	市町村	ただし、開館時間短縮及び閉館中の夜間パート職員は非出勤
中国・四国	市町村	パート臨時職員は非出勤の時期あり
中国・四国	市町村	勤務シフトの変更並びに勤務時間の変更を行った。
中国・四国	市町村	通常出勤だったが、「通常」がそもそも交代出勤（シフト制）
中国・四国	市町村	土・日・祝日の出勤人数は最小限とし、出勤中も職員は密にならぬよう、作業場所を分散して業務を行った
九州・沖縄	市町村	4 月 21 日より図書館職員について交代出勤と在宅勤務
九州・沖縄	市町村	一時期、在宅勤務や別室勤務あり。それ以外の期間は全職員通常勤務
九州・沖縄	市町村	市の方針に沿って、在宅勤務や年休取得、勤務日変更等により通常の 5 割未満の出勤者数とした
九州・沖縄	市町村	出勤日数・時間を若干減らしたが、ほぼ通常の人数で勤務
九州・沖縄	市町村	閉館機関の一部期間を全職員非出勤とし、他の日は全職員通常出勤

在宅勤務（テレワーク）の実施　17 件

質問 4-4　新型コロナ問題で図書館が休館（一部含む）した期間中における、資料の貸出で行ったことについて、選択肢からご選択ください（※電子書籍貸出サービス以外）（複数選択可）。

▼質問（複数回答あり）　　　　　　　　　　▷集計結果（n=486）	回答数	/486
（1）　資料の貸出受付の実施（電話・Web での受付）	218	44.9%
（2）　資料の窓口での貸出サービスの実施（事前申込必要）	153	31.5%
（3）　資料の窓口での貸出サービスの実施（事前申込不要）	75	15.4%
（4）　資料の郵送貸出・返却の実施	54	11.1%
（5）　資料の貸出期間の延長	342	70.4%
（6）　その他、自由にご記入ください	164	33.7%
無回答	33	6.8%
合計	1,039	

※その他〔記載〕：164 件

地域	自治体	記載内容
北海道・東北	都道府県	高校生以下、貸出冊数を増冊
関東	都道府県	4 月 7 日以降の対応について回答した。（1）は予約受付の実施として回答　（3）は 4 月 7 日のみ実施　（5）はシステム上の変更はしていないが、事実上実施（返却期限を過ぎても延滞扱いとしなかった）
関東	都道府県	個人貸し出しはおこなっていない
関東	都道府県	全面休館中は貸出中止。ただし、5/19 からは予約資料に限定して、図書館玄関での貸出サービスを実施。5/26 から事前予約制の一部開館とし、カウンターでの貸出返却を再開した。以後、状況をみて段階的に予約不要にするなどサービスの拡充を図っている
関東	都道府県	臨時休館となる前日の 2020 年 4 月 17 日（金）までに予約があった資料の貸出サービスの実施。臨時休館中の事前申込は受け付けなかった
中部	都道府県	（2）の窓口での貸出は、閲覧室内の窓口ではなく、図書館入口に特設カウンターを設置して行った
近畿	都道府県	資料の延長回数の増加
近畿	都道府県	障害者向け郵送貸出
近畿	都道府県	予約資料の専用窓口での貸出、電話での予約・リクエスト受付、WEB での予約受付、電話・WEB・文書でのレファレンス受付・回答
中国・四国	都道府県	段階的にサービスを変更したため（2）（3）両方が該当
中国・四国	都道府県	来館が困難な方への郵送貸出し
中国・四国	都道府県	臨時休館期間の途中から、予約資料郵送貸出サービスを実施した。また、障害者に対する宅配貸出サービス（返却を含む）は休館中も継続実施した
九州・沖縄	都道府県	（1）については、自動貸出機による貸出を実施
北海道・東北	政令市	予約資料の取置期限の延長
関東	政令市	（1）（3）については予約本の受渡期間中にのみ実施。完全に閉館してからは中止
関東	政令市	学校等への団体貸出
関東	政令市	閉館前に予約された資料の貸出
中部	政令市	（4）は障害者向けサービス
近畿	政令市	貸出カード発行事前申請の受付（Web で）
中国・四国	政令市	※（2）は電話申込で用意した資料の貸出として記述。書棚から選ぶ形の貸出の意であれば×
九州・沖縄	政令市	（2）は、5/16〜5/24（5/26 開館）
関東	特別区	資料の郵送（貸出のみ）
関東	特別区	新型コロナウイルス感染拡大の中、図書館再開館後も、期間に猶予を設けての返却期限設定を行い、図書館資料の返却のために無理に外出しなくて良いようにした
関東	特別区	予約した児童書の宅配サービス（区内在住者のみ）
関東	特別区	予約受取待資料の貸出
北海道・東北	市町村	学校の登校日に合わせた団体貸出
北海道・東北	市町村	玄関先での資料の受け渡し、新刊の一部を玄関先に並べた。移動図書館による個人宅への宅配や貸出を行った
北海道・東北	市町村	資料の貸出は中止した
北海道・東北	市町村	資料の宅配サービスの実施
北海道・東北	市町村	職員による資料の配送サービスの実施
北海道・東北	市町村	震災後休止中である
北海道・東北	市町村	貸出冊数の増冊
北海道・東北	市町村	貸出冊数制限の倍増
北海道・東北	市町村	宅配サービス（希望の資料を電話等で受け付け、自宅に届ける）
北海道・東北	市町村	団体貸出
北海道・東北	市町村	返却 BOX への返却のみ受付
北海道・東北	市町村	本を数冊セットにして袋にまとめ、記名式で貸出。予約本受取口に設置し職員と接触せずに利用できるようにした
北海道・東北	市町村	予約した本の受け取り日時当の事前申し込みは不要
北海道・東北	市町村	予約資料（事前申込）に限り館外の特設スペースで貸出サービスを行った。

北海道・東北	市町村	予約資料のみ、事前連絡して受取日時を調整して、玄関先での貸出サービス実施
北海道・東北	市町村	予約資料のみの受け渡し（貸出）
北海道・東北	市町村	予約資料の取り置き期限の延長
北海道・東北	市町村	予約資料の窓口での貸出サービスの実施（来館予約は不要）
関東	市町村	（1）はWebのみ、（2）は館外に特設窓口を設置し、1週間の期間限定で2回実施
関東	市町村	（1）は予約資料のみ受取可、（4）は返却のみ
関東	市町村	（4）については障害者のみに実施。その他、Webでの予約入力は止めずに実施。返却ポストでの返却は可能とした。
関東	市町村	5月20日から6月1日の期間、休館前に予約した資料の貸し出しを実施
関東	市町村	6月9日～現在に至るまで、貸出冊数を無制限に変更している
関東	市町村	Q12回答参照　5月20日から予約資料のみ貸出実施
関東	市町村	Web・電話でのリクエスト・予約の受付
関東	市町村	エントランスホールにおいて予約資料の貸出を実施
関東	市町村	ドライブスルー貸出の実施（電話・Webで事前申込）
関東	市町村	一部開館中は予約資料のみ貸出
関東	市町村	一部期間、予約資料のみ貸出（事前申し込み不要）
関東	市町村	完全閉館までの期間は（1）を実施、完全閉館後は電子書籍貸出サービス以外の全てのサービスを停止した
関東	市町村	既予約取置資料の取置期間延長
関東	市町村	休館前に予約の入っていた資料を開館一週間前より優先的に貸出
関東	市町村	緊急事態宣言発令期間は完全閉館し、全サービスを停止
関東	市町村	現在、開館時間1時間短縮。レファレンス室及び閲覧室の座席を間引いて座席指定で利用。閲覧用パソコン利用の1台削減
関東	市町村	事前申込者へ館内入り口付近において資料の貸出を日時指定で行った
関東	市町村	全面休館中は全てのサービス停止。再開後（一部）は貸出返却は通常通り
関東	市町村	全面閉館中以外は予約、リクエストの受付と予約取り置き本の貸出と返却のみ行う
関東	市町村	中央館の特設窓口で予約資料の貸出実施（休館期間中の最終週のみ）
関東	市町村	通常窓口とは異なる特設窓口で予約資料の貸出を行った
関東	市町村	電話・FAX・Webでの予約受付、市内各図書館図書室への回送
関東	市町村	電話・Web等で事前予約された本の受け渡しや貸出期間延長のみ実施。図書・雑誌・新聞の閲覧サービスや各種イベントは休止
関東	市町村	閉館以前に予約済みの資料のみ受け渡し
関東	市町村	閉館中（1か月）は実施なし。その前後の一部閉館中は、資料の窓口での貸出サービスの実施（事前申込要）
関東	市町村	予約されている資料の受取期間の延長を行った
関東	市町村	予約資料の館外での受け渡し
関東	市町村	予約資料取り置き期間の延長
関東	市町村	予約貸出をする検討をしていたが，茨城県からの外出自粛要請により中止となった
関東	市町村	予約本のみ貸出
関東	市町村	利用時間などを制限、段階的に実施
関東	市町村	臨時休館前に予約をされていた資料の貸出
関東	市町村	臨時窓口を開設して、すでに予約受付してあった資料の貸出
関東	市町村	臨時閉館前に予約された本の貸出
中部	市町村	一部閉館中は電話・Webでの予約受付、予約資料の貸出、返却資料の再貸出等にサービス限定
中部	市町村	外でドライブスルー貸出
中部	市町村	資料のブックポスト返却実施（通常時、資料の窓口貸出時未使用ブックポストの返却実施含む。）
中部	市町村	資料の貸出を1日3回、時間を区切り実施した。貸出資料の督促業務を一時中止した
中部	市町村	資料の郵送貸出・返却は実施していましたが、利用はありませんでした
中部	市町村	資料の予約受付（Webのみ）、予約された資料の窓口での貸出サービス

中部	市町村	児童対象に電話で予約受付、配送
中部	市町村	障害者に対する宅配サービスのみ実施
中部	市町村	職員が選書したお楽しみセットを用意し、予約なしでも時間をかけずに借りてもらえるようにした
中部	市町村	図書館休館前に受け付けた予約資料についてのみ、図書館入口で貸出を行いました
中部	市町村	図書館入口前での予約資料の貸出しサービス（日時指定）
中部	市町村	貸し出し期間の延長は、お一人お一人にはしなかったが、返却が伸びても返却のお知らせなど積極的にはしないで、無人返却口に自由に返却していただいた
中部	市町村	閉館以前の予約資料のみ貸出
中部	市町村	予約資料の確保期限延長
中部	市町村	予約資料の貸出受付。ブックポストでの返却受付。予約可能冊数の増
中部	市町村	臨時窓口の設置
近畿	市町村	（5）臨時休館期間中にあたる返却日をすべて、再開後（6/1）から2週間後とした。また、予約資料については取置期限をすべて、再開後（6/1）から1週間後とした
近畿	市町村	緊急事態宣言が延長となるまでは、予約の受付・通常実施している障がい者を対象とする宅配サービスは継続実施
近畿	市町村	3月25日〜4月15日の晴天時、屋外で貸出を実施
近畿	市町村	おすすめ本セット・本の福袋の貸出
近畿	市町村	完全休館中は貸出、予約受付は停止し、返却ポストを通じての返却のみ受け付けました
近畿	市町村	館の入口外で予約本を提供
近畿	市町村	玄関口での貸出など。（館内には入ってもらわない）
近畿	市町村	再開館前の数日間限定で、予約資料の受け渡しのみを実施
近畿	市町村	資料の貸出冊数を2倍、期間も2週間から4週間貸出
近畿	市町村	資料提供を伴わない軽微なレファレンスの受付
近畿	市町村	職員が予約本を自宅へ配達
近畿	市町村	図書の宅配サービス
近畿	市町村	貸出冊数の制限解除、放課後児童クラブへの貸出
近畿	市町村	貸出返却においては通常勤務
近畿	市町村	大規模改修工事に伴う休館の延長だったため、対応はしていない
近畿	市町村	宅配サービス実施
近畿	市町村	電話・Ｗｅｂでの予約受付、放課後児童会への緊急貸出パックの配送、図書館外臨時カウンターでの予約割当本の貸出（公民館図書室、自動車文庫含む）、予約割当本の取置期間の延長
近畿	市町村	電話・メール・文書でのレファレンス受付
近畿	市町村	閉館前に予約されていた資料について貸出サービスを実施
近畿	市町村	予約コーナーにおける予約資料の貸出し（※臨時休館（一部閉館）時
近畿	市町村	予約資料の宅配サービスを実施。【市内在住者のみ】
中国・四国	市町村	電子図書館のＩＤ・パスワードの発行、児童書のジャンル（動物の本、乗物の本等）によるリクエスト受付（職員が選書）
中国・四国	市町村	4/7〜17は（3）、4/18〜5/10は（5）、5/12〜17は（1）（2）
中国・四国	市町村	5/11〜　本館および移動図書館で予約本のみ貸出。留守家庭学級等の団体への貸出
中国・四国	市町村	AV資料のみ貸出期間延長
中国・四国	市町村	資料のブックポストによる返却の実施
中国・四国	市町村	貸出冊数を12冊から20冊までに増加。貸出期間を2週間から3週間へ延長
中国・四国	市町村	貸出制限冊数を増やした
中国・四国	市町村	電話・メールによる予約受付・レファレンス対応（電話・メール）・電子図書館利用申し込みの受付・他館への相互貸借
中国・四国	市町村	閉館中の一部期間に予約済み資料の貸出
中国・四国	市町村	返却ポストへの返却の実施
中国・四国	市町村	予約資料郵送貸出サービスの実施、予約資料取置期間の延長
九州・沖縄	市町村	（2）について、予約・リクエスト本の受取のみの期間あり
九州・沖縄	市町村	（3）、（5）は一部開館時に実施、臨時休館中はすべてのサービスを休止しました

九州・沖縄	市町村	・児童館への団体貸出　・移動図書館車での本の福袋の貸出
九州・沖縄	市町村	カウンターではなく、臨時窓口での貸し出しです
九州・沖縄	市町村	ポストに返却のみ
九州・沖縄	市町村	移動図書館車の臨時巡回
九州・沖縄	市町村	取置き資料の貸出（期間を限定し実施）
九州・沖縄	市町村	貸出は行っていない
九州・沖縄	市町村	閉館中の資料貸出は行っていない
九州・沖縄	市町村	返却ポストでの返却の実施

なし（特になし）2件、予約資料の貸出　12件、貸出冊数の拡大8件

質問 4−5　新型コロナ問題で図書館が閉館（一部含む）した期間中において、実施したオンライン（Web）サービスについて、選択肢からご選択ください（複数選択可）。

▼質問（複数回答あり）　　　　　　　▷集計結果（n=486）	回答数	/486
（1）　電子書籍貸出サービス	55	11.3%
（2）　オンラインデータベースサービス	15	3.1%
（3）　デジタルアーカイブの提供	88	18.1%
（4）　音楽・音声情報配信サービス	25	5.1%
（5）　オンラインによるレファレンスサービス	91	18.7%
（6）　図書館関連情報・読書情報の提供	191	39.3%
（7）　Web セミナー、オンラインによる読み聞かせの実施	13	2.7%
（8）　その他、自由にご記入ください	81	16.7%
無回答	165	34.0%
合計	724	

※その他〔記載〕：81件

地域	自治体	記載内容
関東	都道府県	web 資料展、witter 上で手遊びの動画を配信・新型コロナウイルス関連リンク集や、正しい健康・医療情報を見極めるための参考情報を提供
中部	都道府県	（5）は、ホームページ専用フォームで申込み、回答をメールで送るサービス
近畿	都道府県	遠隔コミュニケーションアプリを使用したオンラインによる対面朗読を実施（開館後も継続実施）。・Web による複写受付（以前より実施）
近畿	都道府県	オーディオブック
中国・四国	都道府県	臨時休館期間中に動画 10 本の配信を実施した
九州・沖縄	都道府県	県内市町村図書館の開館状況の情報提供。Twitter で新型コロナ関係の情報提供
北海道・東北	政令市	オンラインによるレファレンスサービスを実施できるように準備を行った。（実施は8月から）
関東	政令市	Web での予約受付
関東	政令市	HP、Twitter、メルマガでの情報発信、おうちで楽しめるコンテンツ（動画、ぬりえなど）の配信。
関東	政令市	ホームページにオンラインによる読み聞かせの実施サイトへリンクを貼った
中部	政令市	図書館ホームページにて、○小中学生向けに家庭で過ごす時間を充実させるためのリンク集を作成　○新型コロナウイルスについてのリンク集を作成　○「子どもたちに元気を！笑顔にするプロジェクト」で動画を配信
近畿	政令市	図書館 HP において、新型コロナウイルス感染症に関する、大阪市や国などの関連サイトを案内した。読み聞かせ動画をアップした。
近畿	政令市	電話、FAX によるレファレンスサービス
中国・四国	政令市	電話によるレファレンスサービス
関東	特別区	ナクソス ID のメールによる発行
関東	特別区	図書館ホームページにて、国や都、他自治体のオンラインサービスページの紹介

関東	特別区	当区の HP でインターネット公開されている電子書籍や動画コンテンツを紹介（リンク）。窓口で配付している読書通帳を HP からダウンロードできるようにした
関東	特別区	役立つサイト集「dokodemo（どこでも）としょしつ」を開設し、新型コロナウイルス関連情報を掲載した。ホームページにパスファインダー掲載を開始した
北海道・東北	市町村	メールによるレファレンス、Ｗｅｂ予約の受付
北海道・東北	市町村	官公庁等コロナウイルス関連ホームページのリンク集の作成・提供
北海道・東北	市町村	子ども向けに自宅で楽しめるコンテンツの提供
北海道・東北	市町村	資料の予約、臨時休館情報等をＨＰに掲載
北海道・東北	市町村	震災後休止中である
北海道・東北	市町村	蔵書検索
北海道・東北	市町村	読み聞かせ等の動画公開（YouTube）
関東	市町村	YouTube で図書館のイベント（オリジナル人形劇や読書手帳作成）を公開した
関東	市町村	メール・電子申請による仮利用者登録
関東	市町村	わらべうたのネット配信（YouTube）
関東	市町村	郷土資料デジタルライブラリーの提供
関東	市町村	資料の予約サービス
関東	市町村	資料の予約受付
関東	市町村	資料の予約受付
関東	市町村	自宅で楽しめる児童・YA 向けコンテンツ（Web）の提供
関東	市町村	新型コロナ感染症関係リンク集および自宅学習を支援のためのリンク集を公開
関東	市町村	図書館 HP 上でぬり絵、ペーパークラフトの提供宇（無料ダウンロード）
関東	市町村	図書館独自コンテンツの公開（自館作成資料、ぬり絵、ペーパークラフト）
関東	市町村	全面閉館中は（5）（6）を行い、一部閉館期間中は（2）（4）（5）（6）を実施
関東	市町村	電子書籍貸出サービスのための、ID パスワードの発行を、メール、郵送で受付をした
関東	市町村	電子書籍利用登録のインターネットによる受付
関東	市町村	電話でのレファレンス、ツイッター・WEB により、わらべ歌動画・体操動画を含む「おうちにいるこどもたちへ」配信
関東	市町村	動画共有サイトで絵本の読み聞かせ動画をアップロード
関東	市町村	予約入力のみ
中部	市町村	（5）一部、メール対応
中部	市町村	Facebook・Twitter にておすすめ本の紹介
中部	市町村	web 予約
中部	市町村	インターネットからの資料予約は実施しました
中部	市町村	インターネットでの朗読動画公開
中部	市町村	てあそび・わらべうたの動画と WebOPAC での予約方法の動画を公開
中部	市町村	ホームページで青空文庫、動画コンテンツの発信
中部	市町村	メール・電話による予約受付
中部	市町村	資料貸出予約、動画配信
中部	市町村	新刊一覧の掲示
中部	市町村	図書館ホームページ、ツイッター、インスタグラムで、館内の様子・展示・本の紹介をおこなった
中部	市町村	電子書籍貸出サービスにおいて"誰でも読めるコンテンツ"を開設
近畿	市町村	mail におけるレファレンス対応
近畿	市町村	Ｗｅｂで、図書館カードの新規・更新申込をできるようにした。（電子図書館の利用に図書館カード番号が必要なため。）
近畿	市町村	WEB 予約のみ受け付け。来館時は、インターホンを押していただき入館。カウンターで本を貸出
近畿	市町村	オンライン予約のためのＨＰ（利用者のページ）でのパスワード自動生成
近畿	市町村	紙芝居、ペープサート実演動画配信
近畿	市町村	朗読動画の配信等
中国・四国	市町村	（5）受付の体制はとっていたが、利用はなかった
中国・四国	市町村	資料の貸し出し予約

中国・四国	市町村	図書の予約
中国・四国	市町村	通常の対応として、特別なオンラインサービス対応は行っていない
中国・四国	市町村	動画（10本）の制作及び配信
九州・沖縄	市町村	Web予約サービス、利用者によるWebからの貸出延長
九州・沖縄	市町村	オンラインサービスは行っていない
九州・沖縄	市町村	オンラインで無料で利用できる読み聞かせや電子書籍の外部サイトの紹介（リンク集）
九州・沖縄	市町村	オンラインによる予約受付

なし、特になし、該当なし→12件

質問 4−6 新型コロナ問題で、図書館利用者（登録者・住民）や、自治体（首長、議員等）からどのような問い合わせがありましたか、選択肢からご選択ください（複数選択可）。

▼質問（複数回答あり）　　　　　　　　　▷集計結果（n=486）	回答数	/486
（1）　資料貸出サービスの実施について	407	83.7%
（2）　図書館施設の利用について	433	89.1%
（3）　図書館サービスの再開について	449	92.4%
（4）　電子図書館サービス（電子書籍貸出サービス等）の実施について	109	22.4%
（5）　特に問い合わせはない	6	1.2%
（6）　その他、自由にご記入ください	42	8.6%
無回答	4	0.8%
合計	1,450	

※その他〔記載〕：42件

地域	自治体	記載内容
関東	都道府県	都内区市町村立図書館の開館状況、休館中のサービスについて等
中部	都道府県	消毒器について
近畿	都道府県	貸出中資料の返却期限について
中国・四国	都道府県	県立学校等の中高生を対象とした電子書籍を使った学習支援の協力について
関東	特別区	休館中でも実施可能なサービスの検討
関東	政令市	宅配サービスの実施希望について
関東	政令市	予約の本だけでも貸してほしいというお問合せなど
近畿	政令市	COVID19に関する本庁職員からのレファレンス
近畿	政令市	郵送貸出サービスの実施について
北海道・東北	市町村	おはなし会などイベントの実施について　・本の消毒器について
北海道・東北	市町村	感染拡大防止対策について
北海道・東北	市町村	震災後休止中である
北海道・東北	市町村	図書の消毒の有無について
北海道・東北	市町村	返却ポストの使用について
北海道・東北	市町村	郵送サービスの実施について
北海道・東北	市町村	郵送貸出サービスの依頼
関東	市町村	資料の返却について
関東	市町村	資料の郵送貸出について
関東	市町村	資料の予約サービスの実施について　・来館しなくても図書館サービスが受けられる方法の研究（動画配信等）
関東	市町村	自治体より利用促進の提案を求められました。
関東	市町村	消毒実施について、消毒機の導入について
関東	市町村	図書館カード新規登録の郵送受付
関東	市町村	図書館での感染症対策について（館内の対応、資料の消毒等）、休館中に行っていた業務について、ホームページの閉鎖とその再開について
関東	市町村	本の消毒はどうしているかについて

中部	市町村	イベントの開催について
中部	市町村	閲覧席の利用可否
中部	市町村	開館予定日に関する問い合わせ
中部	市町村	感染予防対策について
中部	市町村	期間中に返却期限を迎えてしまった利用者から、資料の返却方法や貸出延長可否の問い合わせ
中部	市町村	自館は貸出本にしか予約はかけられないが、オンラインで在架予約ができないと何人も問い合わせがあった
中部	市町村	借りている本の返却期限について。利用者の記名について
中部	市町村	図書消毒器について
近畿	市町村	どのような感染防止対策を行なっているかについて。他自治体の図書館の状況について
近畿	市町村	どのような感染予防対策をしているかについて
近畿	市町村	パソコンの貸出等ついて
近畿	市町村	感染防止対策の実施について・図書の配達について
近畿	市町村	座席、インターネット閲覧端末、Wi−Fi が利用できるかどうか
近畿	市町村	図書館宅配サービスについて、複写サービスについて
中国・四国	市町村	図書館の新型コロナ対策について
中国・四国	市町村	閉館中だが、「インターネット予約」では「予約図書の準備できました」とメールが来るのだが、来館すれば貸出してもらえるのかとの問い合わせあり。（貸出不可、周知不足に留意）

質問 4−7　電子書籍貸出サービス（質問 2−1 で（1）を選択）を導入している図書館において、新型コロナ問題で閉館（一部含む）した時期に、電子書籍貸出件数が変化しましたか、選択肢からご選択ください（複数選択可）。

▼質問（複数回答あり）　　　　　　　▷集計結果（n=61）	回答数	/61
（1）　電子書籍の貸出件数が増加した	49	80.3%
（2）　電子書籍の貸出件数が減少した	0	0.0%
（3）　電子書籍の貸出件数は特に変化しなかった	3	4.9%
（4）　その他、自由にご記入下さい	9	14.8%
合計	61	

※その他〔記載〕：9 件

地域	自治体	記載内容
関東	都道府県	館内閲覧限定のため、完全閉館期間の利用はなく、入館者数や滞在時間の制限等、サービスを縮小した開館中は利用件数が減少している
中国・四国	都道府県	令和 2 年 7 月 29 日から青少年を対象とした電子図書館サービスを新規に開設
関東	市町村	電子図書館サービスを 7 月 1 日付で開始。よって変化に関しては回答できません。
関東	市町村	閉館中に導入したため比較対象なし
近畿	市町村	2020 年 7 月開始のため変化はなし。
近畿	市町村	利用 ID 発行の申し込みが数件あった
中国・四国	市町村	新規利用登録者も増加した
中国・四国	市町村	電子書籍の貸出は 7 月 15 日開始のため該当せず
九州・沖縄	市町村	今年度から導入のため比較対象なし

質問 4−8 電子書籍貸出サービス（質問 2−1 で（1）を選択）を導入している図書館において、新型コロナで閉館（一部含む）した期間中に、電子書籍貸出サービスでどのような変化がありましたか、選択肢からご選択ください（複数選択可）。

▼質問（複数回答あり）　　　　　　　　　　　▷集計結果（n=61）	回答数	/61
（1）　電子書籍の貸出数が増えて、貸出待ち件数が増加した	37	60.7%
（2）　電子書籍貸出サービスの問い合わせが増加した	34	55.7%
（3）　電子書籍コンテンツのリクエストが増加した	0	0.0%
（4）　電子書籍貸出サービスの利用 ID 発行が増え対応に苦慮した	6	9.8%
（5）　その他、電子書籍貸出サービスで課題がありましたら、自由にご記入ください	13	21.3%
無回答	8	13.1%
合計	98	

※その他〔記載〕：13 件

地域	自治体	記載内容
中部	都道府県	株式会社図書館流通センターによる無償提供の期間限定特別コンテンツが、特に数多く利用された（フリーアクセスだったため、貸出待ちはなかった）
中国・四国	都道府県	利用が増えても、資料の選書、購入に時間がかかる
中部	政令市	電子書籍貸出サービスの利用には「図書館の利用者カード番号が必要」としているが、休館中は新規カードの発行を行っていなかったため、休館中にサービスに興味を持っても、カードがなくすぐに利用ができないケースがあった
近畿	政令市	電子書籍の利用には図書館カードの番号と図書館 ホームページ ログイン パスワードが必要で、パスワードは 対面での 発行が原則であった。 休館中に問い合わせもあり、郵送での発行・再発行を行うこととした 。郵送での図書館カード発行申込が増加した
関東	市町村	コンテンツの充実
関東	市町村	電子図書館サービスを 7 月 1 日付で開始。よって変化に関しては回答できません
関東	市町村	閉館していて利用登録ができないため利用ができない→仮登録の仕組みを作った
中部	市町村	電子図書館へのアクセス件数が増加した
近畿	市町村	2020 年 7 月開始のため変化はなし
近畿	市町村	最新の利用者が興味のある分野の図書が少なく、なかなか利用につながらないです
近畿	市町村	補足：（4）について対応に苦慮するまでは至っていない
中国・四国	市町村	地元新聞・CATV 等で、電子図書館について取り上げられた
九州・沖縄	市町村	貸出や閲覧件数が増えた

質問 4−9 新型コロナ問題によって生じた課題について自由にご記入ください（自由記載）

※その他〔記載〕：218 件

地域	自治体	記載内容
北海道・東北	都道府県	感染防止策（本の消毒作業、密にならないようなレイアウト等）、入館者名簿作成によるプライバシーの侵害
北海道・東北	都道府県	資料の消毒、換気、座席数の減等の対策を県や日本図書館協会の方針・ガイドラインに沿って実施しているが、今後の感染拡大状況によって都度見直しや利用者への周知等が必要である。また、全入館者の連絡先確認等、細かな対応が必要なものが増え、業務上の負担になっている
北海道・東北	都道府県	自然災害の対応とは異なり、時間の経過とサービスの復旧がリンクするわけではないため、図書館サービスを平常に戻すにあたり、再開時期の判断が最大の課題であった。（現時点においても平時の体制にはもどっていない）
関東	都道府県	図書館業務はテレワークに向かない。 館内消毒、資料の消毒（隔離）等の新規業務、郵送貸出・複写等人手のかかるサービスの利用増加による人手不足。 館内外関係者の在宅勤務による業務の遅延
関東	都道府県	非来館型サービスの充実、施設の提供方法（消毒や閲覧席の配置等）

中部	都道府県	新型コロナウイルス感染防止対策と、利用者サービスの両立。 消毒液など、必要物品の不足。 臨時休館、開館などの情報の周知
中部	都道府県	実際に書架を見ることができなくても、本を選びやすいような工夫をホームページ上で行う必要があると感じた。（電子書籍サービスを実施していないため）
近畿	都道府県	感染拡大防止を実施する上での人的配置や予算確保
近畿	都道府県	三密対策の難しさ
近畿	都道府県	従来行ってきた資料提供サービスが行えないこと お話会や調査対応等の滞在を前提としたサービスが行えないこと 市町立図書館との連携（会議や司書巡回による情報交換等）が行えないこと サービスの制限や緩和、実施に関するガイドラインの作成
近畿	都道府県	非来館サービスのあり方の再検討
近畿	都道府県	本の消毒と保存
中国・四国	都道府県	雑誌の最新号に対する貸出・閲覧の要望等があったが、電子図書館・電子書籍貸出サービスに関連して、特に課題は生じなかった
中国・四国	都道府県	電話・Web による事前予約資料のみ貸出可とする方式は、予約処理量が増加し当館の通常の運用方法では職員の負担が大きい。 また、本来利用者が書架を見て直接選ぶのが望ましい「内容指定」の予約や、読みたい本が明確でない相談には、要望にどこまで的確に応えられるか苦慮した
中国・四国	都道府県	当初思っていたよりも休館期間が長くなったため、今後感染が再拡大し、再度休館する際などに、非来館サービス（特にレファレンスサービス）をどのように展開するか
九州・沖縄	都道府県	非来館型サービス、オンライン講座の充実 ・非来館による貸出
九州・沖縄	都道府県	図書館資料の選択、収集及び提供の方法
九州・沖縄	都道府県	非来館型サービス（電子書籍貸出サービス含む）検討の必要性
九州・沖縄	都道府県	利用者名簿の作成、本や館内の消毒、イベントの開催
北海道・東北	政令市	電子図書館の利用には貸出券が必要であるが、休館中は貸出券の申込みを受付けていない。このため、新規の利用はできなかったこと
関東	政令市	閉館中の予約取置資料の置き場 閉館・一部開館・開館時のサービス内容
関東	政令市	予約サービスを停止しなかったため、大量の予約本があり、開館にあたって利用者への提供が大変だった
中部	政令市	資料や施設、パソコン等の消毒。利用者や職員の感染防止対策。利用制限の緩和や図書館事業の再開の判断機基準。
中部	政令市	電子書籍貸出サービスを含め、非来館サービスの必要性が改めて浮き彫りになったが、すぐに対応できるものばかりとは限らないため、ニーズの把握やサービスの充実化、運用方法の整備等が、今後の課題である
近畿	政令市	オンライン行事等，非来館型サービスの在り方の検討
近畿	政令市	図書館休館により電子図書館でも使用する貸出カードの発行が出来なくなった（対面で利用資格を確認）ため、期間を限って電子図書館のみ利用できる臨時利用者 ID の発行を行った（電子メールで発行申請を受付）
近畿	政令市	図書館施設全面休館中も予約の受付や電話での調査相談受付を行っていたため、予約資料の取り置き件数が日々増加した。 結果、取り置きスペースのキャパシティを超えることとなった。 臨時休館期間の変更の都度 、 予約資料の取り置き期限 や貸出資料の返却期限を 延長する必要が生じた
中国・四国	政令市	情報提供の手段の在り方
九州・沖縄	政令市	非来館型サービスの提供について
関東	特別区	1 図書の消毒について、消毒の方法や図書消毒機の性能などを検討した。 2 緊急時の対応等として、利用者名簿を作成するかどうか（現在は作成していない）
関東	特別区	臨時休館期間はサービス休止により新規登録・更新手続きができず、電子図書館サービスを希望するも利用できない方がいた。また、コロナ感染が拡大してきた 3 月以降、貸出利用増加し、新着資料など利用ニーズが高いコンテンツは軒並み予約多数となり、需要が供給をはるかに上回る状況になった。こうした非常事態に特別措置として、登録業務を電話・メールでの受付、資料購入費を増額し新規購入数を増やすなど柔軟な対応ができなかったことが課題と考えられる
北海道・東北	市町村	消毒の範囲、頻度をどう確保すれば安全な利用を行ってもらえるのか。他業務との兼ね合いによる業務の煩雑化と安全性のバランス。 スマートフォン、PC を使い慣れない高齢世代の予約対応をどうしていくのか。 また利用方法等の周知をオンライン以外の方法で効率よく行うにはどうすればよいか
北海道・東北	市町村	本の消毒について（手間と時間がかかる。 また表面だけの拭き取りでいいのか）。 長時間滞在を控えるよう案内しているため、学生等勉強目的の来館を

		断らざるを得ない
北海道・東北	市町村	おはなし会、講座、トークイベント等の開催の仕方について
北海道・東北	市町村	ソーシャルディスタンスに配慮した館内利用、資料及び施設の消毒など
北海道・東北	市町村	絵本の読み聞かせなど、近い距離が大事なことや、人を集めるイベントの実施のしにくさ
北海道・東北	市町村	感染拡大防止に努めつつも、利用者に満足のいくサービスを提供すること
北海道・東北	市町村	感染防止のため具体的にどうするか手さぐりの部分があった。 マスクや消毒液等の物資が不足した
北海道・東北	市町村	感染防止対策が、なかなか利用者に理解されない。（例：マスクをしない、長期滞在時間を守らない等）
北海道・東北	市町村	休館、再開の判断が難しい。館内、図書等の消毒作業をどこまでやるのか。カウンター対応者の感染防止
北海道・東北	市町村	三密の回避、フィジカルディスタンス確保による図書館サービスの制限と消毒について課題となっている
北海道・東北	市町村	施設が古く、3密を避ける工夫の難しさ
北海道・東北	市町村	施設の設備や事業対応について、対策費用が増加している。事業の中止や縮小などにより、利用者への要望に答えられない
北海道・東北	市町村	資料に付着したウィルスの除去の方法について現時点ではさだかではないこと
北海道・東北	市町村	消毒対応、利用制限など
北海道・東北	市町村	図書館に来館せずに資料を提供できるサービスが必要だと感じた
北海道・東北	市町村	図書館ばなれをどうにか食い止めようと様々な事業をしてきたが、それもできない今、また利用者の減少が心配である。おはなし会や図書館まつりなどの開催にあたり、今後どのように対応していくべきか
北海道・東北	市町村	図書館開館に係る感染拡大防止の対応について
北海道・東北	市町村	図書資料の消毒についてどうすべきか話題に上った。（その後消毒実施には至らなかった）
北海道・東北	市町村	蔵書管理が電算化されておらず、館外で蔵書を検索する方法がないため、閉館中に貸出を行う手段がほとんどない状態だった
北海道・東北	市町村	入り口での氏名と連絡先の記入、マスク着用の徹底などが難しい
北海道・東北	市町村	返却資料の除菌作業（消毒液でのふき取り作業）や定時での館内除菌作業が新たな業務として加わったが，これはこの先ずっと続けなければならないのか
北海道・東北	市町村	本や施設の消毒
北海道・東北	市町村	予定していたイベント・行事について、新しい生活様式のなかでどのように実施していくのかが課題となっている
北海道・東北	市町村	来館者を増やすためにこれまで行ってきた事業を従来通りのやり方では実施できなくなり、工夫が求められるようになった
北海道・東北	市町村	来館者数が減少した
北海道・東北	市町村	利用者の減少（町民のコロナに対する意識の高さから派生するものであり、一概に問題だとも言えないが、今後の図書館としての在り方が問われていると感じる）
北海道・東北	市町村	利用者への資料提供方法。従来の来館型に代わる資料提供・イベント開催方法
北海道・東北	市町村	利用者数、貸出冊数の減少。 現在予定していないが、電子図書館サービスの検討が必要となる可能性が高くなった
北海道・東北	市町村	臨時休館中の図書館サービス配信
関東	市町村	これまでの来館型サービスだけでなく非来館型サービスを取り入れる必要があるが、予算の都合もあり、急な変化への対応が困難。 電子書籍貸出サービスを検討しているが、新刊や人気のある作品が少ないため、紙の代替にならない。 with コロナにおける情報提供やサービスは Web を使うものが大部分だが、インターネットを使えない高齢者への対応が課題
関東	市町村	感染症予防として、換気、密接など三密を防ぐための対策、資料や施設備品の消毒などに経費や人手が必要。 利用者へのリスク回避の啓発。 図書館職員の安全対策。 電子書籍など全面閉館時でも可能な資料提供サービスの検討
関東	市町村	三密になりやすいおはなし会の開催方法について。 手に取られやすい雑誌の最新号や新聞の提供方法について。 換気を想定していない施設構造について。 新型コロナウイルスに対する利用者の温度差について

関東	市町村	新型コロナウイルス感染状況の中での図書館サービスの在り方
関東	市町村	電子書籍は外出自粛時に有効なサービスではあるが、タイトル等に魅力を感じるものが少なく、もう少し検討をしていきたい。 図書館としては感染症対策をした上で貸出し等をしたかったが、市の感染症対策本部との調整もあり、結果的に休館中に可能となったサービスは、図書宅配便（有料）サービスだけとなった
関東	市町村	入館（閲覧）ができないため、普段ブラウジングで本を探している利用者からの入館希望が高まった。 ウェブ上で検索は可能だが、予約まで可能であれば職員の負担軽減につながったかもしれない
関東	市町村	入館人数・滞在時間・利用方法などに制限を設けることにより、業務が煩雑化し職員への負担が増加している。 主催事業・イベントの実施や対面による長時間のレファレンスが困難になり、サービスに少なからず影響が出ている
関東	市町村	1 時間ごとに窓を開閉する余裕がないので開けっ放しにしているが、冷房の効きが悪く、また吹き出し口付近で結露が生じて、資料や利用者に水滴が垂れることがある
関東	市町村	Web 利用が不慣れな方に図書館の情報を伝える手段が少ない（月に一回市の広報誌にて情報を発信）
関東	市町村	イベントが実施できなくなった。本の除菌をする機械を導入すべきか悩んだ
関東	市町村	いわゆる「コロナ後」のサービスの在り方について模索中です
関東	市町村	おはなし会等のイベントで密を避ける。資料の消毒等、今までの運用の考え方を見直す必要がある
関東	市町村	感染防止対策を講じることによる業務の増。入館者（来館者）数の減少
関東	市町村	換気できない管内であること 入館受付を設けたことによる人員不足
関東	市町村	休業中のスタッフの処遇
関東	市町村	継続していた事業、イベントを行えない。座席数を減らすことで、PC 端末貸出や視聴覚ブース貸出、学習席の貸出など、提供できるサービスが減った。コロナ感染対策のための館内消毒、名簿作成、案内作成、新たなルール作成など、これまでになかった作業があり、スタッフの負担が増えた
関東	市町村	現在のところ職員やスタッフに罹患した者はいないが、発生した場合でも 業務を続けるための体制を整えておく必要がある
関東	市町村	交替勤務による人員不足 消毒（対人、対資料、対機材）
関東	市町村	今までは図書館への来館者数増を目標として、館内イベントを積極的に行っていたが、今後は滞在型ではない with コロナ時代の新しい図書館像を模索しなければならない
関東	市町村	雑誌の最新号や新聞が提供できなくなった。消毒が十分にできないため
関東	市町村	施設が古く、空調設備の老朽化が懸念されている環境で、換気と室温調整の両立が難しい状況。特に夏は、感染症以外の理由（熱中症）も含め長時間の滞在を避けるように促すことになりそうです。 利用者、労働者にとって安全な職場環境となるよう自治体の積極的な動きや提案がないため迷うことが多い です。自治体からの指示が、県内の図書館より臨時休館のタイミングが遅く、再開のタイミングも早かったため、労働者（図書館員）の心理的ストレスが強まりました
関東	市町村	資料、施設の消毒や集会事業の開催、入館記録、入館時の検温、アルコールや手洗い石鹸が入手しにくい
関東	市町村	資料の消毒（物資・方法とも）に苦慮した
関東	市町村	書籍消毒器導入の検討
関東	市町村	図書館に来られず、インターネット等も使用困難な人に対する情報提供の方法
関東	市町村	図書館の感染症拡大予防対策上の利用制限について一部の利用者から理解を得られない
関東	市町村	図書館内の衛生管理について。来館者の安全な利用について。コロナ問題をふまえた、今後の図書館利用のありかたについて
関東	市町村	電子書籍利用登録をインターネットで受け付けたところ、利用者が急増した。それまでの図書館内だけの広報、図書館カウンターだけでの利用登録では不十分であったことを痛感した。デジタル商品は、利用登録もデジタル化するべき

		であった
関東	市町村	電子図書館利用登録の方法　（現在は、窓口での受付のみのため、来館できない場合、新規の登録受付ができない）
関東	市町村	入館者管理、資料や館内の消毒、利用者に対する説明
関東	市町村	非来館型サービスについて。 図書館に来館せずに、どんなサービスができるのか
関東	市町村	非来館型サービスについての検討が必要
関東	市町村	非来館型サービスに対応できなかった
関東	市町村	非来館型サービスの必要性。開館状況などを即時的に利用者に周知する Web サイト・SNS 以外の方法（デジタル情報弱者への周知）
関東	市町村	閉館期間、Web 予約などパスワードが未設定の方が多い。また、ネット環境が整っていない高齢者の対応など課題が生じた
関東	市町村	返却本は閉館中も受け入れたので、収蔵能力を超える本が書架に入らない事態となった
関東	市町村	来館せずに提供できるサービスの検討に苦慮したこと
関東	市町村	利用者・職員の双方が安心して安全に利用・運営できる方法について
関東	市町村	利用者へ図書館が再開したことを伝える方法、手段
関東	市町村	臨時休館中は市民に読書機会を提供することが出来なかったことから、代替サービスの提供について、急ぎ対策を講じることが必要と考えている
中部	市町村	資料の除菌方法　・来館せずに提供できる図書館サービスの検討
中部	市町村	資料の接触利用に係る問題　・図書館サービスとして提供できることが非常に限られる
中部	市町村	利用者マナーの徹底 マスク着用、滞在時間制限が守れない利用者がいる 。書籍の消毒用品やゴム手袋などの調達の困難 。冷房中の換気 ほか多数あります
中部	市町村	ある程度近隣自治体で対応をそろえた方が良いのではと思った。（図書館をよく使う方は複数の図書館を利用していることが多いため、サービスの違いがわかりにくいようだった。） 休館中、予約受付・貸出のみ行っていたが、上限を増やしたため、通常よりも業務が負担となり、出勤職員数を減らすところではなかった
中部	市町村	インターネット予約もできない為、すべてのサービスが停止した
中部	市町村	コロナなどにより、情報を発信しなければいけない時に、図書館を閉館せざるをえなかった。 今後、同じような時に、どの様に情報発信を行うかが課題
中部	市町村	外出自粛期間に図書館に来館せずに図書を閲覧・貸出できる環境になかった
中部	市町村	学習スペースやカウンター等でソーシャルディスタンスをどう確保するか 図書館の利用時間制限 返却図書の消毒等
中部	市町村	感染拡大防止のためやむを得ない休館（全館・一部）だったといえるが、サービスを制限・縮小した期間や内容が適切であったか振り返りが必要
中部	市町村	感染症ガイドラインに沿った対応の徹底をするには、人的・金銭的余裕がないこと
中部	市町村	感染症対策 人が集まる行事等の実施
中部	市町村	館内、資料の消毒。 通常貸出以外の貸出サービス（郵送、電子書籍）提供が無いこと。 ソーシャルディスタンスを確保したことによる、閲覧席・学習スペース等の減少
中部	市町村	館内での感染防止策をどの程度すべきか。イベント等の開催可否の判断
中部	市町村	館内の閲覧スペースや、椅子の設置数についての制限、学習室の開放について、感染症対策（ビニールシートやアルコール消毒の設置）、イベントや講座の開催、換気についてなど、実施しています
中部	市町村	館内の消毒と返却された資料の消毒作業が職員の負担になっている
中部	市町村	休館、座席の削減、イベントの中止などがあったが、復旧の目安が難しい
中部	市町村	検温、本のクリーニングなどの作業が増えたため、職員一人一人の負担が大きくなっていることが課題です。また、来館者名簿を作成するとしたら、どこまで情報を提供するのか、個人情報の管理について問題になりました
中部	市町村	現在、利用サービス制限中であり、解除する時期、内容については、感染状況や他市町の様子をみながら決定しているが、自治体間競争化にもなっており、

		なかなか難しい
中部	市町村	今まで実施していたサービスでは密になる可能性がある事項を検討し、なるべく
中部	市町村	在宅勤務、テレワーク等の要項が定まっていない。利用者のコロナ対応に関する温度差。日本図書館協会のガイドラインと行政側のとらえの違い。（ガイドラインが厳しい）
中部	市町村	市内の利用者には高齢者が多く、ホームページを見てもらえず、実際に図書館に来館して休館に気づくお客様や、開館状況や借りている本の返却についてのお問い合わせをしてきたお客様からの電話が多くあり、対応が大変だった
中部	市町村	施設構造で、感染防止に対応しにくい部分があった
中部	市町村	資料の宅配サービスや、オンラインサービス充実に向けての検討。 自館の『新型コロナ対策』が正しかったかどうかの検証（第2波～にむけて） 図書館サービスのあり方など、根底から覆される思いであり、全てが課題です
中部	市町村	主に新聞や雑誌の閲覧・自主学習など、居心地の良い滞在型の図書館として利用していた方々へのサービスができなくなってしまった
中部	市町村	書籍・資料の消毒はどのように行えばいいか 過密にならない対策
中部	市町村	小さな村なので、予算も限られており、電子化するのは理想だが、紙ベースが中心で、するとコロナ禍で一冊一冊消毒液で拭く等の作業があり、世の中は、素早く情報を得たい方々が増えてきているのに、そこに追いつけない歯がゆさがある
中部	市町村	消毒、ソーシャルディスタンス
中部	市町村	新聞、雑誌の取扱い 自習コーナーの使用制限 消毒の負担
中部	市町村	図書の消毒が出来ない。（作業人員、保管スペース等）
中部	市町村	図書や館内の消毒が困難であること。館内利用者の出入の把握が困難であること。休館やサービス制限時に利用者へ周知がすぐにできないこと
中部	市町村	図書館の感染症に対する安全対策
中部	市町村	図書館の利用制限の実施の可否（地方図書館においても閉館は本当に必要か） 図書資料の消毒 入館者の記録（個人情報）の扱い
中部	市町村	図書館資料の消毒
中部	市町村	対面を要する以外の図書館サービスが殆どされていない
中部	市町村	貸出・返却サービスのみで館内15分以上滞在不可とし、椅子を撤去した際、高齢者から座らずに本を選ぶのはとても苦痛であるという苦情が数件あった
中部	市町村	町外の利用者への周知（ホームページで広報しても、見ない人・見られない人も多い。紙媒体でのお知らせが届く町内の方からは問い合わせは少なかった）
中部	市町村	直接来館しなくても利用できるサービスの必要性を感じた
中部	市町村	電子書籍貸出サービスが未整備である
中部	市町村	電話やメールで問い合わせを受付していたが、利用者との対話が制限されるため、資料を探すのを諦め、利用を我慢してしまう利用者が多かった
中部	市町村	入館不可とし予約制貸出を実施したが、webサーバーを持っていないため個々にアップした新刊一覧以外の蔵書を外部で検索できないことが不都合だった
中部	市町村	不特定多数の利用者が訪れる施設であることについての、衛生対策
中部	市町村	閉館中の図書館サービスの停滞。電子書籍や郵送貸出など導入していれば、少しでも利用していただけたかと思う
中部	市町村	返却資料の除菌、利用者の注意換気、利用者の館内滞在時間、閲覧席の設置
中部	市町村	密を避けるための対策や消毒液の確保等
中部	市町村	利用者の減少
中部	市町村	利用者の要望・意見と新型コロナウイルス感染症拡大防止策とのジレンマ
中部	市町村	利用制限を設けたことによる利用数の低下 館内及び貸出しをした資料の除菌 おはなし会やイベント実施の判断や再開時期
近畿	市町村	WEB予約のみの対応であったため、ネット環境のない利用者に対しての予約方法の検討が必要。 長期間閉館（一部）となることを当初予測していなかったため、本の返却を開館後にと案内したため、本の延滞が多数発生し、 次に借りたい利用者に不都合が生じてしまった
近畿	市町村	図書館を利用する、しないの格差が拡大した（特に子どもの読書環境の格差拡

		大）。 市内コミュニティセンターへの図書配送数が急増し、施設への負担がかかった
近畿	市町村	電子書籍をはじめとする電子的サービスやデジタル化への対応が難しい住民への対応。ハード面の整備
近畿	市町村	臨時休館期間の判断。感染拡大防止対策（資料の消毒も含む）。 職員の勤務体制
近畿	市町村	1．完全休館時は、本の貸出ができない。 2．ウィルス不活化性のための72時間取り置きで、スペースが必要。作業についても通常業務以外のことが増える。 3．入館時の説明等に人手が要る
近畿	市町村	どのようなサービス状況であっても賛否両論があり正解はなく、有事には自治体としてのある程度の意志統一が迅速に行われないと、たちまち立ち行かなくなるということがわかった
近畿	市町村	外出自粛の必要性の考え方について、図書館と利用者との間に温度差があり、理解を得るのが難しい場面があった。市民の持つ知る自由、資料への欲求を、どのようにすれば保障・提供できるのか、何を優先すべきなのか、判断が難しい
近畿	市町村	感染症予防のため臨時休館した際、苦情はいくつかあった。苦情の一つに「高齢者の居場所がない。ここまでする必要があるのか。」というものもあった
近畿	市町村	環境（換気の徹底）、手洗い消毒の徹底、ソーシャルディスタンスの実施
近畿	市町村	館内が密にならないようにするための動線の設定
近畿	市町村	緊急事態宣言を受けての休館、また後日の予約資料のみの貸出も急遽決定したので、利用者に周知する余裕がありませんでした。また休館中には、利用者に見えない内部の仕事はできましたが、対利用者へのサービスでできることがなかなかありませんでした。今後また同様な事態となった時どのようなサービスが可能か検討の余地があると思います
近畿	市町村	県内各図書館の対応が、それぞれ違うのは仕方ない事だが、利用者にすれば、サービスの違いということで、苦情が多かった
近畿	市町村	現状で未実施のサービスの検討（郵送による貸出サービス）
近畿	市町村	新型コロナ問題により、利用者に資料や情報を提供できなくなった期間があったことで、非接触・非来館型のサービス向上についてより具体的な検討が求められた。利用者に来館なしで図書や情報に触れる機会を創出することの難しさを改めて感じた
近畿	市町村	新型コロナ問題の拡大防止対策として現在も利用を制限しているコーナー・サービスがある。またイベント等の開催も中止となっており、再開の目処が立っていない
近畿	市町村	新聞や雑誌等コーティングしていない紙資料の消毒についてや、施設や本の消毒に人手が要る事、夏の気温の高い時に換気と冷房効率についてなど、今まで経験のない事態に対応しなければならず、何が正解なのかも不明なこと
近畿	市町村	図書の消毒
近畿	市町村	図書館閉館中、返却用ブックポストの利用は可能であったが、返却期限を延長せざるをえない状況になり、図書を返却していただく日が遅くなった
近畿	市町村	図書消毒器の導入について検討した
近畿	市町村	著作権や費用の問題があり、オンラインでのサービスを導入するのが難しい。図書館オリジナルのコンテンツがないことが弱みだと感じた。 また、ネット環境がない利用者が予想以上に多いことも分かった。 資料を介した感染のリスクについてよくわからないことが多く、安全面を最優先すると必要な情報提供ができなくなってしまうというジレンマがあった
近畿	市町村	電子図書館の登録申請に来館が必要なため、休館中は申請を受付できず、利用していただけなかったこと
近畿	市町村	非来館型のサービスが不足していることが認識された。電子図書館の導入（新型コロナによる自粛期間中に導入が決定）や本の宅配サービス（未実施）など
近畿	市町村	閉館及び再開のタイミングの判断、具体的な感染予防対策の考案・実施が難しい
近畿	市町村	閉館中（1部閉館を含む）は児童書を中心に全ての返却本を裏表表紙の手作業

		による消毒をしていましたが、開館後は、人員の関係等でカウンターや机などの消毒に限り、書籍の消毒ができていません。今後 2 波が生じた場合の対処を考えるととても不安です
近畿	市町村	返却図書・施設のこまめな消毒・来館者への図書館対応の説明等
近畿	市町村	本の消毒の要不要、長時間のレファレンス対応の可否、閲覧席設置の可否、館内滞在時間の設定、行事開催の可否、図書館見学やサービス紹介への対応の可否、サービス再開時の利用者集中への対応（来館者の調整、サーバへの負荷）
近畿	市町村	利用者のプライバシーとコロナ対策における図書館利用の問題について
近畿	市町村	臨時休館中の代替サービスの充実・非接触型の図書館サービスの充実
中国・四国	市町村	「来館して利用する」「児童館への団体貸出し」以外の図書館の利用方法がほとんどなかった。 これまでインターネットによる予約を利用していなかった人が、利用するようになった。これを機会にさらに宣伝したい
中国・四国	市町村	おはなし会など主要なイベントが 3 密回避のため予定通りに開催できないこと
中国・四国	市町村	ソーシャルディスタンスの確保が難しい（閲覧席のスペース確保）
中国・四国	市町村	閲覧室の使用禁止、視聴覚教材（AV）視聴機器の使用禁止など、利用者の図書館利用について制限がかかってしまった。今後も新型コロナウイルスの状況によっては制限せざるをえなくなる可能性がある
中国・四国	市町村	会議室などの施設を貸出する際、使用後の除菌が必要になった
中国・四国	市町村	館内閲覧ができない状態のため利用者に自由に閲覧し、本を選んでいただくことが難しかった
中国・四国	市町村	今後、開館するにあたり、どの様な感染防止対策が必要となるか
中国・四国	市町村	市民の居場所になる滞在型図書館が難しくなった
中国・四国	市町村	紙の本と比較すると、電子書籍所蔵タイトル数が僅かであるため、休館中の本への需要に答えられていたか不安がある。今後、利用を拡大するためには、タイトル数の増加、魅力的な資料収集が課題と考えている
中国・四国	市町村	自宅から検索・予約できる「インターネット予約」の活用を、これまでより積極的に呼びかけるようになった。 電子書籍貸出サービス等があればよいと思うが、需要も少なく、予算等も含めまだ検討段階に至っていない
中国・四国	市町村	初期段階に、図書資料による感染拡大の可能性があるとの情報があったため閉館せざるをえなかったが、図書館の課題解決という役割や、社会の底を支える知的インフラとしての役割についての自覚を高め、もっと他にできることはないか今から考えている
中国・四国	市町村	書籍の消毒について
中国・四国	市町村	新しい生活様式に沿ったイベント開催の難しさ。子供向け図書館イベントは工作など密接することが多く、感染対策を取りながらでもいつから開催できるのかわからない状態
中国・四国	市町村	図書の消毒 検索機等の機器の消毒
中国・四国	市町村	全図書館資料の消毒は現実的に難しいが、消毒しているのかという問い合わせがある
中国・四国	市町村	逐次刊行物（新聞・最新号雑誌等）の館内閲覧ができないことに対してクレームがあった
中国・四国	市町村	電子図書館は非来館型サービスだが、登録自体は来館しないとできないのが現状であるため、この運用の見直しが必要
中国・四国	市町村	不特定多数の来館者の長期滞在を避けることの困難さ（椅子やテーブルの撤去、読書室の閉鎖、えほん室のマットの撤去等で対応中）
中国・四国	市町村	閉館やサービスの変更について周知が意外にされていないことが明らかになった（特に年配の利用者）。図書館の再開に伴う、開館前や閉館後の衛生面への対応（施設設備、時間、労力、消毒液の確保）
中国・四国	市町村	利用規制等で来館者に不便をかける
九州・沖縄	市町村	ただ閉館するだけでなく、閉館していても行えるサービスがないか。 どのような対策を行って開館し、サービスを再開するのか。 臨時休館等の告知方法
九州・沖縄	市町村	全庁的な災害対策会議で統一的な取り扱いが決定されるため、細かい部分で図書館独自の動きがとりづらい。 広報（どんなサービスを行っているかの周知）。距離の確保（受付、閲覧席）。 図書の消毒など、今まで行ってこなか

		った事柄を行う必要が出てきた。　消毒のための消耗品の確保
九州・沖縄	市町村	1．来館者、職員の安心・安全をいかに確保するかが、最大の課題です。2．不要不急を除く外出制限により、積極的な貸出活動（本の配達や団体貸出の実施等）が難しい。3．「図書館における新型コロナウイルスの感染拡大予防ガイドライン」に沿った取組を行うことで、サービスを限定せざるを得ない。4．来館者の氏名及び緊急連絡先の記載について、徹底ができていない。（本人の同意を基本としているが）
九州・沖縄	市町村	3密を防ぐための対策や消毒のため、想定外の費用と業務が生じている
九州・沖縄	市町村	イベントの再開時期
九州・沖縄	市町村	サードプレイスとして図書館という場を提供できなくなっている
九州・沖縄	市町村	閲覧席の半減、資料の消毒ができない、イベント中止、　利用者の減少、狭隘な施設なため利用者同士の蜜が避けられない
九州・沖縄	市町村	館の在り方として「滞在型」を掲げていたが、その見直しを迫られている。　新型コロナ問題による休館前の水準まで利用者を戻す施策が必要
九州・沖縄	市町村	館内消毒の徹底。資料そのもののすべての消毒は難しい（図書消毒機購入予定）。閉館中の図書の貸し出し　方法
九州・沖縄	市町村	三密対策の困難さ。利用者の意識格差
九州・沖縄	市町村	紙の本の消毒の限界
九州・沖縄	市町村	図書館（サービス）のあり方が改めて問われた。緊急時の職員、利用者の安全確保。設置者（自治体）と運営者（指定管理者ほか）との意思疎通、目線合わせ
九州・沖縄	市町村	図書館Ｗｅｂページのサーバーを図書館システムの会社に置いているため、週末等に急な運営の変更（休館等）があると、ページの更新ができなかった
九州・沖縄	市町村	図書館が長期休館になった場合、利用者への資料提供が滞り、図書館としての使命が果たせなくなってしまう。しかし、利用者・職員双方の安全を確保しながらサービスを提供することの難しさも感じた
九州・沖縄	市町村	図書館サービスと感染防止措置のバランスのとり方
九州・沖縄	市町村	図書館に直接来館する以外の利用方法が限られているのを実感した
九州・沖縄	市町村	蔵書検索・予約のシステムがないので、導入すれば利便性の向上とともに滞在時間の短縮等にも繋がると思った
九州・沖縄	市町村	電子書籍のコンテンツが古いものしかなく、あたらしいものを提供できない。出版社などが行なう個人用サービスと比べ見劣りする。選択肢が少ない
九州・沖縄	市町村	電子図書やADEAC等の非来館者型サービスによる資料活用についての利用率
九州・沖縄	市町村	非来館者サービス　選択の幅を広げる必要性
九州・沖縄	市町村	本の消毒。来館者減少
九州・沖縄	市町村	利用者名簿の作成、本や館内の消毒、イベントの開催

［資料 A.5］　「デジタルアーカイブ」について

質問 5-1　貴館における「デジタルアーカイブ」の状況について、選択肢からご選択ください（複数選択可）。
※このアンケートで「デジタルアーカイブ」とは、各図書館及び、図書館が属する自治体が所有する独自の資料、冊子、書物をデジタル化して保存、提供することを対象としています。

▼質問（複数回答あり）　　　　▷集計結果（n=486）	回答数	/486
(1) 図書館が資料等のデジタルアーカイブ保存を実施している	137	28.2%
(2) 図書館が資料等のデジタルアーカイブ公開を実施している	146	30.0%
(3) デジタルアーカイブの保存の予定がある	21	4.3%
(4) デジタルアーカイブの公開の予定がある	19	3.9%
(5) 現在デジタルアーカイブの保存・公開の予定はない	249	51.2%
(6) その他、自由にご記入ください	40	8.2%
無回答	11	2.3%
合計	623	

※その他〔記載〕：40 件

地域	自治体	記載内容
関東	都道府県	当館が所属する別の係が、公開を実施している
中部	政令市	歴史資料検索システム（ADEAC）を利用して公開を実施している
中国・四国	政令市	公開したいが、目途が立っていない
関東	特別区	8mm フィルム、写真等、常時公開はしていないが、依頼があれば提供している
北海道・東北	市町村	以前は保存・公開をしようという動きもあったが、知識ある職員の異動により未実施。現在は進めたいと漠然と思っているに留まる
北海道・東北	市町村	市が所有する郷土資料をデジタル化して自由に検索・閲覧できる「デジタルアーカイブ」公開を、市が実施している
北海道・東北	市町村	震災後休止中である
関東	市町村	（2）は図書館が事務局となって市民団体 HP にて地域の古い写真を公開し、リンクを貼っている
関東	市町村	デジタルアーカイブの導入を検討している
関東	市町村	一部デジタルアーカイブ化して、図書館ホームページ上で公開している
関東	市町村	貴重資料は図書館だけでなく歴史民俗資料館にも保存している。どちらかで保存・公開ができればよいと考えている
関東	市町村	検討していきたいと考えている
関東	市町村	検討中
関東	市町村	現時点で具体的な計画はないが、今後実施を検討したいと考えている
関東	市町村	子ども向け郷土資料について提供する
関東	市町村	自治体のホームページで町広報紙のデジタルアーカイブ公開を実施している
関東	市町村	生涯学習課がデジタルアーカイブ（ADEAC）を公開中です
関東	市町村	電子図書館の電子書籍として数点提供している
関東	市町村	文化財担当課が図書館資料のデジタルアーカイブ公開を一部実施している
関東	市町村	文化財担当部署において、デジタルアーカイブの保存及び公開の計画がある
関東	市町村	文化財担当部署において既にウェブ博物誌としてホームページに公開している
関東	市町村	予定はないが、将来的には実施する必要がある事業だと思う
中部	市町村	（5）資料の一部をホームページ上で公開。また、一部の資料写真は DVD に保存
中部	市町村	ADEAC にて公開
中部	市町村	公開については次期システム更新時に検討する予定。
中部	市町村	今後の検討課題。費用面がネックになっている。

中部	市町村	図書館が資料等のデジタルアーカイブ公開の試行段階にとどまっている
中部	市町村	図書館が所属する文化スポーツ課が資料等のデジタルアーカイブを公開している
中部	市町村	村に予算はないので、昨年、補正予算で50万円つくはずで今年1月には1回目の会合を持ったのに、会計年度の職員の給与体系が全国的に変わり、給与の捻出のために、どこかの過程できられ、予算化が実現しなっかた。731部隊に所属していた少年兵の証言（村の人…高齢）が貴重なので、ぜひ映像に残したいとの思いがあったが、とん挫した。しかし、地元のケーブルテレビ局が、将来的に、図書館に貸してくださるので、ケーブルテレビ局が、救いの窓口になっている。
中部	市町村	担当課が市史のデジタルアーカイブを公開している
中部	市町村	当館の資料を県立図書館がデジタル化し、公開を実施している。
近畿	市町村	郷土資料の整理を進める過程で、今後どのような提供方法があるのかの選択肢のひとつとしてデジタルアーカイブを視野に入れている。
近畿	市町村	町が編纂、発行した町史などの地方史誌の目次を公開している。
近畿	市町村	模索中のため、現在は3コンテンツのみです。
中国・四国	市町村	郷土資料をPDFにし、ホームページで公開している。
中国・四国	市町村	市の撮影した写真を自由に利用できるよう公開している
九州・沖縄	市町村	デジタルアーカイブの保存及び公開について検討中
九州・沖縄	市町村	今年度、電子図書館内で町独自資料等をデジタル化して保存・提供について検討する。
九州・沖縄	市町村	電子図書館サービスの機能の中で実施したい

［資料 A.6］　「国立国会図書館 図書館向けデジタル化資料送信サービス」に対する対応について

※「国立国会図書館 図書館向けデジタル化資料送信サービス」（以下、図書館向けデジタル化資料送信サービス）とは、国立国会図書館がデジタル化した資料のうち、絶版等の理由で入手困難な資料を全国の公共・大学図書館等の館内で利用できるサービスのことを言います。

質問 6-1　「図書館向けデジタル化資料送信サービス」の対応について、選択肢からご選択ください（一つ選択）

▼質問（一つ選択）　　　　　　　　　　▷集計結果（n=486）	回答数	/486
（1）申し込んで、閲覧・複写サービスを開始している	203	41.8%
（2）申し込んで、閲覧サービスのみ開始している	23	4.7%
（3）令和2年度（2020年）中に申し込みをする予定で検討している	22	4.5%
（4）令和3年度（2021年）以降に申し込みをする予定で検討している	47	9.7%
（5）現在のところ申し込む予定はない（差し支えなければ（6）に理由をご記入ください）	173	35.6%
（6）その他、自由にご記入ください	66	13.6%
無回答	9	1.9%
合計	543	

※その他〔記載〕：66件

地域	自治体	記載内容
関東	特別区	区内の一部の館での実施
関東	特別区	申し込んで、閲覧サービスを開始できたのが2020年6月15日からとなった
北海道・東北	市町村	サービスのための環境整備が必要

北海道・東北	市町村	閲覧・複写に対応できる機器がないなど課題があり、検討中であるが、まだ具体的でない
北海道・東北	市町村	閲覧や複写を行うにあたり、サービス専用端末やプリンター及びそれらを設置する費用等がないため
北海道・東北	市町村	館としては興味を持っているが、当館の利用者層からするとサービス導入は必ずしも必要と考えないため
北海道・東北	市町村	機器、ネットワーク環境の準備が難しいため
北海道・東北	市町村	現時点で利用者からの要望は見込めない
北海道・東北	市町村	現状、リクエストやレファレンスにはほかの方法で十分対応できているため。
北海道・東北	市町村	今のところ県立図書館や近隣の公共図書館からの相互貸借で対応できている。
北海道・東北	市町村	受信した資料を閲覧するための設備がない
北海道・東北	市町村	申込はしているが、利用実績はない
北海道・東北	市町村	震災後休止中である
北海道・東北	市町村	人員不足、予算不足により着手できません
北海道・東北	市町村	専用の端末を現在確保することが難しいため
北海道・東北	市町村	対応できる予算がない
北海道・東北	市町村	端末等、送信資料の利用のための環境が整備できないため
北海道・東北	市町村	導入を希望しているが、予算がつかなかった
北海道・東北	市町村	必要となるネットワーク環境を用意することができないため
北海道・東北	市町村	利用者端末などネット環境が整っていない
関東	市町村	（5）の理由：要望がないため
関東	市町村	5月から運用開始予定だったが、新型コロナウイルス対応による休館のため、入館ができるようになる7月開始となった。（そのため、Q23は特に要望はなかったとなります。）
関東	市町村	セキュリティの観点から通常利用しているパソコンとは別に専用のパソコンを準備せねばならず、設置場所も含めて導入が難しい
関東	市町村	申し込んで承認され、運用に向けて準備中
関東	市町村	専用の端末が用意できない
関東	市町村	端末等の準備が予算的に難しく、また職員が慢性的に不足しているため
関東	市町村	予算化されない
関東	市町村	利用者からの求めがいまのところないため，有れば検討したい
関東	市町村	利用者からの要望が無いため
関東	市町村	利用者から問い合わせが増えれば考えるが、現在そのニーズは無い。
関東	市町村	利用者用インターネット端末にプリンターを接続しておらず、印刷できないため
関東	市町村	利用者用端末と併せて検討予定
関東	市町村	令和2年7月17日より閲覧・複写ともに開始予定
中部	市町村	PCの確保、場所等の問題もあるが、利用も少なく県立図書館が対応しているので利用者を案内している
中部	市町村	サービス開始時に申し込みをしたが、本市の環境が整っておらず利用できなかった。その後は未定となっている
中部	市町村	閲覧用端末の不足。及び設置スペースの不足
中部	市町村	現在まで、要望らしい要望がないため
中部	市町村	国立国会図書館のコピーサービスの利用自体が2～3年に1件という実態であるため、現段階では必要性を感じない
中部	市町村	今のところ、図書館利用者からの要望がないため
中部	市町村	需要がないため
中部	市町村	申込済みで、閲覧・複写サービスを開始する予定
中部	市町村	専用の端末の増設ができない
中部	市町村	予算の都合により見送り
中部	市町村	予定が固まらない以上、なんとも言えない
中部	市町村	要望がないため

質問6−2 新型コロナウイルス問題による閉館時に、図書館向けデジタル化資料送信サービスを利用できなくなった利用者から要望などはありましたか（複数選択可）。

▼質問（複数回答あり）	▷集計結果（n=486）	回答数	/486
（1）	図書館外部から利用できるようにしてほしいという要望があった	10	2.1%
（2）	図書館の一部を開放して利用できるようにしてほしいという要望があった	24	4.9%
（3）	複製ファイルを自宅宛てに送信してほしいという要望があった	0	0.0%
（4）	複写物を郵送してほしいという要望があった	7	1.4%
（5）	複写物を図書館の窓口で提供してほしいという要望があった	9	1.9%
（6）	特に要望等はなかった	325	66.9%
無回答		125	25.7%
	合計	500	

質問6−3 「デジタル化資料の図書館間貸出しに代わる臨時的措置」（以下、臨時的措置）の緊急的拡大が5月18日から行われていることをご存知ですか（複数選択可）。

※「臨時的措置」とは、原資料をデジタル化したことにより図書館間貸出し対象外となった資料について、図書館向けデジタル化資料送信サービスに参加していない図書館に対して、当館がデジタル画像を1冊全て印刷して提供し、提供先図書館の蔵書として活用していただくものです。

参照『図書館協力ハンドブック』6−8（6-27頁）
https://www.ndl.go.jp/jp/library/handbook/handbook/chapter_6.pdf#page=27
※「緊急的拡大」とは、「臨時的措置」について、雑誌も対象となること、図書館向けデジタル化資料送信サービス参加館も申込可能となることを指します。

詳細は『図書館協力ニュース』No.290（2020.5.18発行）をご参照ください。

▼質問（複数回答あり）	▷集計結果（n=486）	回答数	/486
（1）	臨時的措置のことを以前から知っており、緊急的拡大が行われていることも知っている	90	18.5%
（2）	臨時的措置のことは以前から知っていたが、緊急的拡大が行われていることは知らなかった	50	10.3%
（3）	緊急的拡大が行われていることは知っているが、臨時的措置のことは今回初めて知った	36	7.4%
（4）	臨時的措置のことや、その緊急的拡大が行われていることを知らなかった	304	62.6%
無回答		7	1.4%
	合計	487	

質問6−4 「デジタル化資料の図書館間貸出しに代わる臨時的措置」の緊急的拡大についてどう思われますか（複数選択可）。

▼質問（複数回答あり）	▷集計結果（n=486）	回答数	/486
（1）	複製物ではあるが、自館の蔵書が増えるのでよい取組だと思う	134	27.6%
（2）	国立国会図書館からの図書館間貸出と違い、国立国会図書館の蔵書を複製物の形で館外貸出できるのでよい取組だと思う	262	53.9%
（3）	外出自粛で利用者が来館できないのに、複製物を図書館に提供してもらっても意味がない	28	5.8%
（4）	この仕組みをどのように活用すればよいのかわからない	141	29.0%
（5）	その他、自由にご記入ください	31	6.4%
無回答		19	3.9%
	合計	615	

※その他〔記載〕：31件

地域	自治体	記載内容
北海道・東北	都道府県	アナログ媒体の方が、取得した情報の活用に適している場合もあることから、恒常的なサービスとして提供できる環境を整えてほしい
関東	都道府県	「緊急的拡大」時だけでなく、継続的な措置としてほしい
関東	都道府県	リクエストされる資料が必ずしも収集方針に沿うとは限らず、また、書庫の狭隘化も深刻なため、蔵書としての受入はハードルが高い。閉館中も郵送や窓口で複写物の提供ができるようになる方が活用しやすい
関東	都道府県	説明が非常にわかりにくい
関東	都道府県	来館できる方への郵送貸出や郵送複写で提供できるならば、有意義な取り組みだと思う
中部	都道府県	利用者が資料や情報にアクセスできる方法・手段が増えるのでよい取組みだと思うが、著作権が切れた資料については、参加館各館で自由に印刷し、蔵書にできるなど、さらに拡大するとよいと思う
近畿	都道府県	基本的には（1）だが、休業要請や外出自粛要請が出る状況であれば（3）
北海道・東北	政令市	緊急的な拡大が来館サービスが再開されるまでの期間のみということで、当館は5月12日からすでに再開しており、5月18日の通知時点でサービス対象外であった
近畿	政令市	国立国会図書館の図書館向けデジタル化資料送信サービスの利用にあたっては当館登録利用者が「館内の指定端末」を使って資料を閲覧する取決めになっている。社会の状況等により来館が難しい場合は この条件を満たすことができない。臨時的措置の緊急的拡大と並行して、利用者 が 個人端末を利用する等 の方法により 来館せずに 資料 を利用 できるような形での デジタル 画像提供を希望する
北海道・東北	市町村	（3）補足　当館では郵送による貸し出し等を行っていないため
北海道・東北	市町村	よい取組だと思う反面、当館において複製物の取り扱いに苦慮する
北海道・東北	市町村	レファレンスサービスに活用できる
北海道・東北	市町村	館としての運用ルールの策定が必要
北海道・東北	市町村	震災後休止中である
関東	市町村	サービスに参加している図書館に対しても、複製を可能としてほしい。（サービスに参加しているが、席の利用を制限しており、利用者が使用できないため。）
関東	市町村	デジタル化資料ではなく、紙での閲覧、貸出を希望する方にはよい
関東	市町村	件数は多くないと思うが、所蔵場所の確保・登録・管理の負担がある
関東	市町村	自館のキャパシティとしてすぐに対応できるかわからない
関東	市町村	自粛期間であれば特に必要を感じない
関東	市町村	図書館向けデジタル化資料送信サービスに参加していない図書館等にとっては有意義だと思う
中部	市町村	休館中に利用者から問合せがあったら、利用していたかもしれない
中部	市町村	製本、保存方法などに課題がある
中部	市町村	蔵書にできるのは良いことだと思うが、複製物なので管理が大変そうだ。複製物のコピーはできるのか？
近畿	市町村	もともとの需要が少ないため当館としては今のところ実施する予定はない
近畿	市町村	外出自粛で来館できないため、急ぎの方には利用できないが、後日でもいいという方に対しては活用できる
近畿	市町村	休館中館内に入れないが、館外で資料提供（郵送貸出や予約図書の受取）などを実施している場合は、有効である。遠隔複写サービスなど国立国会図書館と利用者が直接来館を要せずやり取りできるサービスの拡充を希望
近畿	市町村	利用者からの要望はほとんどなく、活用できていないのが現状である
中国・四国	市町村	「図書館協力ニュース」で拝見していたが、具体的な活用機会（依頼）がない
九州・沖縄	市町村	コロナに関係なくありがたいサービスだと思う
九州・沖縄	市町村	利用できないので活用できない

［資料 A.7］　その他

質問 7−1　貴館の地域の学校図書館への支援・連携について現在の状況を、選択肢からご選択ください
（複数選択可）

▼質問（複数回答あり）　　　　　　　　　　　　▷集計結果（n=486）	回答数	/486
（1）　紙の資料・書籍の貸借などの支援を行っている	447	92.0%
（2）　デジタル資料・電子書籍に関する支援を行っている	12	2.5%
（3）　児童生徒向けに、学校図書館・公共図書館の活用の説明を行っている	275	56.6%
（4）　特に支援は行っていない	15	3.1%
（5）　その他、自由にご記入ください	89	18.3%
無回答	1	0.2%
合計	839	

※その他〔記載〕：89 件

地域	自治体	記載内容
北海道・東北	都道府県	学校図書館の運営に関する助言や情報提供を行っている
北海道・東北	都道府県	小中県立学校を訪問し、学校図書館の運営に関する疑問等への助言、情報提供を行うなど、学校図書館の活動に関する研修会を実施している
関東	都道府県	学校から要望があれば説明等を行っている。また、ブックリストの配布を行っている
中部	都道府県	子どもの読書に関する講座・イベントの開催、研修会講師派遣、子供の読書情報・ブックリスト等の発行・配布
近畿	都道府県	司書派遣
近畿	都道府県	市町と連携した学校図書館の環境改善
北海道・東北	政令市	ブックトーク訪問（市内全小学 4 年生と希望する中学校対象）、学校図書館司書や担当の先生へ相談に乗っている
中部	政令市	学校司書研修会への図書館職員の派遣
近畿	政令市	平成 27 年度より、学校図書館活用推進事業を実施。 学校図書館補助員を配置し、学校図書館の開館回数を増やすなど、学校図書館の充実を図るとりくみを進めている
近畿	政令市	例年であれば図書館見学など説明を行っているが、今年度は実施未定
中国・四国	政令市	教員や学校図書館関係者を対象とした運営相談や講座を行っている
関東	特別区	区立小中学校 45 校に、図書館から各校年間 100 日（1 日あたり 6 時間）の訪問を行い、図書選定の支援、ブックトークなど授業支援、蔵書の整理、図書館通信の発行などをしている。 また、本の探検ラリーという事業を延 54 小中学校で授業の一環として実施し 5,124 人の参加があった。そのほか、図書館への学級招待、学校訪問、図書館職場体験など交流事業を実施している。各図書館で、その担当校を集めた「学校連絡協議会」を行い、意見交換をしている。団体貸出の実績は小学校が 107,440 冊、中学校が 7,597 冊。実績はいずれも令和元年度
関東	特別区	朝読書の支援、学習支援（学習支援便）調べる学習コンクール作品応募に向けた支援
関東	特別区	読書活動推進に関して、学校と連携を行っている学校図書館指導員への支援
北海道・東北	市町村	サポート職員（司書）が各学校を訪問し学校司書に助言するなどの支援を行っている
北海道・東北	市町村	依頼に応じて読み聞かせ等のおはなし会を実施している
北海道・東北	市町村	移動図書館車の運行を行なっている
北海道・東北	市町村	遠隔の小規模校に移動図書館を派遣している
北海道・東北	市町村	学校に出張して、調べる学習講習会を開催
北海道・東北	市町村	学校図書館に対して当館から巡回司書を配置、学校図書館の運営支援を行っている

北海道・東北	市町村	学校図書館の環境改善を行う「学校図書館運営相談」事業を行っている
北海道・東北	市町村	学校図書館の環境整備、学校図書館用資料の選定等の支援を実施している
北海道・東北	市町村	学校図書館支援員に対してアドバイス等の支援を行っている
北海道・東北	市町村	学校図書支援員と連携し、市内小中学校図書室の図書の配架等を支援している
北海道・東北	市町村	司書の派遣
北海道・東北	市町村	司書を派遣し、環境整備や図書館の利用指導を行っている
北海道・東北	市町村	震災後休止中である
北海道・東北	市町村	図書館として、学校司書研修を実施
北海道・東北	市町村	担当課からの依頼による、学校図書館担当教諭や支援員への研修
北海道・東北	市町村	平成 28 年度から図書館の司書が町内の小中学校を週 1 回巡回し、学校図書室や授業に対し支援を行っている
北海道・東北	市町村	補修が必要な資料を回収し図書館で補修し返還している
関東	市町村	学校図書館の蔵書をエクセルデータ化して目録を作成中。依頼のあった学校図書館の蔵書を修理
関東	市町村	1 小中学校の教諭向けに学校図書館整備や資料活用方法についての相談を承っている。2 学校司書への研修
関東	市町村	おすすめの本のリストを作成・公開し、希望する学校に配布する
関東	市町村	学校における蔵書点検、統計調査等の支援
関東	市町村	学校に出向いてのおはなし会、学校司書むけの研修会の実施
関東	市町村	学校へは団体貸出という形で書籍等の貸出を行っている。児童生徒が学校の授業等で見学等に来た時には、公共図書館活用の説明を行っている
関東	市町村	学校図書館そのものへの支援ではないが、学校支援として、図書館見学・職場体験の受け入れや学校へ出張してブックトークなどを行っている
関東	市町村	学校図書館に携わる職員への研修
関東	市町村	学校図書館の資料整備に関する支援を行っている
関東	市町村	学校図書館ボランティア研修会を年に数回行っている
関東	市町村	学校図書館支援員を学校図書館へ派遣し、環境整備や子どもの読書活動支援を行っている
関東	市町村	学校図書館支援員を含む教職員からのレファレンスや貸出し資料の選定に協力している
関東	市町村	学校図書館補助員向けの研修会を開催
関東	市町村	学校図書担当者への研修会・連絡会議を行っている
関東	市町村	学校訪問ブックトーク、学校司書教諭・司書教諭補助員研修事業
関東	市町村	教師への資料の貸出と、市立図書館の活用の説明チラシを作成し、学校等に配布している
関東	市町村	市で委嘱している学校図書館支援員やボランティア団体への支援、家読（うちどく）用図書セットの貸出、リサイクル図書の優先的配布などを行っている
関東	市町村	市内小中学校に希望に応じ、学習パックを作成して・搬送。年 18 回程度
関東	市町村	児童、生徒向けに読書通帳を無料配布し、図書館で借りた本が記帳できるサービスを実施している。また学校で貸出を受けた資料も記帳できるようになった
関東	市町村	新小学校 1 年生向けに町立図書館ガイダンスを実施。貸出カードの発行も学校を通して行う。（今年度は今のところ未実施）
関東	市町村	年に 1 回、学校司書研修会へ図書館司書が参加して、図書館サービスの案内を行っている
中部	市町村	お話会、読み聞かせ、ブックトークなど
中部	市町村	学校司書との打合せ会
中部	市町村	学校図書館ではなく、学校への支援・連携は（1）（3）を実施している
中部	市町村	学校図書館司書との合同研修会開催

中部	市町村	学校図書館司書と協力し、情報共有会議を開催。学校図書館と協力し、読書推進活動の一環として図書館だより「友読」を年に4回発行
中部	市町村	学校訪問（ブックトーク・読み聞かせ）、学校司書研修会への参加、教育研究会での行使、子どもの読書活動に関する連絡会議、おすすめ本のポップを生徒に作成してもらい図書館で企画展示
中部	市町村	月に一度、学校図書館と公共図書館の職員の連絡会を行い、連携のための話し合いや作業を行っている
中部	市町村	市内小中学校への司書の派遣（各校週1回ペースで巡回）。（3）はこの職務の中で学校から依頼のあるときに行っている
中部	市町村	児童・生徒向けに本の紹介などを行っているほか、学校司書と連絡を密に取るようにしている
中部	市町村	児童向け新着案内を配布
中部	市町村	週に1度学校に移動図書館車を運行している
中部	市町村	出張おはなし会や出張ブックトークを行っている
中部	市町村	小学校に導入されている図書館システムから市立図書館に本の予約を入れて、借りられる連携実施
中部	市町村	小中学校司書会への公共図書館司書の参加・学校図書館と連携した本の展示・紹介
中部	市町村	定期的に学校を訪問し、学校図書館整備の支援も行っている
中部	市町村	年に一度、学校図書館の整理員の勉強会を、町立図書館主催で開催している
中部	市町村	本の修理や配架についての講座を実施している
近畿	市町村	おはなし会やブックトークなどを実施している。また、図書館教育担当教諭へ図書館利用についての案内を行っている
近畿	市町村	各クラス単位で、依頼があれば図書の団体貸出を行っている
近畿	市町村	学校からの要望に応じて、移動図書館車が出張し、おはなし会や調べ学習教室を開催している
近畿	市町村	学校司書が全校に配置されているので、リクエストの受付やレファレンス、団体貸出の他、学校司書への研修や選書の協力等様々な支援を行っている
近畿	市町村	学校図書館の環境整備に関する支援
近畿	市町村	希望される学校の図書室に司書が訪問して、図書室の整備・レイアウトや委員会活動等の取り組みに対するアドバイスを行っている
近畿	市町村	司書教諭や学校図書館コーディネーター（支援員）の相談を受けるなどし、資料提供を行っている
近畿	市町村	市内すべての小学3年生対象に図書館見学を計画してもらっている。クラス単位の団体貸し出し（選書は学校）。学校単位に団体貸し出し（選書は図書館）
近畿	市町村	小学校のクラブ活動やおはなし会に出向いている
近畿	市町村	当課から学校司書を派遣し、学校図書館の整備を行っている。（図書館からの派遣は実施していない。）
近畿	市町村	配本サービスを行っている
中国・四国	市町村	学校図書館サポーターを通じ、資料のリクエスト等要望に応えている
中国・四国	市町村	小学校2年生の社会見学時に図書館の活用の説明を行っている
九州・沖縄	市町村	ＰＯＰ作成や工作教室など、読書推進に関わる事業の講師として職員を派遣。おはなし会やブックトークにも出向く。月1回程度、学校司書との連絡会を行っている
九州・沖縄	市町村	りぶしるの活用
九州・沖縄	市町村	学校図書館カードと連携し、図書館カードとして使用できるようにしている
九州・沖縄	市町村	学校図書館の購入資料の装備
九州・沖縄	市町村	休止中の自動車文庫学校巡回再開準備
九州・沖縄	市町村	教職員やボランティアを対象に、学校図書館資料の活用などの講習を行っている
九州・沖縄	市町村	情報提供を行っている

質問 7-2　貴館の自治体の教育情報化への対応について現在の状況を、選択肢からご選択ください（複数選択可）。

▼質問（複数回答あり）　▷集計結果（n=468）	回答数	/468
（1）図書館として、学校（小中高校）の教育情報化についての検討をすでに行っている	15	3.1%
（2）図書館として、学校の教育情報化の検討行う予定がある	12	2.5%
（3）図書館として、学校の教育情報化の対応は未定（予定が具体的にない）	229	47.1%
（4）学校の教育情報化の担当でないので対応を検討していない	231	47.5%
（5）その他、自由にご記入ください	17	3.5%
無回答	8	1.6%
合計	512	

※その他〔記載〕：17件

地域	自治体	記載内容
中部	都道府県	県教育情報ネットワークシステム
近畿	政令市	「大阪市 ICT 戦略」 平成 28 年 3 月策定 等に則り、当館が平成 29 年 6 月に策定した「「大阪市 ICT 戦略」に沿った図書館の今後のあり方」において、「教育 ICT」施策における活用方針を定め、取り組みを進めている。 現在、「大阪市 ICT 戦略」第 2 版に沿ったあり方を検討し ている。（「「大阪市 ICT 戦略」に沿った図書館の今後のあり方」参照）https://www.oml.city.osaka.lg.jp/?page_id=1639-
関東	特別区	前年度と状況は変わらず。学校側では、電子黒板の導入や生徒向けにタブレット端末の貸与を行っている実績がある。図書館側としては、引き続き、読書感想文の課題図書で電子化されているコンテンツの購入・利用啓発を行うことで、教育情報化を支援していきたい
関東	特別区	令和 2 年度末に、全区立小中学校図書館に「学校図書館蔵書管理システム」の導入が完了する予定。
北海道・東北	市町村	教育総務課学校係がすでに ICT に取り組み成果を出している
北海道・東北	市町村	震災後休止中である
北海道・東北	市町村	図書館は学校の教育情報化の担当でないが、担当課の方針に合わせ対応を検討していくが、予定が具体的にない
北海道・東北	市町村	担当課において取り組みを行っている
関東	市町村	プログラミング教育の推進として自館で講座を開催した
関東	市町村	学校図書館に図書館システムを導入し図書館のシステムとの連携を図りたいが、学校施設・設備に関すること、学校図書館に関することはそれぞれ別の課が担当しており、調整が困難なことから、具体的には何も決まっていない
中部	市町村	図書館資料情報の共有化を行っている
近畿	市町村	デジタルアーカイブやHP発信により、学校の ICT 教育等で利活用してもらえるよう側面支援を行っている
近畿	市町村	学校への団体貸出（学校図書室へ、クラスへ）は実施
近畿	市町村	担当課（学校教育課）との協議は行っている
近畿	市町村	担当課ではないため対応はしていない。学校図書室との連携については検討しているのでそれに関わる部分があれば担当課と協議の上対応する
中国・四国	市町村	自治体が対応している

質問 7－3　その他、全体を通してご意見等ございましたら、ご記入ください（記載）。
　　　　〔記載〕：42 件

地域	自治体	記載内容
中国・四国	都道府県	情報機器を使いこなせない人にも電子書籍を読みたいニーズはあり、そういう方への対応が課題である。一方で、情報機器は使用できるが、読書そのものをあまりしない人へどうアプローチをするかも課題である
北海道・東北	市町村	新型コロナウイルス問題など、来館が不可能な時においてもできる読書サービスを考えていく必要があると感じた
北海道・東北	市町村	新型コロナ問題を通して、3 密にならない対策と安全な事業運営のためにも、非来館型サービスを十分に検討する必要性を感じた。又、環境整備に向けた財源確保が課題なので、支援体制の整備も必要である
北海道・東北	市町村	電子書籍は、将来的には導入していくべきと考えますが、紙の資料との二重投資になり、現段階では財政サイドの理解を得られないのが、大きな課題です
関東	市町村	電子図書館実施の際の課題について他の公共図書館と情報共有したい。例：電子書籍のみの所蔵をした場合、契約解除とともに所蔵がなくならないようにする方策、導入費用予算措置が困難、閲覧アプリ等電子図書館環境のバージョンアップなどにどのように対応すればよいか等。このオンラインアンケート回答等について一旦ワードなどに保存して決裁して回答し、決裁後の回答案もコピーできず、再打ち込みしなければならに形になるなど、他機関とのやり取りが効率的とは言えない状況にある
関東	市町村	この回答フォームに、一時保存機能をつけていただければありがたいです。仕事の合間に回答を作成するため、一気に回答を作成できないこともあるので、ご検討いただきますようお願いします
関東	市町村	コロナの影響により現在も一部サービスを縮小しているが、利用者の安全を考えるとやむを得ないと考える。また、将来的には、デジタルアーカイブの検討が必要と考える
関東	市町村	各地の図書館が電算システムで採用されているベンダーやシステム名、使用している機器類のこと等がわかるとよい
関東	市町村	担当者レベルの考えですが、国立国会図書館が各公共図書館の地域資料等を集約してデジタル化し、国立国会図書館デジタルコレクション上で公開する仕組みができると、国内にあるアーカイブの質の維持やデータ消失のリスクが解消されると思うので、実現してほしい
関東	市町村	電子図書館はこのコロナの時代では必須となると思いますので、導入を前向きに検討していきます
中部	市町村	現在、デジタルアーカイブスの保存・公開の予定もなく、電子書籍化サービスも行っていないが、公立図書館が担う電子書籍化は、その地域でしかできない希少書籍や歴史資料等の電子化と公開など、次世代へ引き継ぐ地域のアーカイブスの構築であると考えている
中部	市町村	今回の状況を見ると、電子書籍導入は推奨されるが、導入するための経費の支援等が必要である。また、電子書籍化資料数や著作権の問題の解決を図らなければ、導入は拡大していかないと考えています
中部	市町村	新型コロナ感染症の対策により、これまでの図書館の運用に関しての考え方を変える必要がある。「知る権利」を常に確保することは重要ではあるが、利用者・職員等、図書館に関わる全ての方々の命を守る必要もある。図書館で感染するリスクがある以上、命が最も重要であることから、感染症対策のため一時的に「知る権利」を制限することはやむを得ないのではないかと考える
中部	市町村	第 2 次世界大戦の経験者の証言が、高齢化によって消えつつあり、1 つでも多く残し、平和を希求する図書館として、映像を残したい。また、県は、終戦間近に、国のいろいろな機関を県内のあちらこちらに移そうとして、移転し始めていた。登戸研究所の分院も引っ越してきている。そんなことの、証言者もあと 10 年もしたらおられなくなり、埋もれていきそうである人間の愚かさ、集団になった時の、人の心を持たなくなる思想や方式は、歴史から学んで、平和を求めなければならないのに、それが消えていくようで怖い。だから、電子化する予算がどうしてもほしい・・・が、実現していかない
中部	市町村	地方の小さな図書館では、図書館に予算がなく、電子化やネット環境を作るまでまわらず、資料を提供できればいいという考えしかないのが現状です
中部	市町村	当館は電子図書館・電子書籍貸出サービスを行っていないため、回答できない
近畿	市町村	2020 年 7 月下旬に電子書籍貸出を開始するため、導入済として回答しましたのでよろしくお願いします
近畿	市町村	図書館を閉館せざるを得ない状況になった時、現物提供しかするができないため、電子図書の有用性を今回の新型コロナによって感じました
近畿	市町村	電子書籍の導入等まだ先のことと漠然としか思い描けていませんでしたが、今回の臨時休館等を機会に差し迫った課題であると改めて感じました。個人で電

		子書籍等を購入利用している方は増えていると思われますが、公共図書館のサービスとしてどのようなことができるのか、課題として考えたいと思います
近畿	市町村	電子図書館については定義や著作権法、公衆送信権の理解が不十分なまま、イメージが先行している面があり、今後の課題であると思われる
中国・四国	市町村	アンケートに答えることで、いろいろ参考になり、課題や新しい視点もわかりました
中国・四国	市町村	利用者が所有している情報端末の使用を前提としない非来館者サービスの拡充について検討を進めたい
九州・沖縄	市町村	新型コロナ対策のアンケートを行ってもらえて、結果を送付いただけるのは、今後のためにとても役立つと思うのでありがたいです
九州・沖縄	市町村	本館においては電子化がまったく進んでいないので、今後段階的に進めていく必要があると感じている

なし（特になし、特にございません、記載事項なし、特にない）計 18 件

［資料 B］　大学図書館アンケート質問と集計結果

　電子出版制作・流通協議会が 2020 年 6 月〜8 月に、大学に行ったアンケートの回答結果である。

　アンケートの対象は総学生数が 3,000 名以上(2019 年)の国公立・私立大学 245 校で、各学校宛にそれぞれ 1 件依頼し、Web からの回答を得た 166 校の結果をまとめた。

アンケート実施内容

　　6 月 29 日に 245 校にアンケートの依頼を郵送

　　6 月 29 日〜8 月 5 日 Web（メール添付・FAX）にて回答

　　回答した大学　166 校（前年比＋19、回収率 67.8%）

　　　※%は小数点下 1 桁以下四捨五入とした。

大学分類

　今回のアケート集計においては、学部学科分類 [1] を参照にして、電子出版制作・流通協議会電子図書館・コンテンツ教育部会で各大学を以下のように分類した。（〔〕内は分類された回答学校数）

（1）総合　　　　〔97〕　（前年比＋18）（国公立 41、私立 56）
　　　　　　　　　　　・文系学部＋理系学部（＋医保、＋他）
　　　　　　　　　　　・文系学部＋医保系学部
　　　　　　　　　　　・理系学部＋医保系学部

（2）文科（文）　〔48〕　（前年比＋4）（国公立 6、私立 38）
　　　　　　　　　　　・文系学部＝人文科学、社会科学、教育
　　　　　　　　　　　・文系学部＋家政・体育・芸術他
　　　　　　　　　　　・芸術学部

（3）理工（理）　〔16〕　（前年比－3）（国公立 3、私立 13）
　　　　　　　　　　　・理系学部＝理学部、工学部、農学部
　　　　　　　　　　　・理系学部＋芸術学部
　　　　　　　　　　　・理系学部＋理系社会科学部

（4）医保（医）　〔5〕　（前年比±0）（国公立 0、私立 5）
　　　　　　　　　　　・医保系＝医学部、歯学部、薬学部、看護学部

---

[1] 学部学科（大分類）は「学科系統分類表（文部科学省学校基本調査）」を参照。
http://www.mext.go.jp/component/b_menu/other/__icsFiles/afieldfile/2018/03/27/1388724_4.pdf

［資料 B.1］　回答図書館のプロフィール記載

質問 1-1～1-6　……　省略

［資料 B.2］　大学の設置学部について

質問 2-1　貴大学において、設置している人文・社会科学系学部を以下の選択肢（1）～（12）からご選択ください。

▼質問（複数回答あり）　　　　　　　　▷集計結果（n=166）	回答数	/166
（1）人文科学（文学、史学、哲学等）	107	64.5%
（2）社会科学（法学、政治学、商学、経済学、社会学等）	130	78.3%
（3）理学（数学、物理学、化学、生物、地学等）	75	45.2%
（4）工学（機械工学、電気通信工学、土木建築、応用化学、応用理学等）	90	54.2%
（5）農学（農学、林学、水産学等）	38	22.9%
（6）保健（医学、歯学、薬学、看護学等）	82	49.4%
（7）商船	2	1.2%
（8）家政（家政学、食物学、被服学、住居学等）	35	21.1%
（9）教育（教育学、体育学、特別支援教育等）	93	56.0%
（10）芸術（美術、デザイン、音楽等）	38	22.9%
（11）その他（教養学、総合科学、国際関係学、人間関係学、環境学、その他）	82	49.4%
（12）記載	8	4.8%
無回答	1	0.6%
合計	781	

※その他〔記載〕：8 件

分類	国公立/私立	記載内容
総合	国公立	情報学
総合	私立	キャリアデザイン学、現代福祉学、スポーツ健康科学
総合	私立	教養学部アーツ・サイエンス学科飲み会
総合	私立	獣医学
総合	私立	都市環境デザイン学科
文科	私立	外国語
理工	国公立	生命理工学院
理工	私立	メディア学

［資料 B.3］　電子図書館サービスの実施について

質問 3-1　貴大学の図書館で「電子図書館サービス」として利用しているものがありましたら、選択肢からご選択ください。

※学内に複数の図書館を設置している場合には、そのうちの 1 つの図書館でも利用しているものがある場合にはご選択ください。

※Web での図書検索・貸出予約サービス、OPAC 検索は、本アンケートの「電子図書館サービス」には含んでいません。

▼質問（複数回答あり）　　　　　　　　　　　▷集計結果（n=166）	回答数	/166
（1）　電子書籍サービス	159	95.8%
（2）　電子ジャーナルサービス	160	96.4%
（3）　国立国会図書館　図書館向けデジタル化資料送信サービス	130	78.3%
（4）　データベース提供サービス	163	98.2%
（5）　学術機関リポジトリ	161	97.0%
（6）　ディスカバリーサービス	71	42.8%
（7）　デジタルアーカイブ提供サービス	71	42.8%
（8）　音楽・音声情報配信サービス	27	16.3%
（9）　その他、自由にご記入ください	9	5.4%
無回答	1	0.6%
合計	952	

※その他〔記載〕：9 件

分類	国公立/私立	記載内容
総合	国公立	地域資料リポジトリ
総合	国公立	貴重書コレクションデータベース
総合	私立	ビデオストリーミングサービス（Academic Video Online）
総合	私立	リメディアルムービー
総合	私立	映像配信サービス（看護系）
文科	私立	LE CORBUSIER PLANS ONLINE
理工	国公立	（6）につきまして、リンクリゾルバの導入のみですが、選択させていただきました
理工	国公立	デジタルビデオコンテンツ
理工	私立	電子図書館システム（LibrariE）、WorldCat Discovery Services

［資料 B.4］　「大学図書館における新型コロナ問題の対応」について

質問 4-1　新型コロナ感染症対策問題（以下、新型コロナ問題）で、全国に「緊急事態宣言」が発令された 4 月 7 日以降、貴館において図書館施設面ではどのような対応をとられましたか、選択肢からご選択ください（複数選択可）。

▼質問（複数回答あり）　　　　　　　　　　▷集計結果（n=166）	回答数	/166
（1）　図書館施設休館	135	81.3%
（2）　図書館施設一部公開	61	36.7%

			36	21.7%
（3）その他、自由にご記入ください			36	21.7%
無回答			1	0.6%
		合計	233	

※その他〔記載〕：36 件

分類	国公立/私立	記載内容
総合	国公立	4 月 18 日から 7 月 13 日まで休館、7 月 14 日以降、制限付き開館。中央館の状況について回答
総合	国公立	開館時間の短縮や学外者の利用制限など、一部サービスを制限して開館
総合	国公立	一部資料貸出を実施（郵送を含む）
総合	国公立	郵送による資料の貸出等
総合	国公立	自宅でのオンライン授業受講が困難な学生を対象としたノート PC の当日貸出。
総合	国公立	4/15-5/24：閉館（教員対象に、事前申込の貸出サービス実施（平日 9:00-17:00）） 5/25-6/18：教員及び教員の許可を得た大学院生・学部 4 年生を対象に、事前申し込み制の入館許可（平日 9:00-17:00）6/19-30：平日 8:30-17:00 開館
総合	国公立	時間短縮開館
総合	国公立	緊急事態宣言解除後、現在は一部開館している
総合	国公立	開館日・開館時間の変更やサービス提供範囲・方法の一部変更等も随時実施した
総合	国公立	緊急事態宣言を受け臨時閉館（4/9-5/6）、その後神戸大学の活動制限指針を受け教職員および大学院生を対象とした「特別利用」を実施。（5/8-)
総合	国公立	座席制限での利用再開
総合	国公立	制限付き開館
総合	国公立	貸出返却のみ、閲覧席使用不可（6/2 より制限緩和） / 別館閉室、学外者の利用不可（継続中）
総合	私立	施設としては閉館だがサービスは限定継続
総合	私立	図書館は原則休館。授業開始（5/18）以降は入構許可者（学部 4 年以上・教職員）のみ平日 10：00～14：00 の間利用可
総合	私立	対象者限定開館
総合	私立	内部者のみ事前申請で入館
総合	私立	郵送による資料の貸出や返却、利用者・サービスを限定して開館
総合	私立	～5/24 は（1） 5/25～は（2）
総合	私立	臨時休館中だが、本学が定める活動指針のレベルに応じて、教員とキャンパスへの入構が許可された大学院生に対して、教育研究上図書館の利用が不可欠な場合は、入館条件を満たし事前予約をした上で、図書館の利用を認めている
総合	私立	学生の利用制限（停止）期間を設けた
総合	私立	（1）4/9~6/7 （2）6/8 より 予約制・貸出返却のみ対応
総合	私立	閲覧席を 1/2（椅子を間引いた）にした。換気、手指消毒の徹底
総合	私立	閉館はせず、利用対象者やサービス内容を制限して対応した
文科	国公立	夜間・休日のみ閉館
文科	国公立	オンラインレファレンス、オンラインピアサポート、オンラインイベントの実施、オンラインで利用できるリソースの集約 Web ページを作成・提供
文科	国公立	一部カウンターサービスを曜日限定、予約制で実施
文科	私立	4/25～6/7 まで閉館、5/25 以降郵送貸出開始、6/8 から貸出・返却のみで開館、6/29 以降、一部の閲覧席利用可
文科	私立	4/9～5/6 まで閉館とし、教職員のみ利用可。5/7～縮小開館とし、施設・設備を制限して教職員のみ利用可
文科	私立	7 月 16 日以降、事前予約による限定開館開始
文科	私立	限定的な開館（開館時間、開館日、利用できる対象者を限定）
理工	私立	図書館施設 平日短縮開館・土曜日休館
理工	私立	感染拡大防止のための措置（飛沫防止パネル設置、消毒液設置、座席の間引き等）
理工	私立	図書館施設の利用を教職員のみにした。また、開館日時の制限をした
理工	私立	4/1～6/9 まで臨時休館 6/10～限定開館
医・保	私立	開館時間を短縮しての開館。学生は予約して来館など

質問 4−2 図書館施設の休館（一部含む）した図書館について、期間はどれくらいでしたか、選択肢からご選択ください（複数選択可）。

▼質問（複数回答あり）　　　　　　▷集計結果（n=166）	回答数	/166
（1）　2週間未満	5	3.0%
（2）　2週間から1ヶ月	17	10.2%
（3）　1ヶ月以上2ヶ月未満	53	31.9%
（4）　2ヶ月以上	87	52.4%
（5）　閉館しなかった	6	3.6%
（6）　その他、自由にご記入ください	9	5.4%
無回答	4	2.4%
合計	181	

※その他〔記載〕：9件

分類	国公立/私立	記載内容
総合	国公立	5/1〜5/6（ゴールデンウイーク）
総合	国公立	完全閉館については（2）、一部開館については（4）で、現在も継続中である
総合	国公立	約1ヶ月は全館室閉館し、その後は利用対象者を限定して限定的に開館している
総合	私立	4月7日〜6月7日は閉館（一部図書館は5月中旬まで）。その後段階的に入館可としている
総合	私立	Q9の状態が2ケ月以上、4/1から現在に至る
総合	私立	学内者は②、学外者は④で現在も継続中
文科	国公立	3/5-3/31は閉館した。4/1-6/28 教職員対象開館、6/29-学内関係者対象開館。学外者については3/5以降利用不可
文科	私立	完全閉館は4/25〜5/6まで。それ以外は一部施設、設備を制限して開館
文科	私立	5月末までは閉館（但し、急ぎの教員のみ個別対応）、6月1日以降は、開館時間短縮及び利用設備の制限などによる「部分開館」として実施中

質問 4−3 新型コロナ問題で、全国に「緊急事態宣言」が発令された4月7日以降の図書館休館（一部含む）した期間中における図書館職員の対応について、選択肢からご選択ください（複数選択可）。

▼質問（複数回答あり）　　　　　　▷集計結果（n=166）	回答数	/166
（1）　全図書館職員について非出勤	12	7.2%
（2）　図書館職員について交代出勤	124	74.7%
（3）　一部職員以外は非出勤	27	16.3%
（4）　職員通常出勤	20	12.0%
（5）　その他、自由にご記入ください	37	22.3%
無回答	2	1.2%
合計	222	

※その他〔記載〕：37件

分類	国公立/私立	記載内容
総合	国公立	交代出勤は、4月21日以降。それまでは通常出勤
総合	国公立	全図書館職員交代出勤
総合	国公立	緊急事態宣言中のみ職員在宅勤務
総合	国公立	一部職員は都県境を越える移動となるため、期間中出勤せず（在宅勤務）
総合	国公立	全図書館職員について交代出勤
総合	国公立	期間によって異なる
総合	国公立	神戸大学の活動制限指針により在宅勤務、時差出勤が推奨された

総合	国公立	図書館職員について在宅勤務
総合	国公立	1 週間程度、交代で在宅勤務
総合	私立	職員時差出勤
総合	私立	4/8～5/31（2）、6/1～（4）
総合	私立	4 月 7 日～5 月 31 日は特定のサービスに関わる職員以外は原則在宅勤務
総合	私立	4 月 8 日～5 月 31 日まで一部職員以外非出勤、6 月 1 日以降全職員通常出勤
総合	私立	テレワークを併用し交代出勤とした
総合	私立	原則在宅勤務。必要があれば出勤
総合	私立	交代制在宅勤務
総合	私立	時差出勤、有給休暇を使った出勤調整など行った
総合	私立	出勤はしないが、利用者問合せも含めテレワークで業務対応
総合	私立	専任は通常出勤（テレワーク含む）、パートタイマーは 5 月半ばまで原則非出勤
総合	私立	大学の定める指針に基づき、危機レベルに応じた割合を定めて出勤
総合	私立	全スタッフの 3 割出勤を目標とし、出勤が必要なスタッフのみ出勤
総合	私立	在宅勤務
総合	私立	出勤人数制限
総合	私立	出勤曜日の特定、在宅勤務、勤務時間の制限などを実施
総合	私立	4/20-5/9 の期間のみ、出勤人数を半数に調整
総合	私立	非専任職員は休業
文科	国公立	交代出勤とし、出勤しない職員は在宅勤務とした
文科	私立	4/9～6/30 まで勤務人数削減。4/25～5/6 までは出勤停止。7 月以降通常出勤
文科	私立	一部職員は在宅勤務
文科	私立	専任職員は出勤（一時短縮勤務）、非常勤職員は非出勤
文科	私立	専任職員は出勤または在宅勤務。非常勤は業務内容により出勤または非出勤
文科	私立	在宅と出勤
文科	私立	在宅勤務と出勤の交代制
文科	私立	専任職員は 4-5 月交代出勤、非専任職員は非出勤、6 月 1 日以降は全員通常出勤
文科	私立	6 月 15 日からは図書館職員通常出勤
文科	私立	5 月末まではテレワーク及び時差出勤を併用すると共に年休取得奨励により出勤者を削減。6 月以降は通常勤務。
理工	私立	4 月 13 日～5 月 11 日：専任職員 1 名勤務、5 月 14 日～5 月 29 日：専任職員、委託職員半数勤務、6 月 1 日～：通常勤務

質問 4-4 新型コロナ問題で図書館が休館（一部含む）した期間中における、資料の貸出で行ったことについて、選択肢からご選択ください（※電子書籍貸出サービス以外）（複数選択可）。

▼質問（複数回答あり）　　　　▷集計結果（n=166）	回答数	/166
（1）資料の貸出受付の実施（電話・Web・メール等での受付）	86	51.8%
（2）資料の窓口での貸出サービスの実施（事前申込不要）	22	13.3%
（3）資料の郵送貸出・返却の実施	112	67.5%
（4）資料の貸出期間の延長	155	93.4%
（5）その他、自由にご記入ください	25	15.1%
無回答	3	1.8%
合計	403	

※その他〔記載〕：25 件

分類	国公立/私立	記載内容
総合	国公立	指導教員の承諾を受けた学生にメールで貸出を受付
総合	国公立	（1）は専用申込フォームでの受付（2）は教員のみ　（3）は貸出のみ
総合	国公立	閉館はしていませんが、資料の貸出期間の延長を行いました
総合	私立	（2）は入構許可者のみ
総合	私立	5 月以降段階的にサービスを拡大実施

総合	私立	ILL（文献複写取り寄せ）の実施
総合	私立	オンライン相談、所蔵資料のコピーサービス実施
総合	私立	教員に対してのみ（2）も行った
総合	私立	所蔵している雑誌・紀要・政府刊行物の郵送による複写サービス
総合	私立	学生入構禁止のため、貸出は対象を教員に限り実施
総合	私立	教職員のみを対象にした窓口貸出、貸出期間の延長に代え、督促の無期限未実施
総合	私立	（1）について、対象は教員のみ
総合	私立	閉館していないが、学生の利用を制限したため、資料の貸出期間延長を行った
文科	国公立	5/18以降学生向けに郵送サービスを実施
文科	国公立	貸出更新回数上限の緩和、延滞ペナルティの緩和、資料の郵送は返却のみ実施
文科	国公立	郵送返却
文科	私立	資料の窓口での貸出・返却サービスの実施（事前申込制）
文科	私立	所蔵資料の複写郵送サービス
文科	私立	返却延滞者のペナルティの解除
文科	私立	郵送貸出（費用図書館負担）は、学生6月30日、教員5月29日で終了　返却費用は自己負担。6月15日から予約者に限り対面による資料の貸出を実施（火・金のみ）
文科	私立	延滞ペナルティの免除
理工	国公立	館内所属資料の電子複写サービス
理工	私立	開館後に、郵送貸出・返却サービスを開始致しました（5/11～）
医・保	私立	教職員は事務室からの利用を可とした
医・保	私立	閉館はしていないが、入構が禁止された学生に対しての文献コピー無料送付

質問 4-5 新型コロナ問題で図書館が休館（一部含む）した期間中において、実施したオンライン（Web）サービスについて、選択肢からご選択ください（複数選択可）。

▼質問（複数回答あり）　　　　　　　▷集計結果（n=166）	回答数	/166
（1）電子書籍サービス	151	91.0%
（2）電子ジャーナルサービス	152	91.6%
（3）データベース提供サービス	160	96.4%
（4）学術機関リポジトリ	151	91.0%
（5）ディスカバリーサービス	69	41.6%
（6）デジタルアーカイブ提供サービス	66	39.8%
（7）音楽・音声情報配信サービス	19	11.4%
（8）オンラインによるレファレンスサービス	67	40.4%
（9）図書館関連情報・読書情報の提供	81	48.8%
（10）Webセミナーの実施	41	24.7%
（11）その他、ご自由に記述ください	33	19.9%
無回答	3	1.8%
合計	993	

※その他〔記載〕：31件（無記入2件除く）

分類	国公立/私立	記載内容
総合	国公立	オーダーメイド講習会（動画配信）
総合	国公立	図書館ガイダンス、リテラシー教育を遠隔で実施した（資料のオンデマンド配信）。ディスカバリーサービス、Webセミナーを実施予定である
総合	国公立	動画によるオリエンテーション
総合	国公立	オンラインによるガイダンス
総合	国公立	情報検索ガイダンスの動画公開。
総合	国公立	自主学習用資料として「図書館オリエンテーション」、「情報探索講座」のテキストを図書館HP上で提供
総合	国公立	すべてのものが利用できたわけではない。学外から閲覧できないオンラインサービ

		スもあった
総合	国公立	図書館 TA のオンラインによる学習相談
総合	私立	オリエンテーション資料
総合	私立	オンデマンドオンライン配信授業
総合	私立	オンラインによる新入生オリエンテーション
総合	私立	ガイダンスの動画作成
総合	私立	映像配信サービス
総合	私立	講習会用動画、チュートリアル動画の配信
総合	私立	ラーニング・アドバイザーによるオンライン学習相談
総合	私立	講習会のスライド化、動画化
総合	私立	e-learning（図書館の使い方や資料の探し方をまとめた動画コンテンツを HP で公開）
総合	私立	Web 上での購入希望の受付
総合	私立	上記のサービスで、（1）（2）（3）は、学外からの利用を許諾されたものを案内した
文科	国公立	データベースについては学認経由のリモートアクセスができるようにした。また、無償で提供された電子動画や電子書籍の情報を周知した
文科	国公立	図書館ガイダンス資料の Web 掲載、Zoom を用いた読書空間提供（朝読書ルーム）、オンラインブラウジングサービス（デジタル書架ギャラリー）
文科	私立	ガイダンスや講座の動画配信
文科	私立	新入生向けに利用案内動画を作成、ホームページで公開
文科	私立	Zoom による図書館ガイダンス実施、図書館オリエンテーション動画配信
文科	私立	電子ブック試読、リクエスト受付サービス
文科	私立	メールによるレファレンスサービスを実施
文科	私立	ラーニングサポートスタッフ（学生）によるオンライン学習相談
理工	国公立	（5）については、リンクリゾルバです。
理工	国公立	館内所属資料の電子複写サービス
理工	私立	PowerPoint による図書館ガイダンスファイルの作成・公開
医・保	私立	学外アクセスのための学内からのユーザー登録代行

質問 4-6 新型コロナ問題で、学生・教員や法人（大学法人・学校法人）からどのような問い合わせがありましたか、選択肢からご選択ください（複数選択可）。

▼質問（複数回答あり）　　　　　　　▷集計結果（n=166）	回答数	/166
（1）　資料貸出サービスの実施について	144	86.7%
（2）　図書館施設の利用について	153	92.2%
（3）　図書館サービスの再開について	142	85.5%
（4）　電子図書館サービス（電子書籍サービス等）の実施について	110	66.3%
（5）　特に問い合わせはない	2	1.2%
（6）　その他、自由にご記入ください	18	10.8%
無回答	1	0.6%
合計	570	

※その他〔記載〕：18 件

分類	国公立/私立	記載内容
総合	国公立	遠隔授業における著作物の利用可否、方法等について
総合	国公立	閉館期間中、ブラウジングの代用として図書の背表紙の並んだ書架の写真を撮って公開して欲しい
総合	私立	オンラインによる図書館ガイダンスの実施について（オンライン授業と同時期に実施）
総合	私立	ライブラリーカード発行に関して、オンラインサービスの接続方法について
総合	私立	リモートアクセス、ガイダンス実施
総合	私立	学外アクセスの方法について
総合	私立	データベース・電子ジャーナルの学外からのアクセス方法について

総合	私立	電子ジャーナル・データベースへの学外からのアクセス方法
総合	私立	データベースのリモートアクセスの有無についての問い合わせが多くありました
総合	私立	ILL について
総合	私立	文献複写サービスについて
文科	国公立	リモートアクセスの方法について、オンライン授業での著作物の利用について
文科	国公立	資料返却方法（学生・教員）、ILL 提供資料の返却期限調整（法人）
文科	私立	貸出中の資料の返却方法について
文科	私立	オンライン授業の著作権について、学外からの接続設定について
理工	私立	ILL の受付について
医・保	私立	学外からの電子資料へのアクセス方法についての問合せが多かった
医・保	私立	書籍や DVD の配信可否について

質問 4-7 電子書籍サービス（質問 3-1 で（1）を選択）を導入している図書館において、新型コロナ問題で閉館（一部含む）した時期に、電子書籍閲覧件数が変化しましたか、選択肢からご選択ください（複数選択可）。

▼質問（複数回答あり）　　　　　　　▷集計結果（n=159）	回答数	/159
（1）　電子書籍の閲覧件数が増加した	110	69.2%
（2）　電子書籍の閲覧件数が減少した	6	3.8%
（3）　電子書籍の閲覧件数は特に変化しなかった	12	7.5%
（4）　その他、自由にご記入下さい	42	26.4%
無回答	2	1.3%
合計	172	

※その他〔記載〕：42 件

分類	国公立/私立	記載内容
総合	国公立	開館時間が短期間であり、しかも利用統計が月毎に集計されるため、変化したかわからない
総合	国公立	特別トライアル実施のため増加したが、コロナ以前と単純比較はできない
総合	国公立	件数に変化はないが主題の片寄りがなくなり、まんべんなく読まれるようになった
総合	国公立	電子書籍の閲覧件数については統計を取っていないため不明
総合	国公立	トライアルや期間限定拡大サービスを利用
総合	国公立	閉館する前の閲覧件数を把握していなかったため、不明
総合	私立	冊子体図書の利用に代わるほどの増加ではない
総合	私立	通常は学内利用限定だが、版元の特別対応で臨時 ID での学外からの利用が可能となったことが閲覧件数の増加につながった。また、複数の電子書籍サービスで「トライアル」も並行して実施したことも増加の一因と考えられる
総合	私立	電子リソースによって、増加したもの減少したものがあった
総合	私立	特に「学外から」のアクセス数が増加した。複数あるプラットフォームのすべての閲覧件数を確認したわけではない
総合	私立	6 月に電子書籍のコンテンツを増やしたが、それ以降は閲覧件数が増えた
総合	私立	電子書籍は学内ネットワーク下でのみ閲覧可能であるため、学生が利用不可となりました
総合	私立	電子書籍の閲覧件数の統計は取れないため不明
総合	私立	出版社からの特別措置による学外からの臨時 ID/PW 発行・タイトル毎のアクセス数増対応があり、発行希望連絡が多数あった
文科	国公立	まだ確認していないが、増えているものと予想される
文科	国公立	日本語の電子書籍は増加傾向、それ以外は変化なし
文科	私立	調査していませんが増加していると思います
文科	私立	リモートアクセスが可能となったことが増加の要因、また電子書籍を増やした
文科	私立	コロナ禍対応として、電子書籍サービスを開始した
文科	私立	2020 年 4 月導入のため前年との比較ができません
文科	私立	電子書籍の試読サービスを実施した

文科	私立	特に 5 月、6 月において従来授業で行っていた利用が減少した
文科	私立	学内のみ利用可
理工	国公立	回答（1）としましたが、タイトルごとに昨年の閲覧件数と比較したものではなく、電子ブック全体の閲覧件数を比較しており、昨年の同時期（2019 年 4 月～6 月）に比べ、2020 年 4 月～6 月（凡そ閉館期間中）の閲覧件数は増加しております。ただし、閉館期間中にコンテンツもかなり増加しておりますことを申し添えます
理工	私立	就職活動に関連する電子資料の利用が増加した
理工	私立	電子ブックの統計は年間で出しているため、統計取得不可
理工	私立	電子書籍の拡充を図っている最中であり、昨年度とは所蔵数が異なるため一概に比較ができない状態です
医・保	私立	該当期間の調査はまだ行っていない

不明、未調査、統計なし、把握していない→13 件

質問 4-8 電子ジャーナルサービス（質問 3-1 で（2）を選択）を導入している図書館において、新型コロナ問題で休館（一部含む）した時期に、電子ジャーナル閲覧件数が変化しましたか、選択肢からご選択ください（複数選択可）。

▼質問（複数回答あり）　　　　　　　　　　　　　▷集計結果（n=160）	回答数	/160
（1）　電子ジャーナルの閲覧件数が増加した	67	41.9%
（2）　電子ジャーナルの閲覧件数が減少した	37	23.1%
（3）　電子ジャーナルの閲覧件数は特に変化しなかった	30	18.8%
（4）　その他、自由にご記入下さい	39	24.4%
無回答	4	2.5%
合計	177	

※その他〔記載〕：39 件

分類	国公立/私立	記載内容
総合	国公立	開館時間が短期間であり、しかも利用統計が月毎に集計されるため、変化したかわからない
総合	国公立	一部の電子ジャーナルは利用が増加していたが、電子ジャーナルは開館、閉館にかかわらず閲覧できるものなので、コロナ禍で閉館していたため利用が増加したのかは不明
総合	国公立	図書館閉館ではなく、大学への入構制限が影響していると思われる
総合	国公立	学内アクセス減と学外アクセス増により、例年並みの件数が維持されたと考えられる
総合	国公立	該当期間の閲覧件数を特段算出していない
総合	私立	今年度から閲覧件数集計方法を変更したため比較できない
総合	私立	学内利用限定で契約している電子ジャーナルが多かったので、利用が限定された
総合	私立	大きな増加ではない
総合	私立	統計未取得のため、不明です
総合	私立	特に「学外から」のアクセス数が増加した。複数あるプラットフォームのすべての閲覧件数を確認したわけではない
総合	私立	今年度 4 月以降の閲覧件数を未取得のため変化を把握できていない
文科	国公立	まだ確認していないが、（英文ジャーナルが多いため）変化していないと思われる。
文科	国公立	学外からアクセスできないジャーナル、アクセス方法の周知が不十分なジャーナルがあったことが、減少の一因と考えられる
文科	国公立	一部、閲覧件数が変化しなかった電子ジャーナルもあった
文科	国公立	電子ジャーナルによって異なりますので、一概には申せませんが、概ね増加したのではないかと思われます
文科	私立	調査していませんが増加していると思います
文科	私立	リモートアクセスができないこと、入構制限があることが減少の要因
文科	私立	閲覧件数が大幅に増えた雑誌もあれば、減少した雑誌もあった
文科	私立	毎年空きに一度しか統計をとっていないため現時点では不明

文科	私立	学内アクセス限定のものが多いため
文科	私立	特に5月、6月において従来授業で行っていた利用が減少した
文科	私立	学外からのアクセス数が統計に反映されず不明
文科	私立	学内のみ利用可
理工	国公立	本学で契約している主要タイトル・パッケージごとに Q15 と同期間の利用比較を行った。一部は昨年度を上回る閲覧件数となったものの、減少となったタイトル・パッケージのほうが圧倒的に多い。閲覧件数総数でも、減少となったため、（2）を回答とする
医・保	私立	該当期間の調査はまだ行っていない

不明、統計なし、統計をとっていない、把握できない→13件

質問 4-9 データベース提供サービス（質問 3-1 で（4）を選択）を導入している図書館において、新型コロナ問題で休館（一部含む）した時期に、データベース利用件数が変化しましたか、選択肢からご選択ください（複数選択可）。

▼質問（複数回答あり）　　　　　　▷集計結果（n=163）	回答数	/163
（1）　データベース提供サービスの利用件数が増加した	78	47.9%
（2）　データベース提供サービスの利用件数が減少した	42	25.8%
（3）　データベース提供サービスの利用件数は特に変化しなかった	15	9.2%
（4）　その他、自由にご記入下さい	44	27.0%
無回答	3	1.8%
合計	182	

※その他〔記載〕：44件

分類	国公立/私立	記載内容
総合	国公立	開館時間が短期間であり、しかも利用統計が月毎に集計されるため、変化したかわからない
総合	国公立	全体的に大きな変化はないが、同時アクセス制限緩和により利用数が増加したものがあった
総合	国公立	一部のデータベースは利用が増加していたが、データベースは開館、閉館にかかわらず閲覧できるものなので、コロナ禍で閉館していたため利用が増加したのかは不明
総合	国公立	図書館閉館ではなく、大学への入構制限が影響していると思われる
総合	国公立	学内アクセス減と学外アクセス増により、例年並みの件数が維持されたと考えられる
総合	国公立	該当期間の閲覧件数を特段算出していない
総合	国公立	個々のデータベースで利用件数の増減は分かれた
総合	私立	今年度から閲覧件数集計方法を変更したため比較できない
総合	私立	大きな増加ではない
総合	私立	通常は学内利用限定だが、版元の特別対応で臨時 ID での学外からの利用が可能となったことが閲覧件数の増加につながった。特に新聞系データベースはオンライン授業・課題での利用が高かった
総合	私立	統計未取得のため、不明です。
総合	私立	特に「学外から」のアクセス数が増加した。複数あるデータベースのすべての利用件数を確認したわけではない
総合	私立	今年度 4 月以降の閲覧件数を未取得のため変化を把握できていない
総合	私立	データベース提供元の意向で、臨時リモートアクセスが可能になったものが複数あります。教員を中心に利用の周知を行いましたが、当該期間中の利用状況は現在不明です
総合	私立	出版社からの特別措置による学外からの臨時 ID/PW 発行・タイトル毎のアクセス数増対応があり、発行希望連絡が多数あった
文科	国公立	例年、年度始めに実施しているデータベースの利用ガイダンスが実施できなかったため、使い方の周知が不十分なことが減少の一因と考えられる
文科	国公立	一部、利用件数が増加したデータベースもあった

文科	国公立	データベースによって異なりますので、一概には申せませんが、概ね増加したのではないかと思われます
文科	国公立	辞書・新聞データベースは増加、それ以外は減少
文科	私立	調査していませんが増加していると思います
文科	私立	リモートアクセスが可能となったことも増加の要因
文科	私立	データベースにより異なる
文科	私立	学外から利用できる DB が限定されるため、利用が大きく増加することはなかった
文科	私立	館内のみで利用可能なサービスのため、閉館中はそもそも利用できない
文科	私立	統計を取っていないので不明　アクセス数増口は実施
文科	私立	学内アクセス限定のものが多いため
文科	私立	特に 5 月、6 月において従来授業で行っていた利用が減少した
文科	私立	学外からのアクセス数が統計に反映されず不明。反映される DB については増加
文科	私立	学内のみ利用可
理工	国公立	新型コロナ対応でアクセス制限が緩められた DB もあった影響か、Q15 と同期間の利用比較で、半数以上の DB で利用件数が増加した。しかし、利用件数総数では、減少となったため、（2）を回答とする。なお、総数減となった理由は、利用件数減となった DB 群のほうに、Web of Science などの利用頻度の高い DB が集中していたためである
理工	私立	契約している電子コンテンツの殆どが学内からのみ利用可能なため、閲覧件数は大きく減少しました（現在、学外からのアクセス環境を構築中）
医・保	私立	該当期間の調査はまだ行っていない
医・保	私立	海外のデータベースの利用はあまり変わらず、日本のものは増加傾向があった

不明、未調査、検証できていない→11 件

質問 4−10　電子書籍サービス（質問 3−1 で（1）を選択）を導入している図書館において、新型コロナで休館（一部含む）した期間中に、電子書籍貸出サービスでどのような変化がありましたか、選択肢からご選択ください（複数選択可）。

▼質問（複数回答あり）　　　　　▷集計結果（n=160）	回答数	/160
（1）　電子書籍の閲覧数が増えて、閲覧待ち件数が増加した	30	18.9%
（2）　電子書籍サービスの問い合わせが増加した	77	48.4%
（3）　電子書籍サービスの提供コンテンツに対する要望が増えた	65	40.9%
（4）　その他、電子書籍サービスで課題がありましたら、自由にご記入ください	44	27.7%
無回答	14	8.8%
合計	230	

※その他〔記載〕：44 件

分類	国公立/私立	記載内容
総合	国公立	Q15-18 について、利用統計を取得できる時期に達していない製品が多数あり、現時点では感染症の影響を把握できない
総合	国公立	電子書籍の購入が増加した
総合	国公立	期間限定で同時アクセス数が増加され、かつ、学外アクセス可能なデータベースは利用件数が増えたものもあるが、学内でのみ利用可のデータベースは、利用件数が減少した
総合	国公立	特別トライアル実施のため閲覧数が増えたが、閲覧待ち件数の変化は不明。
総合	国公立	特に日本語資料では、電子書籍製品が存在せず紙媒体しか選択肢が無いケースが非常に多い。早急な電子書籍化を望む。また、高価なため導入できないケースも多いので、現状を鑑み価格設置の見直しを希望する
総合	国公立	回答（1）について、閲覧待ち件数の把握はできていない
総合	国公立	出版社からの無料公開、無料トライアルの実施により、利用できるコンテンツが飛躍的に増加した
総合	私立	学外からのリモートアクセス環境の提供が課題となっています
総合	私立	特に要望なし。今後に備えて電子書籍を増やすことを検討している

総合	私立	元々、電子資料の利用がメインの図書館では、問い合わせや要望は特に増えていない。ダウンロード不可の契約形態しか選択肢がないタイトルや、サブスクリプションモデルでしか契約できず単体で購入できないタイトルが一部あったが、様々な出版社が特定のタイトルについて、期間限定で無料の同時アクセス数増設を実現してくれたので大変ありがたかった。遠隔授業実施は今後も続く見込みなので、さらに期間を延長していただけると大変ありがたい。前述の「特定タイトル」に当てはまらず、かつダウンロードも認められていないタイトルがたまにあるが、輪読などでの使用の際に不便なので、ダウンロードの許可または同時アクセス数増設の対応をお願いできるとありがたい。必要なタイトルが紙媒体でしか提供されていない場合があるので、電子書籍化の促進をお願いしたい
総合	私立	丸善 e ライブラリーの試読サービスを実施しているため、閲覧数が多くなった
総合	私立	該当項目なし
総合	私立	試読サービスだと同時アクセス無制限でもコンテンツがダウンロードできず、購入コンテンツはダウンロードできても、同時アクセスが 1 となってしまうといった提供上の制限
総合	私立	同時アクセス数、複数サービス提供による不統一、日本語コンテンツの少なさ
総合	私立	日本のサービスについては、急にアクセスが増えたので、速度が極端に遅くなったものがあった
総合	私立	閲覧数の増加のみで、問い合わせ等の増加は特にみられなかった
総合	私立	冊数が少ない
文科	国公立	電子ブックの形態で販売している書籍の数が少ないこと（特に和書）
文科	国公立	利用者への周知が行き届いていないためか、電子ジャーナルやデータベースに比べると、利用頻度や問い合わせが少ない状況です
文科	私立	利用の問い合わせが増加した
文科	私立	なるべく電子書籍での提供に切り替えた
文科	私立	閲覧数・貸出数は増加したが、そのほかの変化はあまりみられなかった
文科	私立	2020 年 4 月導入のため回答不能
文科	私立	学生が使用する教科書として図書館で電子書籍を購入・提供できない、同時多数アクセスとすることができないこと
文科	私立	現在一時的に学外からのアクセスを許可してもらっているが、今後どのようになるか、不安である
文科	私立	電子書籍サービスについては特に問合せなし
文科	私立	閲覧待ち件数の増減については不明
理工	国公立	冊子で利用の多い図書について電子書籍サービスで提供されているものが少ない
理工	国公立	各分野、教科書的な書籍で電子ブックでの提供がないものが多い
理工	私立	電子資料の大部分が学内 LAN 接続必須のため、学外から利用ができる環境構築が課題です
理工	私立	電子書籍の拡充を図っている最中であり、閉館期間前後では所蔵数が異なるため一概に比較ができない状態です
理工	私立	利用促進のための広報の仕方、マニュアル整備
理工	私立	電子書籍サービスの利用が昨年と比べて減少したため、学生への周知方法に課題があると感じた
医・保	私立	図書館から積極的に、電子書籍購入計画を行った

なし、特になし→10 件

質問 4−11 新型コロナ問題によって生じた課題について自由にご記入ください（自由記載）。

※その他〔記載〕：75 件

分類	国公立/私立	記載内容
総合	国公立	「新しい生活様式」に対応した図書館サービスの在り方を模索する必要がある
総合	国公立	電子化されていない資料の提供が困難だった。　・改正著作権法第 35 条の運用指針に基づくオンライン授業用参考文献の電子提供体制が迅速に構築できなかった
総合	国公立	シラバス掲載図書のようなコアタイトルの電子化率が低い
総合	国公立	学認などの学外アクセス環境が未整備のため、導入済の電子リソースを十分に利活用できない。　・電子ブックは、冊子に比較して発行点数が少なく価格が高いことから、これまで積極的に整備できなかった。電子ブックを含め、非来館で利用できる電子リソース整備の必要性が高まった

総合	国公立	授業に使われる図書を電子書籍で購入しようとしても、提供されていないものが多かった
総合	国公立	館内でアクティブラーニング的な学習ができなくなった。 学外者が利用できなくなった
総合	国公立	一部のサービスは学内からしか利用できない
総合	国公立	長期間来館できない利用者の延滞罰則を都度解除している。 図書館再開後、入館利用にはマスク着用を必須としているが、閲覧席では着用しない利用者が多い
総合	国公立	電子書籍化されてない紙資料への要望が重なった場合の対応（複本を購入するか等）
総合	国公立	あらゆる面での学生へのサービスが低下している。 新入生（留学生を含む）に対する図書館オリエンテーションが実施できなかったせいか、 基本的な問い合わせが多い。 館内での会話禁止措置をとっているため、学生の話し合い等による自学自習や交流の 場を提供できない
総合	国公立	購入したいタイトルがあるが、電子書籍で対応していないものが多い。 従来、対面で行っていた新入生への図書館の利用教育をオンラインで行ったが、理解の浸透が検証しづらい。 ・図書館にて対面で行っていた学習相談ができなくなったので、新たな相談方法を検討している
総合	国公立	コロナ対策費確保のため予算減額
総合	国公立	レファレンスブック等、学生に提供できる電子書籍のコンテンツが少ない
総合	国公立	閉館と原則自宅勤務体制開始が同時だったため、出勤制限が緩和されるまでは，利用者フォローの体制を取ること自体が困難になった。また、社会状況の変化とそれに基づく大学方針の変更が相次ぐ中では，その時々の提供サービスに関する判断や実施が困難だった。 消毒用アルコールやマスク等、最低限必要な用品も入手が極端に困難となってしまった。 登校しないことを原則とする授業体制により、提供できるはずのサービスが提供できなくなってしまった。 ILL の依頼先がなくなってしまった。また全国の状況変化を逐次確認する必要が生じた。 開館体制を一部業務委託しているため、緊急の契約変更や再契約の必要が生じたり、契約に必要な期間が開館体制を制約することになったりした
総合	国公立	電子書籍のアクセス数を「1」で購入しているものが多く、新型コロナ禍におけるアクセス数の増加に対応できていないこと。 大学構内への立ち入りが制限され、リモートアクセス不可の電子資料の利用ができなくなったため、出版社に特別対応への問い合わせを行った。
総合	国公立	状況が変化する中で、生じた課題の整理が必要である。 ラーニングコモンズ等グループによる学習空間づくりを推進し、利用者をあつめ、活気のある図書館づくりをしてきたが、新型コロナ問題により、逆方向への転換や対策が求められることになった
総合	国公立	図書館を開館する要望は、学生・教職員ともに多数あったが、大学として構内に立ち入り禁止としていたため、再開の調整が大変だった
総合	国公立	海外のものに比べて、国内の電子書籍のプラットフォームが使いづらく、コンテンツ数も少ない
総合	国公立	利用の多い医学中央雑誌について、学外からもアクセスできるように契約内容を改める必要がある
総合	私立	感染症予防対策 遠隔授業・学外からのオンラインデータへのアクセス対応 広報・周知等
総合	私立	（1）施設提供における感染拡大防止対策の徹底 （2）来館型の各種ガイダンス、データベース講習会等の不開催 （3）来館型の読書イベント等のイベント企画の不開催
総合	私立	リモートで電子資料にアクセスできない利用者への対応。 入館・サービス制限解除の時期と見極め ・図書館内施設および資料の衛生状態の保持。 契約電子コンテンツの同時アクセス増加への対応。 利用者の問い合わせに対して、よりリアルタイムに回答可能な通信手段の必要性 。国内・国外の ILL サービスの停滞
総合	私立	リモートアクセスが完全ではない
総合	私立	学外アクセスが激増し、従来の設定では対応が難しい点（インフラとしてのネットワーク環境の整備の不十分さ）と、提供側の同時アクセスなどの制限について予算的な限界もあるため大幅には拡大が難しい点
総合	私立	学内 IP アドレス契約の電子リソースについてリモートアクセスの交渉をしたが、応じていただけない（技術的に無理も含めて）業者もあり、学生の学内入構禁止期間のオンライン授業でも利用できない
総合	私立	電子資料の多くは学内限定での利用契約を結んでおり、版元の特別対応が無ければ、学外から利用不可のケースがほとんどだった。今後は学外からの接続を含めた契約を検討した
総合	私立	電子書籍の要望はあるが、コンテンツが提供されていない物が多い
総合	私立	当館で契約している電子サービスの大半が、学内でのみ利用可能なものだったた

		め、学外アクセス対応への切換に苦慮した
総合	私立	日本語資料において、電子媒体で提供されないタイトルの多さを改めて実感した 新刊書籍を電子で複数プラットフォームから契約可能なようかじ取りをしていただけると有難いと感じている。 一方、本学で行っている書籍郵送貸出サービスにおいては、国会図書館デジタルや契約電子書籍サービスを紹介したものの、一定数の利用者（学生含む）より電子書籍があったとしても、紙媒体を利用したいとの要望が寄せられた。 上記「紙媒体」を望む利用者のニーズ（なぜ電子ではダメか）は、現在の電子書籍サービスを改善する上で参考になるのではないかと思慮する
総合	私立	電子書籍のコンテンツを 2,000 タイトル増やしたが、本学では費用の都合がつかず、郵送による貸出が行えていない。電子化されていない資料や、非売品の図書を使いたい学生のニーズに応えきれていないことが課題となっている
総合	私立	廃止予定の VPN サービスの代替手段がないこと
総合	私立	学外からのアクセス方法の確保
総合	私立	消毒用アルコール等入手困難
総合	私立	卒業論文、学位論文の資料収集に障害が生じた VPN 接続において同時接続数の上限に困った
総合	私立	電子資源への学外からのアクセス環境が整っていないと困る
総合	私立	PC 操作に不慣れな利用者へ DB 検索や OPAC の操作説明を、メールや電話で的確に行うこと
総合	私立	VPN 接続でリモートでの利用を可能にしているデータベースについては、本学にある機器の対応同時接続可能数に限界があり、しばしば限界可能数を超えて接続があった
総合	私立	電子書籍サービスの充実が課題として挙がりました
総合	私立	入館者制限、飛沫対策、図書資料発注・受入の遅延　等
総合	私立	サービスは来館が基本でしたので、利用者が気軽に来館できない状況では、いくら図書館側が様々なサービスを行っても、利用の敷居は高いように感じました
総合	私立	学外から閲覧できない電子資料の利用方法
総合	私立	学外から利用するための VPN 接続等の環境整備
総合	私立	学外から電子コンテンツへアクセスする方法の周知が困難であった
総合	私立	通常対面で行っていた行事や対応を全て Web に移行すべく資料作成に追われた
総合	私立	電子書籍の学外からのアクセスは、予め学内で登録しておく必要があったが、登録しない状態で遠隔授業、登校中止になってしまった。元々学外からは利用できないデータベースも含め、電子書籍等の学外からのアクセスについて、各出版社からの早急で柔軟な対応（臨時利用可能な対応）のおかげで利用することができた
総合	私立	学外からのアクセス環境が完全に整っていない
総合	私立	従来、電子書籍・電子ジャーナル・データベースの利用は原則として学内からのアクセスに限られていたが、学外からのアクセスによる利用の必要性が高まった。そのため、学認利用でのアクセスが可能な電子コンテンツについては、すべて利用可能とする設定を行った
文科	国公立	閉館・休館・利用制限等をいつ、誰が、どのように判断・決定するのか。 休館中の利用者対応、サービス範囲
文科	国公立	利用者への情報伝達方法の見直し、再構築。 図書館サービスの空間面も含めたオンライン対応。 業務のテレワーク対応、環境整備。 時間外開館業務に関する委託業者との連携。 施設の衛生面における点検・整備。 電子ブックの提供タイトル数が少ない
文科	国公立	リモートアクセスに対応していないデータベースがあること（利用方法がデータベースによって異なる） 緊急事態宣言による出勤者減とサービスの両立 遠隔地で授業を受けている学生等、図書館に直接来館できない利用者への支援 延滞者への督促（特に利用競合時） 消毒や換気の範囲と頻度 利用者向け案内が多様になったこと 未所蔵資料について学外図書館への訪問等、一部サービスが利用できないことにより、入手が困難になった文献があること
文科	国公立	リモートアクセスを学生に許可していなかったために、大学への入構が制限された期間は、学外から電子ジャーナル・データベース・電子書籍を利用することができなかった学部もあった
文科	私立	すべてのデータベースが見られないのでリモートアクセスの導入を検討している
文科	私立	学外（リモート）アクセスの必要性
文科	私立	6 月から開館したが、共有スペースや利用した閲覧席の消毒作業等に時間がかかる。通常開館と異なり、利用者を限定し、様々な感染予防策を行って開館しているが、学外の方（市民や高校生等）の利用再開について未定である
文科	私立	今回は 4 月早々であったため、新入生に対してのフォローがどこまでできたか。また学術情報部としてコンピュータセンターと同じ部署であるので、遠隔講義などの対応でコンピュータセンターに足をとられて十分な対応がとれなかった

文科	私立	キャンパス自体が学生の立ち入り禁止になっているので特に図書館としてはない
文科	私立	データベースにおいて、学外からのアクセス方法が複数あるため、案内が複雑になった。同時アクセス過多により、動作が不安定になる事があった。HP からの操作が分かりづらく利用者からの電話問合せが多かったため、ネットアクセスについても非常事態時のシミュレーションをしておく必要がある
文科	私立	オンラインデータベース等の外部利用拡大のため、有料サービスを追加することとなった
文科	私立	課題図書・シラバス参考図書の取り扱い
文科	私立	学外からのアクセスについて、今後も業者に対応をお願いしたい
文科	私立	現在でも授業は Web のみ、閉鎖中の一般教室と同じ棟に図書館がある為、実質的に教職員以外が図書閲覧を直接出来ない状態が続いている。前期いっぱいはこのまま続くと思われる
文科	私立	非常勤講師の学外アクセス
文科	私立	閉館したため貸出図書の返却が滞った
文科	私立	すべての利用者にいろいろなデータベースのリモートアクセス方法を周知するのが困難。また、貸出郵送サービスには冊数等の限界があり、利用者の資料返却も困難。外国雑誌（冊子体）については、海外での印刷・輸送に影響があり、延着が発生している
文科	私立	開館しても来館者が激減する
文科	私立	学外からのアクセスを解放してくれる DB が一部にとどまった。予約・貸出・返却ルールを大学と調整のうえ構築。図書館システムの既存の設定を活用した運用が必要となった
文科	私立	「学認」や「VPN」といった仕組みを導入していないため、学外からアクセスできるデータベースが限定されてしまった
文科	私立	大学図書館が契約できる日本語の電子ブックが少ない。版が古い（最新版は冊子体のみなど）。教養書が少ない
理工	国公立	必要な書籍をすべて電子で提供することは不可能であり、図書館が閉館になると大学の教育・研究に多大な影響を与えることが分かった
理工	私立	リモートアクセスの周知方法
理工	私立	サービスの再開時期、サービス内容の精査

なし、特になし→4件

［資料 B.5］　「電子書籍サービス」について

質問 5−1　電子書籍サービス提供方法について、選択肢からご選択ください。

※ 3−1 で（1）「電子書籍サービスを実施している」159 館が対象

▼質問（複数回答あり）　　　　　　　　　　　　　　　▷集計結果（n=159）	回答数	/159
（1）　登録利用者（学生・教職員）のパソコン等に電子書籍コンテンツを提供（学外でもアクセス可能）	136	85.5%
（2）　登録利用者（学生・教職員）のパソコン等に電子書籍コンテンツを提供（学内に限定）	38	23.9%
（3）　学内の図書館など特定の施設のパソコン等に電子書籍コンテンツを提供	28	17.6%
（4）　その他、自由にご記入ください	17	10.7%
無回答	1	0.6%
合計	159	

※その他〔記載〕：17件

分類	国公立/私立	記載内容
総合	国公立	学内ネットワークに接続した PC から利用可能。学外からも一部のコンテンツは利用可能
総合	国公立	（1）か（2）かはコンテンツによる
総合	国公立	キャンパス内限定利用のものを除く
総合	国公立	学外ネットワークからアクセスできる。学外からは学認を使用して利用できるものが多い
総合	国公立	IP アドレス認証により学内 LAN 接続（無線も含む）PC で閲覧可。その他、ベンダーにより VPN 接続か学認、ID・パスワード認証でも利用可
総合	私立	「登録利用者」という表記にはどんな含意があるのでしょうか。図書館への登録という意味でしょうか？
総合	私立	学内 IP アドレス認証による利用のため、利用者のパソコンに SSL-VPN の環境を構築してもらった上で提供
総合	私立	①は従来の方法に加え、別手段を 6 月に追加、一部のコンテンツは現在も②のみで利用
総合	私立	IP 認証なので、学内 LAN の PC で利用可能。ID 発行により一部学外からも利用可能
文科	国公立	IP 制限、学認システム利用
文科	私立	一部学内利用限定、学生アクセスは可能に分かれます
文科	私立	学内ネットワーク上でリモートアクセス登録をおこなえば学外でもアクセス可能
文科	私立	学内 LAN への接続による提供（学外からのアクセス可）
文科	私立	学外からのアクセスには別途登録が必要
文科	私立	（1）と（2）の併用
理工	国公立	VPN 接続により学外からのアクセスが可能
理工	私立	学内 LAN 接続端末で所定の登録をすれば、学外から利用できます

質問 5−2 資料費おける「電子資料サービス（電子書籍サービス、データベース、電子ジャーナル）」の占める割合をご選択ください。

▼質問（複数回答あり）	▷集計結果（n=166）	回答数	/166
（1） 10%未満		11	6.6%
（2） 10%以上〜20%未満		11	6.6%
（3） 20%以上〜30%未満		20	12.0%
（4） 30%以上〜40%未満		13	7.8%
（5） 40%以上〜50%未満		20	12.0%
（6） 50%以上〜60%未満		21	12.7%
（7） 60%以上〜70%未満		19	11.4%
（8） 70%以上〜80%未満		28	16.9%
（9） 80%以上		17	10.2%
（10） その他、自由にご記入ください		2	1.2%
無回答		4	2.4%
	合計	166	

※その他〔記載〕：2件

分類	国公立/私立	記載内容
文科	私立	概算は難しい
文科	私立	2019 年度未導入

質問 5-3 「電子書籍サービス」を授業等で意図的に活用している事例がありましたら具体的にご記入ください。

※その他〔記載〕：71 件

分類	国公立/私立	記載内容
総合	国公立	ブリタニカオンラインや、メディカルオンラインが授業で活用されている
総合	国公立	オンライン授業になったことで、教員が自著の電子書籍をゼミで案内したという例は聞いている
総合	国公立	レポート課題図書として利用
総合	国公立	教員が授業における参考図書として電子書籍を活用している
総合	国公立	電子書籍対応している教科書については、授業で活用している。 英語学習における多読本の活用
総合	国公立	講義で教員から電子書籍サービスを案内・指導し、利用させている等の事例がある
総合	国公立	動画付電子書籍の一部をリモート授業ライブで使用（問合せあり）
総合	国公立	シラバスに掲載されている図書を積極的に購入しており、授業だけでなく自学修でも活用されている
総合	私立	1 年生のゼミにおいて、電子書籍を読みレポートを提出。オンライン授業での課題
総合	私立	オンライン授業のため、多くの授業で参考資料が電子書籍で 紹介されている
総合	私立	リザーブブックにしている
総合	私立	学科入門ゼミの推薦図書の一部に電子書籍を指定
総合	私立	学生に授業の前に参考指定図書の電子書籍を読ませるなどしている
総合	私立	語学授業で使う多読本を電子ブックでも所蔵していることを学生に周知している教員もいる
総合	私立	指定図書や参考資料、輪読資料として活用している
総合	私立	授業（ゼミ）利用や英語の語学授業での多読本の利用
総合	私立	電子書籍を参考資料として指定する事例
総合		英語の多読本を読むという課題が出るので、電子ブックで多読本を揃えている。 建築学科の設計製図の遠隔授業において、図面を描くことで建築を学ぶのが授業の狙いのため、建築資料集成の電子ブックを参考書として購入し活用している。2 年生向けには最小限住居が図面入りで掲載されている図書を選定し、3 年生向けには商住建築や低層集合住宅などの図面入りの図書を選定している
総合	私立	レポート等の課題図書、多読本を利用した語学学習
総合	私立	課題図書として使用
総合	私立	授業の課題として教員が指示する電子書籍を、学生が閲覧・利用することがあります
総合	私立	英文多読の授業で、新型コロナウイルスの影響で図書館資料を使用することが困難になったため、電子書籍で代用することになった
総合	私立	大学院生向け文献検索のガイダンスで説明をしている
総合	私立	英語の多読の授業で活用
総合	私立	看護学科の実習科目にて、現場での資料参照時に利用している
総合	私立	教材として活用しています
総合	私立	教員からの閲覧指示（関連の電子書籍があるのでゼミや受講生に伝える、任意か課題なのかは教員やカリキュラムによる）
総合	私立	語学の多読学習用資料
総合	私立	学外実習前に指定された電子書籍を必ず読む、又はリモートアクセス登録を行い、学外実習期間中に利用する
総合	私立	教科書、参考書として使用している
総合	私立	遠隔授業におけるレポート
文科	国公立	シラバスに掲載されている参考文献を電子ブックで購入した
文科	国公立	テキスト、課題図書、参考文献としての利用（シラバス指定など）
文科	国公立	東京書籍デジタル教科書を教育学部の授業において教材として利用
文科	私立	授業内でゼミの文献検索ガイダンスで紹介しています
文科	私立	コロナ拡大による遠隔（オンライン）授業実施のため、シラバスに掲載されている参考文献を電子書籍で補充している
文科	私立	ジャパンナレッジの活用、課題図書として学生に利用させている等
文科	私立	多読リーダーの課題としての指定。参考文献として授業内での紹介

文科	私立	すでに紙媒体で所蔵している資料について、教員からの電子資料の購入希望を受け付けた
文科	私立	英語多読本を課題として活用
文科	私立	外国語（英語）授業において多読図書講読の課題を課す、授業の参考図書に指定等
文科	私立	指定図書となっているものがある。manaba 連携が可能
文科	私立	図書館購入の電子書籍を授業で活用している事例はありませんが、教科書制作会社の独自サービスで、授業にて使用しているケースはありました
文科	私立	（1）例えば、2020 年度春学期、国際日本学科開講科目「新入生演習」各クラス約 20 名×10 クラスの共通課題として「電子図書館 LibrariE」から図書を 1 冊選択し、その紹介文を受講生に書かせた。（2）集まった紹介文をクラス毎に順次、電子図書化し、独自資料の電子図書として「電子図書館 LibrariE」に 10 タイトルを 7 月末に広く一般に公開する予定
文科	私立	授業のテキストでも電子書籍を導入して、対応している
文科	私立	マイナビ就活ブックシリーズ（電子版）について、キャリアセンターにお知らせし、学生への指導の一助にしていただいている
文科	私立	語学学習で多読用図書を利用
理工	国公立	遠隔講義で英語多読資料を読むという課題に、電子書籍サービスを活用している
理工	私立	就職活動支援を担当する大学内の部署が、学生への支援に就職活動関連の電子書籍等を利用している
理工	私立	参考資料の一部が電子書籍になっている場合がある
理工	私立	英語多読本の活用、就職ガイダンスで会社四季報や業界地図の電子版を紹介
理工	私立	英語科目において多読学習に活用している
理工	私立	ゼミでの使用

なし・特になし・不明→18 件

質問 5－4 「電子書籍サービス」についての問い合わせや要望について、選択肢からご選択ください。

▼質問（複数回答あり） ▷集計結果（n=166）	回答数	/166
（1）大学法人・学校法人からの問い合わせがある	9	5.4%
（2）大学の教職員からの問い合わせがある	127	76.5%
（3）学生・大学院生からの問い合わせがある	101	60.8%
（4）学生の保護者からの問い合わせがある	2	1.2%
（5）現在のところ問い合わせはない	29	17.5%
（6）その他、自由にご記入ください	2	1.2%
無回答	2	1.2%
合計	272	

※その他〔記載〕：2 件

分類	国公立/私立	記載内容
総合	国公立	無料トライアルなど多くの無償提供があったためか、ほとんど問い合わせはありませんでした
総合	私立	学外利用者（卒業生含む）から問い合わせを受けることがある

質問 5－5 「電子書籍サービス」に期待する機能を、選択肢からご選択ください。

▼質問（複数回答あり） ▷集計結果（n=166）	回答数	/166
（1）図書館に来館しなくても電子書籍を閲覧できる機能	163	98.2%
（2）文字の音声読み上げや、オーディオブック機能	75	45.2%
（3）外国語朗読データ（オーディオブック等）による学習支援機能（外国語学習者等への対応）	57	34.3%
（4）文字拡大機能	72	43.4%
（5）外国語電子書籍の提供	71	42.8%

（6） 文字と地の色の反転機能（読書障害等への対応）		39	23.5%
（7） マルチメディア機能（映像や音声、文字などのリッチコンテンツ提供）		55	33.1%
（8） 電子書籍の紙出力による提供機能（コンテンツのプリントアウト）		71	42.8%
（9） 必要な情報発見の検索機能（コンテンツ全文検索等）		113	68.1%
（10） その他、自由にご記入ください		13	7.8%
無回答		2	1.2%
	合計	731	

※その他〔記載〕：13 件

分類	国公立/私立	記載内容
総合	国公立	衛生面
総合	国公立	感染病防止対策になる
総合	国公立	複数キャンパスで同一資料が利用可能
総合	私立	PDF ダウンロード機能。書き込み、ハイライトなどの機能。電子書籍内の詳細なコンテンツ（例：数値）のコピー機能。電子書籍内の URL からのリンク機能・電子書籍へのアクセス数が 2 以上～無制限まで選択できること
総合	私立	ハンディなデバイスで見られる
総合	私立	全く同時でなければ、接続制限があったとしても利用できる点（一定期間の貸出による占有が少ない）
総合	私立	貸出による占有がない
総合	私立	複数の人に同時に資料提供できる
総合	私立	図書館の開館時間を問わず利用できる点、閲覧不可の時間が短い点（紙媒体：貸出から返却の複数日、電子媒体：前利用者の利用が終了するまでの数時間）
文科	国公立	資料管理負担の軽減、ダウンロードによるコピー代節約、利用待ち期間の大幅短縮
文科	国公立	同時アクセス無制限で購入すれば他の人との利用が競合しない
文科	私立	レファレンスブック等の禁帯出資料も学外で利用できる
文科	私立	ダウンロード、オフライン閲覧機能

質問 5－6 図書館運営管理者の「電子書籍サービス」のメリットについて、選択肢からご選択ください（複数選択可）。

▼質問（複数回答あり）　　　　　　　　　　　　　　　　　▷集計結果（n=166）		回答数	/166
（1） 貸出・返却・予約業務の自動化		89	53.6%
（2） 図書館サービスのアクセシビリティ対応（障害者差別解消法、読書バリアフリー法等への対応）		84	50.6%
（3） 書架スペース問題の解消		154	92.8%
（4） 汚破損・紛失の回避		132	79.5%
（5） その他、自由にご記入ください		22	13.3%
無回答		2	1.2%
	合計	483	

※その他〔記載〕：22 件

分類	国公立/私立	記載内容
総合	国公立	利用者に迅速に提供できる
総合	国公立	来館せずに蔵書を利用できること
総合	国公立	利用者が来館せずに資料を利用できること
総合	国公立	窓口スタッフの感染病防止対策となる
総合	国公立	大学図書館としては、貸し出し機能ではなく敷地外からのアクセスが重要と考えている
総合	国公立	購入手続きがスムーズである
総合	国公立	コロナ禍において、迅速な資料提供を可能とする

総合	私立	目録・装備業務の軽減・オフキャンパス（海外留学中・在外研究／研修中の教職員・学生を含む）への学術研究資源の提供。購入リクエストを受けてから提供するまでの時間の短縮化（より短い時間で大量のリクエストにこたえることが可能）。同時アクセス数無制限で提供可能な選択肢がある。（紙媒体の場合は、無限に冊数をそろえることは事実上不可能）
総合	私立	廃棄作業が必要ない
総合	私立	検品、整理、装備業務の省略による業務効率化
総合	私立	装備の省力化
総合	私立	閲覧数を把握できる点
総合	私立	アクセシビリティは期待しているが、読み上げ等に制限があるものが多い
文科	国公立	納品が早いため遅延なく予算執行ができる
文科	国公立	利用者の書籍占有期間が短く、短いスパンで多くの利用者が書籍を利用できる。ただし、蔵書に占める割合が少ないので、現段階ではあまりメリットを感じられていない
文科	私立	閉館時にも継続してサービスを提供できる
文科	私立	緊急事態などの際学外からの利用ができる
文科	私立	購入受入手続きの工程を軽減し、利用者に早く提供可能
理工	国公立	貸出タイプの電子ブックではない場合、前の利用者の利用終了後、次の利用者が直ちに利用できる
医・保	私立	オンライン授業の為、学生が登校する日が少なく、電子書籍の利便性が発揮できる

なし、特になし→2件

質問 5−7 「電子書籍サービス」に期待する形態（ライセンス形態等）を選択肢からご選択ください（複数選択可）

▼質問（複数回答あり）　　　　　　　　▷集計結果（n=166）	回答数	/166
（1）マルチアクセス対応（複数・多数同時利用可能形態）	138	83.1%
（2）学習支援機能（ハイライト、書き込み、付箋等の機能）	100	60.2%
（3）学校外からのアクセス対応	130	78.3%
（4）その他、自由にご記入ください	22	13.3%
無回答	2	1.2%
合計	392	

※その他〔記載〕：22件

分類	国公立/私立	記載内容
総合	国公立	教科書等、学生からの要望の多い書籍の電子化推進
総合	国公立	主要なタイトルのパッケージ定期購読
総合	国公立	スマホ・タブレット等でも閲覧しやすいリフロー型（EPUB等）での提供。ただし、出典が特定できるように頁情報は必要
総合	国公立	国内のプラットフォームのユーザーインターフェースの改善、コンテンツ数の増加
総合	国公立	Kindleのように統一されたフォーマットによる提供
総合	国公立	全文検索対応
総合	私立	（1）の対応をできるだけ基本としてほしい（追加コストが不要な形態で）
総合	私立	インターフェースの使いやすさ、アプリ等の統一化（Kindle）など
総合	私立	パッケージ商品の単行購入が可能になること
総合	私立	印刷、ダウンロード可能ページ数制限の緩和
総合	私立	貸出期間・貸出点数制限を可能にする
総合	私立	大学図書館で行う通常契約でマルチサイト利用ができること
総合	私立	配信先によって規格、プラットフォームが異なるので、その統一。価格が紙に比べると高価であることが多いので、せめて同じ価格帯にしてもらいたい。閲覧時間の抽出（アクセスしてすぐに閉じたのか、ある程度内容を読んでいたのかの把握
文科	国公立	ダウンロード・印刷対応
文科	国公立	印刷やダウンロードに制限がない形態

文科	国公立	アクセス保障
文科	私立	引用するためのコピー&ペースト機能
文科	私立	冊子との同時刊行
文科	私立	各社のプラットフォームの同一化（共通化）
理工	私立	各社のUI統一
理工	私立	利用者による閲覧環境（プラットホーム）の選択自由
医・保	私立	価格の安定化。現在は、冊子価格よりかなり高額な商品がある

質問 5−8　「電子書籍サービス」について懸念される事項がありましたら、選択肢からご選択ください（複数選択可）。

▼質問（複数回答あり）　　　　　　　　▷集計結果（n=166）	回答数	/166
（1）　予算の確保	132	79.5%
（2）　担当部署、担当者の問題	31	18.7%
（3）　学生・教職員からのニーズ	75	45.2%
（4）　サービス導入後の利用が少ない	66	39.8%
（5）　サービスの導入に対する、費用対効果	115	69.3%
（6）　提供されるコンテンツの懸念	94	56.6%
（7）　利用者（学生・教職員）に対する電子書籍サービスの説明	59	35.5%
（8）　電子書籍サービスが継続されるかどうか	72	43.4%
（9）　大学の理事会等に電子書籍サービスについて理解を得ること	9	5.4%
（10）　電子書籍サービスを実施するための十分な知識（経験）がない	19	11.4%
（11）　電子書籍サービスを選択する場合の基準や方法がわからない	20	12.0%
（12）　大学授業（カリキュラム）との連携	68	41.0%
（13）　その他、自由にご記入ください	13	7.8%
無回答	1	0.6%
合計	774	

※その他〔記載〕：13件

分類	国公立/私立	記載内容
総合	国公立	操作性があまりよくない。プラットフォームによってはスマホやタブレットで読みにくい。　ダウンロード・印刷不可など制限が厳しいコンテンツがあり、購入時の懸念材料になる
総合	国公立	冊子体、複数のプラットフォームで提供されるコンテンツの重複調査が煩雑。教科書等必要な資料が電子書籍で購入できない
総合	国公立	OPACへのデータ登録（登録可能なCATP形式のデータが入手できない場合がある）
総合	国公立	テキストを有しないなど不便なフォーマットによる提供のため利用者に薦めづらいものが多い。特に和書
総合	私立	紙の図書と電子図書の今後の利用動向と受入比重について
総合	私立	整理業務に手間がかかる
総合	私立	授業利用に関しての利用規約の問題、別途許諾が必要
総合	私立	利用促進の方法
文科	国公立	冊子体の資料の改訂版が出版されてもすぐに電子書籍版が改訂されるわけでないことに加えて、改訂版に関する情報が提供されないこと
文科	国公立	導入コンテンツの管理方法、電子ブックの形態で販売している書籍が少ないこと、操作性がプラットフォームによって異なるのでわかりにくい
文科	私立	高価格である。利用状況を簡単に見ることができない
理工	国公立	（6）に関して、新刊のコンテンツが提供されにくい、コンテンツの価格（冊子の約3倍程度）、コンテンツを閲覧するビューアが自由に選べない
医・保	私立	提供元によりプラットフォーム、ビューア等が異なるので、利用が複雑にならないか

［資料 B.6］ 「国立国会図書館 図書館向けデジタル化資料 送信サービス」に対する対応について

質問 6－1 「図書館向けデジタル化資料送信サービス」の対応について、選択肢からご選択ください（複数選択可）。

▼質問（複数回答あり）　　　　　　　　　▷集計結果（n=166）	回答数	/166
（1）　申し込んで、閲覧・複写サービスを開始している	130	78.3%
（2）　申し込んで、閲覧サービスのみ開始している	3	1.8%
（3）　令和 2 年度（2020 年）中に申し込みをする予定で検討している	10	6.0%
（4）　令和 3 年度（2021 年）以降に申し込みをする予定で検討している	6	3.6%
（5）　現在のところ申し込む予定はない（差し支えなければ（6）に理由をご記入ください）	15	9.0%
（6）　その他、自由にご記入ください	14	8.4%
無回答	0	0.0%
合計	178	

※その他〔記載〕：14 件

分類	国公立/私立	記載内容
総合	私立	6 館 2 室のうちの 5 館 2 室でサービスを開始している。残る 1 館も令和 2 年度（2020 年）以降に申し込みをする予定で検討している
総合	私立	本文閲覧用に使用するための館内機器が確保できないため
文科	国公立	まだ必要性がよくわかっていない。追加予算も期待できない
文科	私立	申請して対応館にはなっているが、あまり利用したことがない
文科	私立	利用予定がなく、PC が専用で必要など導入のハードルが高い
文科	私立	利用希望があった場合は、サービスを行っている公共図書館を紹介している
文科	私立	現在申請中で令和 2 年度（2020 年度）中に利用を開始する
文科	私立	現時点では、利用者から希望が出てないので
理工	国公立	ILL の状況等から、本学での利用が見込まれないため、管理上、現状では対応困難なため
理工	私立	手続きが煩雑
理工	私立	時期は未定だが申し込みを検討している
理工	私立	専用の端末を図書館員の目が届く場所に用意し、利用を管理する必要があるため
理工	私立	未定ですが、検討の対象です
医・保	私立	限られた職員で対応している為、申込みにかかる業務量等の問題がある。また、本学の学部の特性上、利用の有無について検証する必要がある

質問 6－2 新型コロナウイルス問題による休館で、図書館向けデジタル化資料送信サービスを利用できなくなった利用者から要望などはありましたか（複数選択可）。

▼質問（複数回答あり）　　　　　　　　　▷集計結果（n=166）	回答数	/166
（1）　図書館外部から利用できるようにしてほしいという要望があった	14	8.4%
（2）　図書館の一部を開放して利用できるようにしてほしいという要望があった	24	14.5%
（3）　複製ファイルを自宅宛てに送信してほしいという要望があった	6	3.6%
（4）　複写物を郵送してほしいという要望があった	20	12.0%
（5）　複写物を図書館の窓口で提供してほしいという要望があった	15	9.0%
（6）　特に要望等はなかった	98	59.0%
無回答	14	8.4%
合計	191	

質問6-3　「デジタル化資料の図書館間貸出しに代わる臨時的措置」（以下、臨時的措置）の緊急的拡大が5月18日から行われていることをご存知ですか（複数選択可）。

※「臨時的措置」とは、原資料をデジタル化したことにより図書館間貸出し対象外となった資料について、図書館向けデジタル化資料送信サービスに参加していない図書館に対して、当館がデジタル画像を1冊全て印刷して提供し、提供先図書館の蔵書として活用していただくものです。

参照『図書館協力ハンドブック』6-8（6-27頁）
https://www.ndl.go.jp/jp/library/handbook/handbook/chapter_6.pdf#page=27
※「緊急的拡大」とは、「臨時的措置」について、雑誌も対象となること、図書館向けデジタル化資料送信サービス参加館も申込可能となることを指します。

詳細は『図書館協力ニュース』No.290（2020.5.18発行）をご参照ください。

▼質問（複数回答あり） ▷集計結果（n=166）		回答数	/166
（1）	臨時的措置のことを以前から知っており、緊急的拡大が行われていることも知っている	61	36.7%
（2）	臨時的措置のことは以前から知っていたが、緊急的拡大が行われていることは知らなかった	20	12.0%
（3）	緊急的拡大が行われていることは知っているが、臨時的措置のことは今回初めて知った	11	6.6%
（4）	臨時的措置のことや、その緊急的拡大が行われていることを知らなかった	70	42.2%
無回答		5	3.0%
合計		167	

質問6-4　「デジタル化資料の図書館間貸出しに代わる臨時的措置」の緊急的拡大についてどう思われますか（複数選択可）。

▼質問（複数回答あり） ▷集計結果（n=166）		回答数	/166
（1）	複製物ではあるが、自館の蔵書が増えるのでよい取組だと思う	39	23.5%
（2）	国立国会図書館からの図書館間貸出と違い、国立国会図書館の蔵書を複製物の形で館外貸出できるのでよい取組だと思う	96	57.8%
（3）	外出自粛で利用者が来館できないのに、複製物を図書館に提供してもらっても意味がない	21	12.7%
（4）	この仕組みをどのように活用すればよいのかわからない	36	21.7%
（5）	その他、自由にご記入ください	22	13.3%
無回答		9	5.4%
合計		223	

※その他〔記載〕：22件

分類	国公立/私立	記載内容
総合	国公立	緊急的拡大の期間において、複写サービスのみ再開しているため活用の可能性は低い
総合	国公立	利用者から要望が来ていないので、活用できておらず判断がつかない
総合	国公立	自館に必要な資料を蔵書にできることはありがたいが、全体的に書架の狭隘化が問題となっているので、デジタルで利用したい
総合	国公立	特に必要・要望はなかった
総合	国公立	オンラインでの利用の拡充（インターネット公開資料の拡充）なども検討していただけると、コロナ対策の面からもいいと思われる
総合	国公立	利用者からの要望があれば、活用したい
総合	私立	広報不足
総合	私立	インターネット公開の推進のほうが有効と思われる
総合	私立	各図書館を介さず、デジタルで閲覧が可能となればより望ましい
総合	私立	書庫狭隘化が問題となる中で、特定の利用者が必要とする資料を蔵書にしなければならないのはハードルが高い
総合	私立	自館蔵書となり、他の利用者も閲覧できるようになるため、機会があれば活用したい

文科	国公立	本学は既に参加済みであるため、対象外です
文科	私立	複製物を蔵書として扱うことに抵抗がある
文科	私立	閲覧条件を緩和し、可能な限りデジタル公開してもらいたい
文科	私立	図書館向けデジタル化資料送信サービスは提供館が限られているため、緊急的拡大ではデジタル化資料が図書館で閲覧・複写可能となるとなお良いと思われる
文科	私立	本学にとっては、あまり利用に影響がない
理工	国公立	（3）に関連して、来館不可としている図書館の場合、所蔵資料の郵送サービス等、利用者の手元に届ける手だてを講じる必要がある
理工	私立	図書館限定送信の一部でも、インターネット公開していただければ、緊急事態宣言中の資料アクセスが改善されたと思います
理工	私立	本学図書館はいまだ閉館中のため残念ながらこの取り組みを最大限活用することは現時点で難しい
理工	私立	大変恐縮です。コロナ問題の個別対応に振り回され、上述の通り、臨時措置・緊急拡大を知りませんでした
医・保	私立	時間で保管はしても蔵書として登録せず、要望に応じて複写提供することは可能なのか

特になし　1件

質問6－5　その他、全体を通してご意見等ございましたら、ご記入ください。

※〔記載〕：19件

分類	国公立/私立	記載内容
総合	国公立	緊急的拡大のような取組は、電送による利用者への提供が可能とならないと意義に乏しい
総合	国公立	国内における学術的な電子書籍出版のさらなる促進と利用環境整備が必要である。サービスを利用する学生等の利用者にとっては、ネット環境の充実が課題となる。Q29回答の補足　休館中も複写提供は実施していた
総合	私立	本アンケートについて、入力結果を出力できるようにしてほしい
総合	私立	コロナ禍では個別な状況があるので、Q9-11 は選択肢を選びにくい表現となっている
文科	国公立	スマホ、タブレット端末への対応
文科	私立	電子書籍の場合、プラットフォームが異なるのが利用についての障害と考える。OPAC から検索はできるが、紙媒体の資料との比率は差がありすぎるために、その中から電子書籍のみを対象とするのは難しい。　電子書籍だけで、分類等一覧で検索できればと思う。特に、コロナ禍の状況において、電子書籍のみとした閲覧を要望される。　・電子ジャーナル・オンラインデータベースも、コロナ禍において学外からの利用もできるようになった。底辺便利に利用できる。今後、通常の対面授業に戻った際に、学内のみの利用の場合、若干不便になるような気がする。　統計について、図書館は入館者等々の統計を重視しているが、今年度の統計について、電子資料の利用など、どのように集計したらよいかが、現状見当がつかない状態である
文科	私立	電子書籍はタブレット端末配布等と組み合わせると効果的だとは思うが、それがないと利用率は伸びないのではないか
理工	私立	現時点で、コロナウイルスの終息が見えていない状況ですので、オンライン授業の長期化を見据え、利用者への資料提供・情報提供においては益々の工夫が必要になってくるかと思われます。そのために、本調査のように、全国図書館の状況を積極的に集約・把握する取り組みは大変有意義な取り組みかと思います

特になし・なし　11件

［資料 C］　図書館の電子書籍に関する用語の解説

　今回の調査にあたり「図書館の電子書籍に関する用語」は、以下に解説する内容を前提としている。

　なお、本報告書・アンケートにおいては、図書館が提供するオンライン上及び館内での蔵書検索（OPAC）・貸出予約サービスは「電子図書館サービス」に含めていない。

① 　電子書籍貸出サービス（電子書籍サービス）

  - 電子書籍貸出サービスとは、著作権が有効な電子書籍を、ライセンス数（同時閲覧数や貸出回数）や、期間、場所を限定して、オンラインで提供するサービスをいう。
  - 今回（2020 年）から、オーディオブック提供サービスを、電子書籍貸出サービスに含めることとした。
    ※「大学図書館向けアンケート」においては、「電子書籍貸出サービス」を「電子書籍サービス」と表記してアンケートを行っている。

② 電子ジャーナルサービス

  - 電子ジャーナルサービスとは、学術ジャーナルをオンラインで提供するサービスをいう。

③ 国立国会図書館「図書館向けデジタル化資料送信サービス」

  - 図書館向けデジタル化資料送信サービスとは、国立国会図書館のデジタル化資料のうち、著作権の規定により、絶版等の理由で入手が困難な資料を全国の公共・大学図書館等の館内で利用できるサービスをいう。
  - 参考「国立国会図書館ホームページ」
    URL　　https://www.ndl.go.jp/jp/library/service_digi/

④ データベース提供サービス

  - データベース提供サービスとは、事典・辞書、専門情報、新聞、雑誌、統計情報などのデータをオンラインで提供するサービスをいう。

⑤ デジタルアーカイブの提供

  - デジタルアーカイブの提供とは、図書館や自治体の所有する郷土資料、年鑑、自治体広報、貴重書、絵、写真、地図、映像資料、音声資料等をデジタル化してアーカイブし、オンランで提供することをいう。

⑥ 音楽・音声情報配信サービス

- 音楽・音声情報配信サービスとは、音楽情報や音声情報をオンラインで提供するサービスをいう。
- 今回（2020 年）より、オーディオブックは、電子書籍貸出サービスとした。

⑦ パブリックドメイン作品

- パブリックドメインとは、著作権が発生していない作品または、著作権保護期間が終了した作品のことをいう。

⑧ 障害者向け電子書籍等の提供

- 障害者向け電子書籍等の利用提供とは、視覚に障害がある人など読書をすることに障害がある人に対し電子書籍や電子書籍の音声情報等（DAISY を含む）を提供するサービスをいう。

⑨ 電子書籍コンテンツ

- 電子書籍コンテンツとは、電子書籍サービスとしてスマートフォンやタブレット、パソコンなどに提供される電子版のコンテンツをいう。
- 電子書籍コンテンツの提供サービスでは、電子書籍端末や電子書籍ビューアで閲覧できるように技術的な処理がされ、電子的提供ができるように著作権者との権利処理が行われている。また、電子的に検索ができるように書誌情報等が総合的に提供されている。
- 電子書籍コンテンツは、主に本文（文字・映像・目次等含む）、書誌データ、書影（表紙のデータ）から構成される。
- 電子書籍コンテンツは、主にリフロータイプとフィックスタイプがある。

⑩ 電子書籍端末

- 電子書籍端末とは、電子書籍を読むことができるデバイスのことをいう。
- 電子書籍を読むことができるデバイスには、スマートフォンやタブレット、パソコンなどの汎用端末を使いアプリ（アプリケーション）や Web ブラウザを使って読むこと及び、電子書籍専用端末（Amazon Kindle、kobo 等）をつかって読むことができる。

⑪ 電子書籍ビューア

- 電子書籍ビューアとは、電子書籍を読むことができるソフトウェアのことをいう。
- 前述の汎用の電子書籍端末上で動作し、電子書籍を読むために必要となるソフトウェアである。電子書籍専用端末の場合は電子書籍ビューアはハードウェアと一体化して提供される。また、スマートフォン・タブレット・パソコンなど情報機器で電子書籍を読む場合は電子書籍用アプリ（アプリケーション）や、Web ブラウザ（Google Chrome 等）が電子書籍ビューアとなり、電子書籍を閲覧することができる。

［資料 C.1］　電子図書館サービスの類型及びサービス例

	サービス名	サービス例（提供者）
①	電子書籍貸出サービス（電子書籍サービス）	・LibrariE＆TRC-DL（図書館流通センター） ・OverDrive Japan（メディアドゥ） ・Maruzen eBookLibrary（丸善雄松堂） ・エルシエロ・オトバンク（京セラコミュニケーションシステム） ・KinoDen（紀伊國屋書店） ・EBSCO eBooks& Audiobooks（EBSCO 社） ・医書.jp（医書ジェーピー） ・Springer eBook（Springer 社） ・Wiley Online Library（Wiley 社）等
②	電子ジャーナルサービス	・Sience Direct（Elsevier 社） ・SpringerLINK（Springer 社） ・Wiley Interscience（Wiley 社）等
③	国立国会図書館　図書館向けデジタル化資料送信サービス等	・図書館向けデジタル化資料送信サービス（国立国会図書館）
④	データベース提供サービス	・ジャパンナレッジ（ネットアドバンス） ・官報検索情報サービス（国立印刷局） ・ポプラディアネット（ポプラ社） ・医中誌 Web（医学中央雑誌刊行会） ・日経テレコン 21（日本経済新聞社） ・日経 BP 記事検索サービス（日経 BP 社） ・ヨミダス（読売新聞） ・毎索（毎日新聞） ・D1-Law.com（第一法規等） ・聞蔵Ⅱ等（朝日新聞） ・CiNii 機関認証サービス（国立情報学研究所）等
⑤	デジタルアーカイブの提供	・ADEAC（図書館流通センター） ・AMLAD（NTT データ）等
⑥	音楽配信サービス	・ナクソス・ミュージック・ライブラリー（ナクソスジャパン）等
⑦	パブリックドメイン電子書籍提供	・青空文庫 ・プロジェクト Gutenberg 等
⑧	障害者向け電子書籍等提供	・サピエ図書館 ・DAISY 図書の提供等

［資料 D］　公共図書館の電子書籍貸出サービスの動向

1.　2020 年の公共図書館の電子書籍貸出サービスの動向

　2020 年現在、日本国内で電子図書館の電子書籍貸出サービスを多くの公共図書館向けにしている主な事業者は、図書館流通センター（TRC）、メディアドゥ、京セラコミュニケーションシステム、紀伊國屋書店の 4 社である（第 4 章参照）。

2.　公共図書館の電子書籍貸出サービスの実施館

　公共図書館における、2020 年 10 月 1 日現在の電子書籍貸出サービス実施自治体・電子図書館数は以下の通りである。
- ・電子図書館　111 館（2019 年 10 月 1 日比+25）
- ・実施自治体　114 自治体（同+25）
　（実施図書館は下記「資料 D.1」参照）
（注）電子図書館数と実施自治体数の差分は、「播磨科学公園都市圏定住自立圏電子図書館」について、4 自治体（たつの市・穴栗市・上郡町・佐用町）が共同で運営しているためである（資料 D.1、65）。

　電子出版制作・流通協議会（電流協）では、公共図書館の電子書籍貸出サービス実施館情報を 2018 年 7 月から Web 上で公開し、1 月 1 日、4 月 1 日、7 月 1 日、10 月 1 日付で実施している電子図書館（自治体）を更新している。
（URL：https://aebs.or.jp/Electronic_library_introduction_record.html）

3.　公共図書館の電子書籍貸出サービスの実施館の推移

　全国の自治体ベースでみた場合 2020 年 10 月 1 日現在で「電子書籍貸出サービスの実施」の公表している図書館は、全国で 111 電子図書館、114 自治体となっている、これは前年の調査同時期比較で、各 25 件の増加となる（資料 D.1）。

　この報告書で度々ふれているように、今年は新型コロナ感染症により、自治体においても「電子図書館（電子書籍貸出サービス）」が注目され、令和 2 年度補正予算「新型コロナウイルス感染症対応　地方創生臨時交付金」（以下、「新型コロナ補正予算」という。）により、7 月から導入が急増していることが増加の主な理由となっている。

　図書館が採用している電子書籍貸出サービスは延べ合計で 114 件で、LibrariE & TRC-DL（TRC-DL 含む）93 件、OverDrive Japan13 件、EBSCO eBooks 3 件、KinoDen2 件、エルシエロ・オトバンク 2 件、ヴィアックス電子図書館サービス 1 件、となっている（関市、東

京都立、八王子市では、それぞれ電子書籍サービスを 2 サービス導入）。なお、2020 年 4 月の集計より、オーディオブックの電子書籍貸出サービスも集計に加えている。

　電子書籍サービスサービス導入した自治体が 114 自治体という数は、図書館を設置している自治体数 1,385 自治体（2019 年日本図書館協会調査[2]）と図書館を有しないが電子図書館を持つ自治体 1 自治体（沖縄県久米島町）の合計 1,386 自治体母数とすると 8.2%であり、昨年の 6.4%から 1.8%増加した。また、都道府県・政令市・特別区・市町村合計の自治体数 1,794 自治体[3]と比較すると 6.4%と昨年の 5.0%よりも 1.4%増加した。

　新型コロナ補正予算の効果は高く、10 月 2 日以降において令和 2 年度内に導入する予定の自治体が 40 以上あると考えられ、令和 2 年度末においては、図書館を持つ自治体数ベースで 1 割の自治体が電子書籍貸出サービスの導入が図られる予定である。しかし、一方で 10 月 1 日現在において、12 の府県においては、電子書籍貸出サービスの導入がなく、導入が進んでいる県との、導入の温度差がみられる。

■ **資料 D.1**　電子書籍貸出サービス導入館　　　　　　（2020 年 10 月 1 日現在、電流協調べ）

	名　称	都道府県・自治体	開始年月	電子書籍貸出サービス名
1	千代田 Web 図書館	東京都 千代田区	07 年 11 月	LibrariE&TRC-DL ［L］
2	堺市立図書館 電子図書館	大阪府 堺市	11 年 1 月	TRC-DL ［L］
3	萩市電子図書館	山口県 萩市	11 年 3 月	TRC-DL ［L］
4	有田川 Web-Library	和歌山県 有田川町	11 年 11 月	TRC-DL
5	関市立図書館 電子書籍	岐阜県 関市	11 年 11 月	EBSCO eBooks OverDrive Japan
6	大阪市立図書館 電子図書館	大阪府 大阪市	11 年 1 月	EBSCO eBooks
7	徳島市電子図書館	徳島県 徳島市	12 年 4 月	TRC-DL ［L］
8	綾川町電子図書館	香川県 綾川町	12 年 4 月	TRC-DL ［L］
9	大垣市電子図書館	岐阜県 大垣市	12 年 7 月	TRC-DL
10	山梨県立図書館 電子書籍	山梨県	12 年 11 月	TRC-DL
11	高根沢町電子図書館	栃木県 高根沢町	13 年 5 月	TRC-DL
12	豊後高田市立図書館	大分県 豊後高田市	13 年 6 月	TRC-DL ［L］
13	浜田市電子図書館	島根県 浜田市	13 年 8 月	TRC-DL
14	今治市電子図書館	愛媛県 今治市	13 年 8 月	TRC-DL
15	志摩市立図書館 電子書籍	三重県 志摩市	13 年 9 月	TRC-DL
16	流山市立図書館 電子図書	千葉県 流山市	13 年 10 月	TRC-DL
17	赤穂市電子図書館	兵庫県 赤穂市	13 年 10 月	TRC-DL ［L］
18	大田原市電子図書館	栃木県 大田原市	13 年 12 月	TRC-DL
19	東京都立図書館　電子書籍サービス、中央図書館・多摩図書館	東京都	13 年 12 月	TRC-DL ［L］ EBSCO eBooks

[2] 日本図書館協会ホームページ、日本の図書館統計
http://www.jla.or.jp/Portals/0/data/iinkai/chosa/nihon_no_toshokan2019pub1.pdf
[3] 2020 年 10 月合計 1794 自治体（都道府県 47、政令市 20、特別区 23、市 772、町 743、村 189：政府統計）https://www.e-stat.go.jp/municipalities/number-of-municipalities

20	おおぶ文化交流の杜　電子図書館	愛知県 大府市	14 年 7 月	TRC-DL［L］
21	まつばら電子図書館	大阪府 松原市	14 年 7 月	TRC-DL
22	府中市電子図書館	広島県 府中市	14 年 7 月	TRC-DL［L］
23	三田市電子図書館	兵庫県 三田市	14 年 8 月	TRC-DL
24	札幌市電子図書館	北海道 札幌市	14 年 10 月	TRC-DL［L］
25	苫小牧市電子図書館	北海道 苫小牧市	14 年 10 月	TRC-DL［L］
26	筑西市電子図書館	茨城県 筑西市	14 年 10 月	TRC-DL［L］
27	小野市立図書館	兵庫県 小野市	14 年 10 月	TRC-DL
28	なかのいーぶっくすぽっと（中野区立中央図書館）	東京都 中野区	15 年 2 月	ヴィアックス電子図書館サービス
29	八代市電子図書館	熊本県 八代市	15 年 4 月	TRC-DL［L］
30	龍ケ崎市立電子図書館	茨城県 龍ケ崎市	15 年 7 月	OverDrive Japan
31	八千代市電子図書館	千葉県 八千代市	15 年 7 月	TRC-DL
32	潮来市立電子図書館	茨城県 潮来市	15 年 9 月	OverDrive Japan
33	桶川市電子図書館	埼玉県 桶川市	15 年 10 月	TRC-DL
34	明石市電子図書館	兵庫県 明石市	15 年 10 月	TRC-DL［L］
35	北見市立図書館電子分室	北海道 北見市	15 年 12 月	TRC-DL［L］
36	さくら市電子図書館	栃木県 さくら市	16 年 1 月	TRC-DL
37	豊川市電子図書館	愛知県 豊川市	16 年 2 月	TRC-DL［L］
38	高砂市立図書館	兵庫県 高砂市	16 年 2 月	TRC-DL［L］
39	さいたま市電子書籍サービス	埼玉県 さいたま市	16 年 3 月	TRC-DL［L］
40	田川市電子図書館	福岡県 田川市	16 年 3 月	TRC-DL［L］
41	みやしろ電子図書館	埼玉県 宮代町	16 年 4 月	TRC-DL
42	TRC 豊島電子図書館	東京都 豊島区	16 年 4 月	TRC-DL［L］
43	播磨町電子図書館	兵庫県 播磨町	16 年 4 月	TRC-DL
44	まんのう町立図書館	香川県 まんのう町	16 年 5 月	OverDrive Japan
45	水戸市電子図書館	茨城県 水戸市	16 年 6 月	TRC-DL
46	守谷市電子図書館	茨城県 守谷市	16 年 6 月	TRC-DL［L］
47	加古川市電子図書館	兵庫県 加古川市	16 年 7 月	TRC-DL
48	広陵町電子図書	奈良県 広陵町	16 年 9 月	TRC-DL［L］
49	磐田市立図書館 電子書籍サービス	静岡県 磐田市	16 年 10 月	TRC-DL
50	高石市図書館 電子書籍貸出サービス	大阪府 高石市	16 年 10 月	TRC-DL
51	東根市電子図書館	山形県 東根市	16 年 11 月	Libestablished&TRC-DL
52	大和市文化創造拠点 電子図書館	神奈川県 大和市	16 年 11 月	LibrariE&TRC-DL［L］
53	東広島市電子図書館	広島県 東広島市	16 年 11 月	LibrariE&TRC-DL［L］
54	一宮市電子図書館	愛知県 一宮市	17 年 1 月	LibrariE&TRC-DL
55	天塩町電子図書館	北海道 天塩町	17 年 4 月	OverDrive Japan
56	日光市立電子図書館	栃木県 日光市	17 年 4 月	LibrariE&TRC-DL［L］
57	熊谷市立図書館	埼玉県 熊谷市	17 年 4 月	OverDrive Japan
58	斑鳩町電子図書	奈良県 斑鳩町	17 年 4 月	LibrariE&TRC-DL［L］
59	安城市電子図書館	愛知県 安城市	17 年 6 月	LibrariE&TRC-DL［L］
60	やはぱーく 電子図書センター	岩手県 矢巾町	17 年 8 月	OverDrive Japan
61	高知県電子図書館	高知県	17 年 10 月	LibrariE&TRC-DL［L］

62	土浦市電子図書館	茨城県 土浦市	17年11月	LibrariE&TRC-DL〔L〕
63	ののいち電子図書館	石川県 野々市市	17年12月	LibrariE&TRC-DL〔L〕
64	かすかべ電子図書館	埼玉県 春日部市	17年8月	LibrariE&TRC-DL〔L〕
65	播磨科学公園都市圏域定住自立圏電子図書館（4市町合同）	兵庫県 たつの市・穴粟市・上郡町・佐用町	18年1月	LibrariE&TRC-DL〔L〕
66	鹿嶋市電子図書館	茨城県 鹿嶋市	18年1月	LibrariE&TRC-DL
67	豊田市中央図書館ふるさとアーカイブ	愛知県 豊田市	18年1月	LibrariE&TRC-DL
68	渋谷区電子図書館	東京都 渋谷区	18年2月	LibrariE&TRC-DL〔L〕
69	はままつ電子図書 by Rakuten OverDrive	静岡県 浜松市	18年2月	OverDrive Japan
70	三郷市電子図書館	埼玉県 三郷市	18年3月	LibrariE&TRC-DL〔L〕
71	八王子市電子書籍サービス	東京都 八王子市	18年4月	LibrariE&TRC-DL〔L〕
72	綾瀬市立電子図書館	神奈川県 綾瀬市	18年4月	OverDrive Japan
73	松阪市電子図書館	三重県 松阪市	18年4月	LibrariE&TRC-DL〔L〕
74	阿南市電子図書館	徳島県 阿南市	18年4月	OverDrive Japan
75	とくしま電子図書館	徳島県	18年4月	KinoDen
76	KOBE電子図書館 by Rakuten OverDrive	兵庫県 神戸市	18年6月	OverDrive Japan
77	大和高田市立 電子図書館	奈良県 大和高田市	18年7月	LibrariE&TRC-DL
78	氷見市立図書館 電子図書館	富山県 氷見市	18年11月	LibrariE&TRC-DL
79	湖南市電子図書館	滋賀県 湖南市	18年11月	LibrariE&TRC-DL〔L〕
80	久米島町電子図書館	沖縄県 久米島町	18年11月	LibrariE&TRC-DL〔L〕
81	熱海市立図書館 電子図書館	静岡県 熱海市	18年12月	LibrariE&TRC-DL〔L〕
82	きくち電子図書館	熊本県 菊池市	18年12月	LibrariE&TRC-DL
83	岐阜県図書館 電子書籍サービス	岐阜県	19年7月	KinoDen
84	郡山市電子図書館	福島県 郡山市	19年10月	LibrariE&TRC-DL〔L〕
85	宗像市電子図書館	福岡県 宗像市	19年10月	LibrariE&TRC-DL〔L〕
86	八尾市電子図書館	大阪府 八尾市	19年11月	LibrariE&TRC-DL〔L〕
87	熊本市電子図書館	熊本県 熊本市	19年11月	LibrariE&TRC-DL〔L〕
88	久喜市電子図書館	埼玉県 久喜市	20年02月	LibrariE&TRC-DL〔L〕
89	草加市電子図書館	埼玉県 草加市	20年03月	LibrariE&TRC-DL〔L〕
90	行橋市電子図書館	福岡県 行橋市	20年04月	LibrariE&TRC-DL〔L〕
91	こまえ電子図書館	東京都 狛江市	20年05月	LibrariE&TRC-DL〔L〕
92	奈良市立図書館オーディオブックサービス	奈良県 奈良市	20年05月	エルシエロ・オトバンク
93	昭島市民図書館電子書籍サービス	東京都 昭島市	20年06月	LibrariE&TRC-DL〔L〕
94	春日市電子図書館	福岡県 春日市	20年06月	LibrariE&TRC-DL〔L〕
95	おいらせ町電子図書館	青森県 おいらせ町	20年07月	LibrariE&TRC-DL〔L〕
96	那須塩原市電子図書館	栃木県 那須塩原市	20年07月	LibrariE&TRC-DL〔L〕
97	高森ほんともWeb−Library	長野県 高森町	20年06月	OverDrive Japan
98	三浦造船佐伯電子図書館	大分県 佐伯市	20年07月	LibrariE&TRC-DL〔L〕
99	福山市電子図書館サービス	広島県 福山市	20年07月	OverDrive Japan
100	いばらき市電子図書館	大阪府 茨木市	20年07月	LibrariE&TRC-DL〔L〕

101	三原市立電子図書館	広島県　三原市	20 年 07 月	LibrariE&TRC-DL［L］
102	With Books ひろしま（広島県立図書館）	広島県	20 年 07 月	LibrariE&TRC-DL［L］
103	川西市電子図書館	兵庫県　川西市	20 年 08 月	LibrariE&TRC-DL［L］
104	神川町電子図書館	埼玉県　神川町	20 年 08 月	OverDrive Japan
105	久慈電子図書館	岩手県　久慈市	20 年 09 月	LibrariE&TRC-DL
106	河内長野市立電子図書館	大阪府　河内長野市	20 年 09 月	LibrariE&TRC-DL［L］
107	座間市立図書館　電子図書館サービス	神奈川県　座間市	20 年 09 月	LibrariE&TRC-DL［L］
108	鶴ヶ島市電子図書館	埼玉県　鶴ヶ島市	20 年 10 月	LibrariE&TRC-DL［L］
109	かかみがはら電子図書館	岐阜県　各務原市	20 年 10 月	LibrariE&TRC-DL［L］
110	おおさかさやま電子図書館	大阪府　大阪狭山市	20 年 10 月	LibrariE&TRC-DL［L］
111	生駒市電子図書館	奈良県　生駒市	20 年 10 月	LibrariE&TRC-DL［L］

※ 「TRC-DL」について、2016 年 11 月前は「TRC-DL」、2016 年 11 月以降は「LibrariE＆TRC-DL」と表示
※ 電子書籍貸出サービス名「TRC-DL」「LibrariE＆TRC-DL」において、「TRC-DL［L］」「LibrariE＆TRC-DL［L］」については LibrariE コンテンツ（日本電子図書館サービス）を配信

4. 公共図書館の電子書籍貸出サービスの実施館、都道府県別の導入状況

　前述のように、2020 年 10 月 1 日現在全国の 114 自治体で導入している電子図書館であるが、これを各都道府県別でみると以下のようになる（資料 D.2 、D.3）。

　都道府県別でみると、兵庫県が一番多く 13 自治体（共同運営含む）、2 番目に多いのが埼玉県 10 自治体、3 番目が東京都と大阪府の 8 自治体、5 番が茨城県の 5 自治体、6 番目が栃木県・愛知県・奈良県・広島県の 5 自治体、10 番目が北海道と福岡県の 4 自治体となっている。

　今後は、電子図書館サービスの導入自治体の増加とともに、電子図書館サービスを導入した自治体における利用の定着が注目される。

■資料 D.2　公共図書館　電子図書館サービス（電子書籍貸出サービス）都道府県別集計

番号	都道府県	実施自治体数	終了数
1	北海道	4	
2	青森県	1	
3	岩手県	2	
4	宮城県	0	
5	秋田県	0	1
6	山形県	1	
7	福島県	1	
8	茨城県	7	
9	栃木県	5	

10	群馬県	0	1
11	埼玉県	10	
12	千葉県	2	
13	東京都	8	
14	神奈川県	3	
15	新潟県	0	
16	富山県	1	
17	石川県	1	
18	福井県	0	
19	山梨県	1	1
20	長野県	2	
21	岐阜県	3	
22	静岡県	3	
23	愛知県	5	
24	三重県	2	
25	滋賀県	1	
26	京都府	0	
27	大阪府	8	
28	兵庫県	13	
29	奈良県	5	
30	和歌山県	1	
31	鳥取県	0	
32	島根県	1	
33	岡山県	0	
34	広島県	5	
35	山口県	1	1
36	徳島県	3	
37	香川県	2	
38	愛媛県	1	
39	高知県	1	
40	福岡県	4	
41	佐賀県	0	1
42	長崎県	0	
43	熊本県	3	1
44	大分県	2	
45	宮崎県	0	
46	鹿児島県	0	
47	沖縄県	1	
	計	114	6

■資料 D.3　公共図書館　電子図書館サービス（電子書籍貸出サービス）都道府県・自治体別一覧

都道府県	自治体	電子図書館名称	電子図書館サービス	サービス開始年月	実施
01 北海道	札幌市	札幌市電子図書館	TRC-DL [L]	14 年 10 月	実施中
01 北海道	苫小牧市	苫小牧市電子図書館	TRC-DL [L]	14 年 10 月	実施中
01 北海道	北見市	北見市立図書館電子分室	TRC-DL [L]	15 年 12 月	実施中
01 北海道	天塩町	天塩町電子図書館	OverDrive Japan	17 年 04 月	実施中
02 青森県	おいらせ町	おいらせ町電子図書館	LibrariE&TRC-DL [L]	20 年 07 月	実施中
03 岩手県	矢巾町	やはぱーく電子図書センター	OverDrive Japan	17 年 08 月	実施中
03 岩手県	久慈市	久慈市電子図書館	LibrariE&TRC-DL	20 年 09 月	実施中
05 秋田県	秋田県	秋田県立図書館（終了）	経葉デジタルライブラリ	12 年 10 月	終了
06 山形県	東根市	東根市電子図書館	LibrariE&TRC-DL [L]	16 年 11 月	実施中
07 福島県	郡山市	郡山市電子図書館	LibrariE&TRC-DL [L]	19 年 10 月	実施中
08 茨城県	筑西市	筑西市立電子図書館	TRC-DL [L]	14 年 10 月	実施中
08 茨城県	龍ケ崎市	龍ケ崎市立電子図書館	OverDrive Japan	15 年 07 月	実施中
08 茨城県	潮来市	潮来市立電子図書館	OverDrive Japan	15 年 09 月	実施中
08 茨城県	水戸市	水戸市電子図書館	TRC-DL	16 年 06 月	実施中
08 茨城県	守谷市	守谷市電子図書館	TRC-DL [L]	16 年 06 月	実施中
08 茨城県	土浦市	土浦市電子図書館	LibrariE&TRC-DL [L]	17 年 11 月	実施中
08 茨城県	鹿嶋市	鹿嶋市電子図書館	LibrariE&TRC-DL	18 年 01 月	実施中
09 栃木県	高根沢町	高根沢町電子図書館	TRC-DL	13 年 05 月	実施中
09 栃木県	大田原市	大田原市電子図書館	TRC-DL	13 年 12 月	実施中
09 栃木県	さくら市	さくら市電子図書館	TRC-DL	16 年 01 月	実施中
09 栃木県	日光市	日光市立電子図書館	LibrariE&TRC-DL [L]	17 年 04 月	実施中
09 栃木県	那須塩原市	那須塩原市電子図書館	LibrariE&TRC-DL [L]	20 年 07 月	実施中
10 群馬県	明和町	明和町立図書館（終了）	凸版印刷電子図書館サービス	13 年 06 月	終了
11 埼玉県	桶川市	桶川市電子図書館	TRC-DL	15 年 10 月	実施中
11 埼玉県	さいたま市	さいたま市電子書籍サービス	TRC-DL [L]	16 年 03 月	実施中
11 埼玉県	宮代町	みやしろ電子図書館	TRC-DL	16 年 04 月	実施中
11 埼玉県	熊谷市	熊谷市立図書館電子書籍	OverDrive Japan	17 年 04 月	実施中
11 埼玉県	春日部市	かすかべ電子図書館	LibrariE&TRC-DL [L]	17 年 12 月	実施中
11 埼玉県	三郷市	三郷市電子図書館	LibrariE&TRC-DL [L]	18 年 03 月	実施中
11 埼玉県	久喜市	久喜市電子図書館	LibrariE&TRC-DL [L]	20 年 02 月	実施中
11 埼玉県	草加市	草加市電子図書館	LibrariE&TRC-DL [L]	20 年 03 月	実施中
11 埼玉県	神川町	神川町電子図書館	OverDrive Japan	20 年 08 月	実施中
11 埼玉県	鶴ヶ島市	鶴ヶ島市電子図書館	LibrariE&TRC-DL [L]	20 年 10 月	実施中
12 千葉県	流山市	流山市立図書館　電子図書	TRC-DL	13 年 10 月	実施中
12 千葉県	八千代市	八千代市電子図書館	TRC-DL	15 年 07 月	実施中
13 東京都	千代田区	千代田 Web 図書館	LibrariE&TRC-DL [L]	07 年 11 月	実施中
13 東京都	東京都	東京都立図書館　電子書籍サービス、中央図書館・多摩図書館	TRC-DL [L] EBSCO eBooks	13 年 12 月	実施中（館内）
13 東京都	中野区	なかのいーぶっくすぽっと	ヴィアックス電子図書館サービス	15 年 02 月	実施中（館内）
13 東京都	豊島区	TRC 豊島電子図書館	TRC-DL [L]	16 年 04 月	実施中
13 東京都	渋谷区	渋谷区電子図書館	LibrariE&TRC-DL [L]	18 年 02 月	実施中
13 東京都	八王子市	八王子市電子書籍サービス 八王子市図書館オーディオブックサービス	LibrariE&TRC-DL [L] エルシエロ・オトバンク	2018 年 04 月 2020 年 06 月	実施中
13 東京都	狛江市	こまえ電子図書館	LibrariE&TRC-DL [L]	20 年 05 月	実施中

13 東京都	昭島市	昭島市民図書館電子書籍サービス	LibdariE&TRC-DL［L］	20 年 06 月	実施中
14 神奈川県	大和市	大和市文化創造拠点電子図書館	LibrariE&TRC-DL［L］	16 年 11 月	実施中
14 神奈川県	綾瀬市	綾瀬市立電子図書館	OverDrive Japan	18 年 04 月	実施中
14 神奈川県	座間市	座間市立図書館　電子図書館サービス	LibrariE&TRC-DL［L］	20 年 09 月	実施中
16 富山県	氷見市	氷見市立図書館　電子図書館	LibrariE&TRC-DL	18 年 11 月	実施中
17 石川県	野々市市	ののいち電子図書館	LibrariE&TRC-DL［L］	17 年 11 月	実施中
19 山梨県	山梨県	山梨県立図書館　電子書籍	TRC-DL	12 年 11 月	実施中
19 山梨県	山中湖村	山中湖情報創造館（終了）	LibrariE	15 年 10 月	終了
20 長野県	高森町	高森ほんとも Web－Library	OverDrive Japan	20 年 06 月	実施中
21 岐阜県	関市	関市立電子図書館	OverDrive Japan EBSCO eBooks	11 年 11 月	実施中
21 岐阜県	大垣市	大垣市電子図書館	TRC-DL	12 年 07 月	実施中
21 岐阜県	岐阜県	岐阜県図書館　電子書籍サービス	KinoDen	19 年 07 月	実施中
21 岐阜県	各務原市	かかみがはら電子図書館	LibrariE&TRC-DL［L］	20 年 10 月	実施中
22 静岡県	磐田市	磐田市図書館　電子書籍サービス	TRC-DL	16 年 10 月	実施中
22 静岡県	浜松市	はままつ電子図書	LibrariE&TRC-DL［L］	18 年 02 月	実施中
22 静岡県	熱海市	熱海市立図書館　電子図書館	LibrariE&TRC-DL［L］	18 年 12 月	実施中
23 愛知県	大府市	おおぶ文化交流の杜　電子図書館	TRC-DL［L］	14 年 07 月	実施中
23 愛知県	豊川市	豊川市電子図書館	TRC-DL［L］	16 年 02 月	実施中
23 愛知県	一宮市	一宮市電子図書館	LibrariE&TRC-DL	17 年 01 月	実施中
23 愛知県	安城市	安城市電子図書館	LibrariE&TRC-DL［L］	17 年 06 月	実施中
23 愛知県	豊田市	豊田市中央図書館ふるさとアーカイブ	LibrariE&TRC-DL	18 年 01 月	実施中
24 三重県	志摩市	志摩市立図書館　電子書籍	TRC-DL	13 年 09 月	実施中
24 三重県	松阪市	松阪市電子図書館	LibrariE&TRC-DL［L］	18 年 04 月	実施中
25 滋賀県	湖南市	湖南市電子図書館	LibrariE&TRC-DL［L］	18 年 11 月	実施中
27 大阪府	堺市	堺市立図書館　電子図書館	TRC-DL［L］	11 年 01 月	実施中
27 大阪府	大阪市	大阪市立図書館-電子図書館	EBSCO eBooks	12 年 01 月	実施中
27 大阪府	松原市	まつばら電子図書館	TRC-DL［L］	14 年 07 月	実施中
27 大阪府	高石市	高石市立図書館電子書籍貸出サービス	TRC-DL［L］	16 年 10 月	実施中
27 大阪府	八尾市	八尾市電子図書館	LibrariE&TRC-DL［L］	19 年 11 月	実施中
27 大阪府	茨木市	いばらき市電子図書館	LibrariE&TRC-DL［L］	20 年 07 月	実施中
27 大阪府	河内長野市	河内長野市立図書館	LibrariE&TRC-DL［L］	20 年 09 月	実施中
27 大阪府	大阪狭山市	おおさかさやま電子図書館	LibrariE&TRC-DL［L］	20 年 10 月	実施中
28 兵庫県	赤穂市	赤穂市電子図書館	TRC-DL［L］	13 年 10 月	実施中
28 兵庫県	三田市	三田市電子図書館	TRC-DL	14 年 08 月	実施中
28 兵庫県	小野市	小野市立図書館	TRC-DL	14 年 10 月	実施中
28 兵庫県	明石市	明石市電子図書館	TRC-DL［L］	15 年 10 月	実施中
28 兵庫県	高砂市	高砂市立図書館	TRC-DL［L］	16 年 02 月	実施中
28 兵庫県	播磨町	播磨町電子図書館	TRC-DL	16 年 04 月	実施中
28 兵庫県	加古川市	加古川市電子図書館	TRC-DL	16 年 07 月	実施中
28 兵庫県	たつの市	播磨科学公園都市圏域定住自立圏電子図書館(4 市町合同)	LibrariE&TRC-DL［L］	18 年 01 月	実施中
28 兵庫県	宍粟市	播磨科学公園都市圏域定住自立圏電子図書館（4 市町合同）	LibrariE&TRC-DL［L］	18 年 01 月	実施中
28 兵庫県	上郡町	播磨科学公園都市圏域定住自立圏電子図書館（4 市町合同）	LibrariE&TRC-DL［L］	18 年 01 月	実施中
28 兵庫県	佐用町	播磨科学公園都市圏域定住自立圏電子図書館（4 市町合同）	LibrariE&TRC-DL［L］	18 年 01 月	実施中
28 兵庫県	神戸市	KOBE 電子図書館　by Rakuten OverDrive	OverDrive Japan	18 年 06 月	実施中
28 兵庫県	川西市	川西市電子図書館	LibrariE&TRC-DL［L］	20 年 08 月	実施中

29 奈良県	広陵町	広陵町電子図書館	TRC-DL [L]	16 年 09 月	実施中
29 奈良県	斑鳩町	斑鳩町電子図書館	LibrariE&TRC-DL [L]	17 年 04 月	実施中
29 奈良県	大和高田市	大和高田市立　電子図書館	LibrariE&TRC-DL	18 年 07 月	実施中
29 奈良県	奈良市	奈良市立図書館オーディオブックサービス	エルシエロ・オトバンク	20 年 05 月	実施中
29 奈良県	生駒市	生駒市電子図書館	LibrariE&TRC-DL [L]	20 年 10 月	実施中
30 和歌山県	有田川町	有田川　Web-Library	TRC-DL	11 年 11 月	実施中
32 島根県	浜田市	浜田市電子図書館	TRC-DL	13 年 08 月	実施中
34 広島県	府中市	府中市電子図書館	TRC-DL	14 年 07 月	実施中
34 広島県	東広島市	東広島市立電子図書館	LibrariE&TRC-DL [L]	16 年 11 月	実施中
34 広島県	福山市	福山市電子図書館サービス	OverDrive Japan	20 年 07 月	実施中
34 広島県	三原市	三原市立電子図書館	LibrariE&TRC-DL [L]	20 年 07 月	実施中
34 広島県	広島県	With Books ひろしま（広島県立図書館）	LibrariE&TRC-DL [L]	20 年 07 月	実施中
35 山口県	下関市	下関市立図書館（終了）	NetLibrary(紀伊國屋書店)	10 年 03 月	終了
35 山口県	萩市	萩市電子図書館	TRC-DL [L]	11 年 03 月	実施中
36 徳島県	徳島市	徳島市電子図書館	TRC-DL [L]	12 年 04 月	実施中
36 徳島県	阿南市	阿南市電子図書館	OverDrive Japan	18 年 04 月	実施中
36 徳島県	徳島県	とくしま電子図書館	KinoDen	18 年 04 月	実施中
37 香川県	綾川町	綾川町電子図書館	TRC-DL [L]	12 年 04 月	実施中
37 香川県	まんのう町	まんのう町立図書館	OverDrive Japan	16 年 05 月	実施中
38 愛媛県	今治市	今治市電子図書館	TRC-DL	13 年 08 月	実施中
39 高知県	高知県	高知県電子図書館	LibrariE&TRC-DL [L]	17 年 10 月	実施中
40 福岡県	田川市	田川市電子図書館	TRC-DL [L]	16 年 03 月	実施中
40 福岡県	宗像市	宗像市電子図書館	LibrariE&TRC-DL [L]	19 年 10 月	実施中
40 福岡県	行橋市	行橋市電子図書館	LibrariE&TRC-DL [L]	20 年 04 月	実施中
40 福岡県	春日市	春日市電子図書館	LibrariE&TRC-DL [L]	20 年 06 月	実施中
41 佐賀県	武雄市	武雄市 MY 図書館　電子図書館（終了）		11 年 04 月	終了
43 熊本県	熊本市	熊本市くまもと森都心プラザ館内実施（終了）	LibPro(iNEO)	15 年 04 月	終了
43 熊本県	八代市	八代市電子図書館	TRC-DL [L]	15 年 04 月	実施中
43 熊本県	菊池市	きくち電子図書館	LibrariE&TRC-DL	18 年 12 月	実施中
43 熊本県	熊本市	熊本市電子図書館	LibrariE&TRC-DL [L]	19 年 11 月	実施中
44 大分県	豊後高田市	豊後高田市立図書館	TRC-DL [L]	13 年 06 月	実施中
44 大分県	佐伯市	三浦造船佐伯電子図書館	LibrariE&TRC-DL [L]	20 年 07 月	実施中
47 沖縄県	久米島町	久米島町電子図書館	LibrariE&TRC-DL [L]	18 年 11 月	実施中

編著者プロフィール

植村八潮（うえむらやしお）

1956 年生まれ、専修大学文学部教授、博士（コミュニケーション学）

東京電機大学工学部卒業後、同大出版局に入局。出版局長を経て、2012 年 4 月より専修大学教授。同時に（株）出版デジタル機構代表取締役に就任。同年取締役会長に就任し、2014 年退任。

著書に『ポストデジタル時代の公共図書館』（編著、勉誠出版、2017 年）、『電子書籍制作・流通の基礎テキスト：出版社・制作会社スタッフが知っておきたいこと』（編著、ポット出版、2014 年）、『電子出版の構図-実態のない書物の行方』（印刷学会出版部、2010 年）など。

野口武悟（のぐちたけのり）

1978 年生まれ、専修大学文学部教授・放送大学客員教授、博士（図書館情報学）

主に、図書館（特に公共図書館と学校図書館）サービスのあり方、情報のアクセシビリティなどを研究している。

著書に『改訂新版 学校経営と学校図書館』（共編著、放送大学教育振興会、2017 年）、『図書館のアクセシビリティ：「合理的配慮」の提供へ向けて』（共編著、樹村房、2016 年）、『多様性と出会う学校図書館：一人ひとりの自立を支える合理的配慮アプローチ』（共編著、読書工房、2015 年）など。

電子出版制作・流通協議会

名称　　　　一般社団法人　電子出版制作・流通協議会

幹事会社　　凸版印刷株式会社、大日本印刷株式会社

発足　　　　2010 年 7 月　一般社団登録 2010 年 9 月 3 日

設立目的　　　日本の電子出版産業の成長と健全な発展のための環境の
　　　　　　実現を目指し、電子出版産業の発展のため課題の整理と検
　　　　　　証、配信インフラ基盤にかかわる問題解決、市場形成にお
　　　　　　ける検証や電子出版振興にかかわる提言等、出版社や出版
　　　　　　関連団体、権利者及び行政との密接な連携により、電子出
　　　　　　版の発展に貢献できる活動の遂行。

協会の活動　1．電子出版制作・流通ビジネスに関係する情報共有
　　　　　　2．制作・規格・仕様・流通に関する協議
　　　　　　3．電子出版産業の発展と普及にかかわる活動
　　　　　　4．電子出版制作・流通ビジネス日本モデルの検討及び協議
　　　　　　5．商業・公共・教育・図書館等電子出版関連分野に関する情
　　　　　　　報共有

URL　　　　https://aebs.or.jp

●電子図書館・コンテンツ教育利用部会
　部会長　山崎榮三郎
　委員・部会参加組織（順不同）
　凸版印刷株式会社、大日本印刷株式会社、丸善 CHI ホールディングス株式
　会社、株式会社図書館流通センター、丸善雄松堂株式会社、NEC ネクサソ
　リューションズ株式会社、株式会社メディアドゥ HD、富士通株式会社、日
　本ユニシス株式会社、豊国印刷株式会社、アライドブレインズ株式会社
　［協力］　国立国会図書館

電子図書館・電子書籍貸出サービス調査報告 2020

2020 年 12 月 10 日　第 1 版 1 刷発行

編著者　　植村八潮・野口武悟
　　　　　電子出版制作・流通協議会

　　　　　発行　　一般社団法人電子出版制作・流通協議会
　　　　　　　　　101-0082　東京都千代田区一番町 25
　　　　　　　　　　　　JCII ビル 6 階
　　　　　　　　　TEL 03-6380-8207　FAX 03-6380-8217
　　　　　　　　　https://aebs.or.jp/

　　　　　発売　　株式会社　樹村房
　　　　　　　　　112-0002　東京都文京区小石川 5-11-7
　　　　　　　　　 TEL 03-3868-7321　FAX 03-6801-5202
　　　　　　　　　http://www.jusonbo.co.jp/

　　　　　印刷・製本　　デジタル・オンデマンド出版センター

本文組（Microsoft Word）、装丁　　TAKEDASO. Design